500 nouvelles recettes

du chef

Pol Martin

Incluant une section pour le four à micro-ondes

500 nouvelles recettes
du chef
Pol Martin

ÉDITIONS BRIMAR

Avant-propos

Les «500 nouvelles recettes du chef Pol Martin» sont le résultat de mes années d'expérience. Elles ont été choisies pour apporter de la variété à votre cuisine quotidienne. Elles vous donnent la base, la technique et le produit fini.

Je suis certain que vous en trouverez l'exécution simple et que vous les réussirez facilement. Quant aux photos qui illustrent les étapes et les techniques, elles vous seront sûrement très utiles.

Je vous ai laissé le soin de choisir les garnitures et la présentation des plats pour que votre succès soit réellement votre oeuvre.

Bon appétit!

Pol Martin

L'auteur remercie
Josée Dugas
de sa collaboration.

© 1986, Éditions Brimar inc.

Photographies: Studio Pol Martin (Ontario) Limitée
Dépôt légal, deuxième trimestre 1986
Bibliothèque nationale du Québec
Bibliothèque nationale du Canada

ISBN: 2-920845-03-9   2006A1

Table des matières

Chapitre 1
Beurre • Pâtes
Farces • Marinades

Pâte à frire pour légumes

250 g	(8 oz) de farine, tamisée
2 ml	(½ c. à thé) de sel
30 ml	(2 c. à soupe) d'huile de maïs
2	oeufs
425 ml	(1¾ tasse) d'eau tiède

Mettre la farine et le sel dans un bol et mélanger le tout.

Ajouter l'huile et bien mélanger avec une cuillère en bois.

Incorporer les oeufs et l'eau.

Recouvrir la pâte à frire d'un papier ciré et laisser reposer pendant 2 heures avant l'usage.

Pâte à frire sucrée pour fruits

250 g	(8 oz) de farine, tamisée
2 ml	(½ c. à thé) de poudre à pâte
30 ml	(2 c. à soupe) de sucre
500 ml	(2 tasses) d'eau tiède
2	oeufs
	une pincée de sel

Tamiser la farine et la poudre à pâte dans un bol à mélanger.

Ajouter le sel et le sucre; mélanger. Incorporer l'eau au mélange; bien remuer.

Incorporer complètement les oeufs à la pâte à frire.

Pâte à frire à la bière pour le poisson

250 g	(8 oz) de farine, tamisée
2 ml	(½ c. à thé) de sel
30 ml	(2 c. à soupe) d'huile de maïs
500 ml	(2 tasses) de bière
90 ml	(3 oz) d'eau tiède
2	blancs d'oeufs, légèrement battus

Mélanger la farine et le sel dans un bol à mélanger.

Ajouter l'huile et bien mélanger avec une cuillère en bois.

Incorporer la bière et l'eau. Mélanger jusqu'à ce que le tout soit bien incorporé.

Pâte à crêpes pour desserts

Ajouter les blancs d'oeufs à la pâte à frire juste avant l'usage.

Pâte à frire pour légumes ou beignets aux fruits

250 g	(8 oz) de farine, tamisée
2 ml	(½ c. à thé) de sel
30 ml	(2 c. à soupe) d'huile de maïs
500 ml	(2 tasses) d'eau tiède
2	blancs d'oeufs, battus légèrement

Mélanger la farine et le sel dans un bol à mélanger.

Ajouter l'huile et bien mélanger avec une cuillère en bois.

Incorporer l'eau et continuer de remuer avec la cuillère en bois.

Ajouter les blancs d'oeufs juste avant l'usage.

On peut maintenant utiliser cette pâte à frire pour la grande friture.

Pâte à crêpes

(20 crêpes)

250 ml	(1 tasse) de farine tout usage, tamisée
2 ml	(½ c. à thé) de sel
4	gros oeufs
425 ml	(1¾ tasse) de liquide (½ lait, ½ eau)
75 ml	(5 c. à soupe) de beurre clarifié fondu, tiède
5 ml	(1 c. à thé) de persil frais finement haché

Mélanger la farine et le sel dans un bol. Mettre de côté.

Dans un autre bol, battre légèrement les oeufs avec un fouet et y ajouter le liquide. Bien mélanger.

Incorporer la farine au liquide à l'aide d'un fouet. La pâte devrait avoir la consistance de la crème épaisse.

Ajouter le beurre clarifié, en filet, tout en fouettant constamment.

Passer la pâte dans une fine passoire ou un tamis. Ajouter le persil haché; mélanger le tout.

Technique: Pâte à crêpes

1 Mélanger la farine et le sel dans un bol à mélanger.

2 Dans un autre bol, battre légèrement les oeufs avec un fouet.

3 Incorporer le liquide.

4 Incorporer la farine au liquide à l'aide d'un fouet.

5 Ajouter le beurre clarifié en filet.

6 Passer la pâte dans une fine passoire.

Technique: Comment faire les crêpes

Utiliser une poêle à crêpes en acier de 20 cm (8 po) de diamètre.

1 Faire fondre 15 ml (1 c. à soupe) de beurre dans une poêle à crêpes à feu vif.

2 Retirer la poêle du feu. Essuyer l'excès de beurre avec un papier essuie-tout.

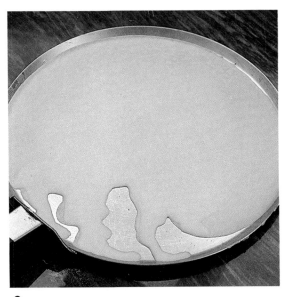

3 Verser juste assez de pâte pour couvrir le fond.

4 Remettre la poêle sur l'élément et faire cuire la crêpe à feu vif.

Les crêpes devraient être très minces. Si les crêpes collent au fond de la poêle, répéter les 2 premières étapes.

Les crêpes se conservent 3 mois au congélateur si elles sont enveloppées dans un papier ciré.

Pâte à crêpes pour desserts

(20 crêpes)

250 ml	*(1 tasse) de farine tout usage, tamisée*
1 ml	*(¹/₄ c. à thé) de sel*
30 ml	*(2 c. à soupe) de sucre*
4	*gros oeufs*
425 ml	*(1¹/₄ tasse) de liquide, (¹/₂ lait, ¹/₂ eau)*
75 ml	*(5 c. à soupe) de beurre clarifié* fondu, tiède*

Mélanger la farine, le sel et le sucre dans un bol à mélanger.

Dans un autre bol, battre légèrement les oeufs avec un fouet et y ajouter le liquide.

Incorporer la farine au liquide tout en mélangeant vigoureusement avec le fouet. La pâte devrait avoir la consistance de la crème épaisse.

Ajouter le beurre clarifié en filet tout en mélangeant constamment avec le fouet.

Passer la pâte à crêpe dans une fine passoire ou un tamis.

* Beurre clarifié: voir p. 13

Pâte à frire

Cette pâte est idéale pour:
Courgette coupée en bâtonnets ou en cubes
Coeurs de céleri
Petites carottes
Marrons
Pointes d'asperges
Crevettes, etc.

250 ml	*(1 tasse) de farine tout usage*
1 ml	*(¹/₄ c. à thé) de sel*
30 ml	*(2 c. à soupe) d'huile végétale*
325 ml	*(1¹/₄ tasse) d'eau froide*
2	*blancs d'oeufs*

Mélanger la farine et le sel dans un bol à mélanger.

Ajouter l'huile végétale et l'eau; incorporer le tout. Réfrigérer pendant 30 minutes.

Monter les blancs d'oeufs en neige.

Retirer la pâte à frire du réfrigérateur et y incorporer soigneusement les blancs d'oeufs battus.

Pâte à frire

Beurre clarifié

Le beurre clarifié s'emploie dans la préparation du «roux» et pour faire sauter les viandes et les légumes. Le beurre clarifié brûle moins rapidement que le beurre frais.

Placer 250 g (½ livre) de beurre dans un bol en acier inoxydable ou dans la casserole supérieur d'un bain-marie. Placer le récipient sur une casserole à demi remplie d'eau frémissante, à feux doux.
Ne pas remuer. Les impuretés sont enlevées du beurre fondu en:
a) passant le beurre fondu à la mousseline, ou en
b) laissant refroidir le beurre. Les impuretés tombent au fond et le beurre clarifié s'enlève facilement à l'aide d'une cuillère ou d'une louche.

Ce beurre se conserve environ 2 semaines au réfrigérateur.

Beurre Bercy

Ce beurre est utilisé avec des côtelettes de veau ou avec du poisson. Faire fondre sous le gril.

45 ml	*(3 c. à soupe) d'échalotes sèches hachées*
30 à 45 ml	*(2 à 3 c. à soupe) de vin blanc sec*
250 g	*(½ lb) de beurre*
15 ml	*(1 c. à soupe) de persil frais haché*
	jus de ¼ de citron
	sel et poivre du moulin⁻

Mettre les échalotes et le vin dans une petite casserole. Poivrer. Faire cuire à feu vif pour faire réduire le vin à ⅓ de son volume original.
Verser le contenu de la casserole dans un bol. Ajouter le reste des ingrédients; bien mélanger.
Rouler le tout dans du papier d'aluminium.

Ce beurre se conservera congelé pendant 3 mois.

Beurre à l'ail (p. 17) et Beurre à l'ail (p. 14)

Beurre de saumon

Ce beurre s'emploie dans la préparation des canapés et avec la sole de Douvres grillée. En France, les grands chefs utilisent ce beurre pour rehausser la saveur des sauces pour les poissons.

125 g	*(¼ livre) de saumon frais ou fumé*
250 g	*(½ lb) de beurre non salé, à la température de la pièce*
5 ml	*(1 c. à thé) de cerfeuil une pincée de poivre de Cayenne jus de ¼ de citron sel et poivre du moulin*

Dans un mortier, piler le saumon pour obtenir une pâte. Passer le tout à travers une passoire.
À défaut d'un mortier, passer le saumon au hachoir 2 fois et le passer ensuite à travers une passoire.
Bien mélanger le saumon et le reste des ingrédients dans un bol. Rectifier l'assaisonnement.
Rouler le beurre dans un papier d'aluminium.

Ce beurre se conservera 3 mois au congélateur.

Beurre aux crevettes

Ce beurre sert à rehausser la saveur du saumon fumé, des crevettes et du homard.

125 g	*(¼ livre) de crevettes cuites, décortiquées et nettoyées*
250 g	*(½ lb) de beurre*
15 ml	*(1 c. à soupe) d'échalotes finement hachées*
15 ml	*(1 c. à soupe) de persil frais haché*
	jus de ¼ de citron
	sel et poivre du moulin

Mettre les crevettes en purée dans un bol. Ajouter le reste des ingrédients; incorporer le tout.
Rouler le beurre dans un papier d'aluminium.

Ce beurre se conservera 3 mois au congélateur.

Beurre de ciboulette

125 g	(¹/₄ lb) de beurre ou de margarine, ramolli
20 ml	(1¹/₂ c. à soupe) de ciboulette finement hachée
15 ml	(1 c. à soupe) de persil frais haché
	quelques gouttes de sauce Worcestershire
	jus de ¹/₄ de citron
	sel et poivre du moulin

Bien mélanger tous les ingrédients dans un bol.
Rouler le beurre dans du papier d'aluminium et sceller les extrémités.

Ce beurre se conservera 3 mois au congélateur.

Beurre à l'estragon

125 g	(¹/₄ lb) de beurre ou de margarine, ramolli
30 ml	(2 c. à soupe) d'estragon frais, finement haché OU: 5 ml (1 c. à thé) d'estragon en poudre
15 ml	(1 c. à soupe) de persil frais finement haché
	jus de ¹/₄ de citron
	sel et poidre du moulin

Bien mélanger tous les ingrédients dans un bol.
Rouler le mélange dans du papier d'aluminium et sceller les extrémités.

Ce beurre se conservera pendant 3 mois au congélateur.

Beurre manié

Ce beurre s'emploie pour lier ou épaissir les sauces.

| 30 ml | (2 c. à soupe) de beurre mou |
| 15 ml | (1 c. à soupe) de farine tout usage |

Bien mélanger le beurre et la farine jusqu'à ce qu'ils forment une pâte lisse.

Beurre d'anchois

Ce beurre s'emploie dans la préparation des canapés et avec le saumon grillé ou sauté.

70 g	(2¹/₂ oz) de filets d'anchois
250 g	(¹/₂ lb) de beurre non salé, à la température de la pièce
5 ml	(1 c. à thé) de cerfeuil
	jus de ¹/₄ de citron
	une petite pincée de poivre de Cayenne
	quelques gouttes de sauce Tabasco
	sel et poivre du moulin

Dans un mortier, piler les filets d'anchois finement et les passer à travers une fine passoire.
À défaut d'un mortier, passer les filets d'anchois au hachoir deux fois et les passer à travers une fine passoire.
Bien mélanger la purée d'anchois et le reste des ingrédients dans un bol. Rectifier l'assaisonnement.
Rouler le beurre dans du papier d'aluminium et sceller les extrémités.

Ce beurre se conservera 3 mois au congélateur.

Beurre maître d'hôtel

250 g	(¹/₂ lb) de beurre, ramolli
30 ml	(2 c. à soupe) de persil frais haché
5 ml	(1 c. à thé) de ciboulette finement hachée
	jus de ¹/₂ citron
	quelques gouttes de sauce Worcestershire
	quelques gouttes de sauce Tabasco
	sel et poivre

Bien mélanger tous les ingrédients dans un bol.
Rouler le beurre dans du papier d'aluminium et sceller les extrémités.

Ce beurre se conservera 3 mois au congélateur.

Technique: Beurre d'anchois

1 Dans un mortier, piler les filets d'anchois pour obtenir une purée.

2 Passer la purée à travers une fine passoire.

3 Ajouter le beurre.

4 Bien incorporer le tout. Rectifier l'assaisonnement.

Beurre à l'ail

Ce beurre s'emploie avec les entrecôtes, les grillades, les langoustines, le pain à l'ail et pour la préparation des escargots.

250 g	**(¹/₂ lb) de beurre non salé, à la température de la pièce**
30 ml	**(2 c. à soupe) de persil frais haché**
5 ml	**(1 c. à thé) de cerfeuil**
4 à 5	**gousses d'ail, écrasées et finement hachées**
15 ml	**(1 c. à soupe) d'échalotes sèches hachées finement jus de ¹/₄ de citron sel et poivre**

Bien mélanger tous les ingrédients dans un bol.

Rectifier l'assaisonnement.

Rouler le beurre dans du papier d'aluminium et sceller les extrémités.

Ce beurre se conservera 3 mois au congélateur.

Beurre bordelaise

Ce beurre est utilisé pour le bifteck et les côtelettes.

45 ml	**(3 c. à soupe) d'échalotes sèches, finement hachées**
30 à 45 ml	**(2 à 3 c. à soupe) de vin rouge sec**
15 ml	**(1 c. à soupe) de persil frais haché**
250 g	**(¹/₂ livre) de beurre ramolli sel et poivre du moulin**

Mettre les échalotes et le vin dans une petite casserole. Poivrer.

Placer la casserole à feu vif et faire réduire le vin à ¹/₃ de son volume original.

Verser le contenu de la casserole dans un bol. Ajouter le reste des ingrédients. Bien mélanger.

Rouler le beurre dans du papier d'aluminium et sceller les extrémités.

Ce beurre se conservera 3 mois au congélateur.

Technique: Beurre à l'ail

1 Mettre le beurre, le persil et les épices dans un bol.

3 Ajouter le jus de citron. Bien mélange

2 Ajouter l'ail et les échalotes.

4 Rouler le beurre dans du papier
d'aluminium.

Farce à la viande

15 ml	(1 c. à soupe) de beurre
1	oignon, pelé et finament haché
125 ml	(½ tasse) de veau maigre haché
125 ml	(½ tasse) de graisse de porc frais, hachée
45 ml	(3 c. à soupe) de ciboulette hachée
45 ml	(3 c. à soupe) de persil frais haché
2 ml	(½ c. à thé) de macis moulu
15 ml	(1 c. à soupe) de farine
15 ml	(1 c. à soupe) de cognac ou brandy
1	oeuf battu
1 ml	(¼ c. à thé) de sarriette moulue
	sel et poivre

Faire fondre le beurre dans une casserole à feu vif.

Ajouter les oignons et les faire cuire jusqu'à ce qu'ils deviennent transparents.

Verser les oignons dans un bol et ajouter le reste des ingrédients; mélanger le tout et bien assaisonner.

Cette farce est idéale pour le poulet, le canard, le veau et le porc.

Farce pour la petite volaille

30 ml	(2 c. à soupe) de beurre
1	gros oignon d'Espagne, coupé en dés
125 ml	(½ tasse) de raisins sans pépins
750 ml	(3 tasses) de pommes, coupées en dés
60 ml	(4 c. à soupe) d'amandes hachées
1 ml	(¼ c. à thé) de gingembre moulu

Faire fondre le beurre dans une sauteuse.

Ajouter les oignons; faire cuire de 4 à 5 minutes.

Ajouter le restes des ingrédients; faire cuire 3 à 4 minutes.

Farce à la pomme de terre

	pommes de terre en purée*
	abats et cou de dinde
1	petit oignon
1	petite carotte
1	petite branche de céleri
2 à 3	oignons finement hachés
30 ml	(2 c. à soupe) de beurre
	assaisonnement à volaille au goût
	sel et poivre

Préparer la quantité requise de purée de pommes de terre* et la mettre de côté.

Placer les abats et le cou de dinde dans une casserole. Recouvrir le tout d'eau froide. Amener à ébullition, écumer et jeter l'eau. Couvrir la viande à nouveau d'eau froide. Ajouter le petit oignon, la carotte et le céleri. Saler, poivrer; amener à ébullition.

Réduire à feu doux et laisser mijoter les abats jusqu'à ce qu'ils deviennent tendres.

Passer à la passoire. Réserver le liquide pour préparer des soupes ou des sauces.

Laisser refroidir les abats et ensuite, retirer la peau ou les nerfs.

Passer les abats et la viande du cou à travers la fine lame d'un hachoir à viande. Mettre de côté.

Faire fondre le beurre dans une poêle à frire. Ajouter les oignons hachés; faire cuire jusqu'à ce qu'ils deviennent transparents.

Mélanger les oignons, la purée de pommes de terre et les abats hachés. Assaisonner au goût. Saler, poivrer.

Farcir la volaille avec le mélange; brider et faire cuire la volaille selon les directions de votre recette favorite.

Allouer 75 ml à 125 ml (⅓ à ½ tasse) de pommes de terre en purée pour chaque livre de poulet ou de dinde.

Farce pour le «cochon de lait»

Cette farce est suffisante pour un porcelet de 6,8 kg (15 livres)

45 ml	(3 c. à soupe) de beurre
125 ml	(¹⁄₂ tasse) d'échalotes sèches ou d'oignons hachés
5	pommes pelées, évidées et grossièrement hachées
250 ml	(1 tasse) de raisins secs
125 ml	(¹⁄₂ tasse) de persil finement haché
5 ml	(1 c. à thé) de sauge
2	gousses d'ail, écrasées et hachées
750 ml	(3 tasses) de riz cuit sel et poivre

Faire fondre le beurre dans une grande casserole à feu vif. Ajouter les échalotes; faire sauter 2 minutes. Transférer le tout dans un bol. Mettre de côté.

Mettre les pommes dans la casserole; faire cuire 5 à 6 minutes. Ajouter les échalotes et le reste des ingrédients. Saler, poivrer; faire cuire 5 minutes.

Cette farce peut être préparée à l'avance. Elle se conservera 24 heures, au réfrigérateur, recouverte d'un papier ciré beurré.

Farce pour caneton

250 g	(¹⁄₂ lb) de veau maigre haché
250 g	(¹⁄₂ livre) de peau de canard, hachée
125 ml	(¹⁄₂ tasse) de graisse de porc frais, hachée
75 ml	(5 c. à soupe) de sauce aux pommes non sucrée
45 ml	(3 c. à soupe) d'oignons verts finement hachés
2	oeufs battus
45 ml	(3 c. à soupe) de crème à 35%
15 ml	(1 c. à soupe) de cerfeuil
30 ml	(2 c. à soupe) de persil frais haché sel et poivre

Bien incorporer tous les ingrédients dans un bol.
Assaisonner au goût.

Farce pour l'oie

500 ml	(2 tasses) de pain grossièrement haché
500 ml	(2 tasses) de bouillon de poulet léger*
30 ml	(2 c. à soupe) d'huile de maïs
2	oignons finement hachés
125 ml	(¹⁄₂ tasse) de graisse de rognon, râpée
2 ml	(¹⁄₂ c. à thé) de safran
2 ml	(¹⁄₂ c. à thé) de gingembre sel et poivre

Faire tremper le pain dans le bouillon de poulet pendant 30 minutes.
Faire chauffer l'huile dans une sauteuse. Ajouter les oignons et les faire cuire à feu moyen jusqu'à ce qu'ils deviennent transparents.
Presser le pain pour en extraire le bouillon. Jeter le liquide.
Verser les oignons dans un bol. Ajouter le pain et le reste des ingrédients. Saler, poivrer et assaisonner au goût.

Bouillon de poulet léger, voir p. 23-24

Farce 1

Pour la volaille, le boeuf ou le veau. Cette recette suffit pour un poulet de 1,4 à 1,8 kg (3 à 4 lb)

45 ml	(3 c. à soupe) de beurre
125 ml	¹⁄₂ tasse) de céleri finement haché
125 ml	(¹⁄₂ tasse) d'oignons finement hachés
3	pommes pelées, évidées et finement hachées
2	échalotes sèches finement hachées (facultatif)
30 ml	(2 c. à soupe) de persil frais haché
5 ml	(1 c. à thé) de cerfeuil
1 ml	(¹⁄₄ c. à thé) de thym
2 ml	(¹⁄₂ c. à thé) de sauge
2 ml	(¹⁄₂ c. à thé) d'estragon
250 ml	(1 tasse) de chapelure
1	oeuf, légèrement battu sel et poivre du moulin

Faire fondre 30 ml (2 c. à soupe) de beurre dans une casserole à feu vif.
Ajouter le céleri, les oignons, les pommes,

Technique: Farce 1

les échalotes et les épices. Faire cuire 15 minutes à feu moyen tout en remuant à l'occasion. Rectifier l'assaisonnement.
Retirer la casserole du feu. Ajouter la chapelure, l'oeuf battu et le reste du beurre. Bien mélanger.

Cette farce se conservera 2 à 3 jours, au réfrigérateur, recouverte d'un papier ciré beurré.

1 Mettre le céleri, les oignons et les échalotes dans le beurre chaud.

2 Ajouter les pommes.

3 Ajouter les épices; faire cuire 15 minutes.

4 Retirer la casserole du feu. Ajouter la chapelure.

5 Ajouter l'oeuf battu.

Farce 2

Cette recette suffit pour un poisson de 1 kg
(2 lb) sole de Douvres, truite, doré, etc.

45 ml	**(3 c. à soupe) de beurre**
500 g	**(1 lb) de champignons lavés et hachés**
1	**oignon finement haché**
30 ml	**(2 c. à soupe) de persil finement haché**
15 ml	**(1 c. à soupe) de cerfeuil**
1 ml	**(¼ c. à thé) de thym**
1 ml	**(¼ c. à thé) de fenouil**
50 ml	**(¼ tasse) de chapelure**
30 ml	**(2 c. à soupe) de crème à 35%**
	OU: 1 oeuf battu
2	**gouttes de sauce Tabasco sel et poivre du moulin**

Faire fondre le beurre dans une casserole à feu vif.

Ajouter les champignons, les oignons et les épices. Faire cuire 15 minutes à feu moyen tout en remuant fréquemment.

Rectifier l'assaisonnement.

Retirer la casserole du feu. Ajouter la chapelure, la crème et la sauce Tabasco. Bien mélanger.

Cette farce se conservera 24 heures, au réfrigérateur, recouverte d'un papier ciré beurré.

Farce 2

Technique: Farce pour chapon

1 Faire cuire le bacon jusqu'à ce qu'il soit croustillant.

2 Hacher le bacon et le mettre de côté dans un bol.

3 Faire cuire les oignons jusqu'à ce qu'ils deviennent transparents.

4 Mélanger les oignons et le bacon.

5 Forcer les oeufs durs à travers un tamis.

6 Produit fini.

Farce pour chapon

5 à 6	tranches de bacon
15 ml	(1 c. à soupe) de beurre
125 ml	(½ tasse) d'oignons hachés
3	oeufs durs
2 ml	(½ c. à thé) de safran
1 ml	(¼ c. à thé) de clou de girofle, moulu
125 ml	(½ tasse) de raisins secs
125 ml	(½ tasse) de persil frais haché
	sel et poivre

Faire cuire le bacon jusqu'à ce qu'il soit croustillant, en le retournant fréquemment pendant la cuisson.

Hacher le bacon et le mettre de côté dans un bol.

Faire fondre le beurre dans une sauteuse. Ajouter les oignons et les faire cuire jusqu'à ce qu'ils soient transparents.

Transférer les oignons dans le bol contenant le bacon.

Piler les oeufs et les passer au tamis. Mettre les oeufs et le reste des ingrédients dans le bol. Assaisonner généreusement. Bien mélanger.

Farce à la châtaigne et à la saucisse

Cette farce suffit à une dince de 4,5 à 6,8 kg (10 à 15 lb).

750 g	(1½ lb) de châtaignes fraîches
250 ml	(1 tasse) de chapelure
50 ml	(¼ tasse) de lait
45 ml	(3 c. à soupe) de beurre
2	oignons finement hachés
500 g	(1 lb) de chair à saucisse
15 ml	(1 c. à table) de persil frais haché
50 ml	(¼ tasse) de cognac
2	oeufs battus
1 ml	(¼ c. à thé) de thym
1 ml	(¼ c. à thé) de basilic
	sel et poivre

Entailler les châtaignes sur la surface bombée.

Verser un peu d'eau dans un plat allant au four et y placer les châtaignes. Faire rôtir 8 minutes au four.

Peler les châtaignes pendant qu'elles sont encore chaudes.

Hacher grossièrement la chair des châtaignes. Mettre de côté.

Mélanger la chapelure avec le lait; laisser reposer 15 minutes.

Faire fondre le beurre dans une sauteuse.

Ajouter les oignons et les faire cuire à feu moyen jusqu'à ce qu'ils soient transparents.

Mélanger les oignons, les châtaignes, la chapelure, le lait et le reste des ingrédients dans un bol.

Farce pour le poisson

Cette farce est excellente pour la sole de Douvres et les rougets.

125 ml	(½ tasse) de pain
250 ml	(1 tasse) de lait
30 ml	(2 c. à soupe) de beurre
3	échalotes sèches finement hachées
2	oeufs séparés
125 g	(¼ lb) de flétan cuit en purée
125 g	(¼ lb) de crevettes cuites, en purée
5 à 6	filets d'anchois, égouttés et en purée
2 ml	(½ c. à thé) de poivre moulu
1 ml	(¼ c. à thé) cerfeuil
1 ml	(¼ c. à thé) de muscade moulue
5 ml	(1 c. à thé) de crème
	sel

Placer le pain et le lait dans un bol; laisser reposer 30 minutes. Presser le pain pour en extraire l'excès de lait. Jeter le lait.

Faire fondre le beurre dans une casserole.

Ajouter les échalotes et les faire sauter jusqu'à ce qu'elles deviennent transparentes. Mettre les échalotes dans un bol.

Mettre les jaunes d'oeufs dans le bol contenant les échalotes. Ajouter le pain, le flétan, les crevettes, les anchois, les épices et la crème. Bien incorporer.

Monter les blancs en neige et les incorporer au mélange.

Marinades

Marinade à la bière

Cette marinade est pour le boeuf.

300 ml	*(10 oz) de bière*
30 ml	*(2 c. à soupe) d'huile de maïs*
1	*oignon coupé en quartiers*
1	*carotte coupée en grosses rondelles*
1	*branche de céleri, coupée en quatre*
1 ml	*(¼ c. à thé) de basilic*
1 ml	*(¼ c. à thé) de thym*
2 ml	*(¼ c. àthé) de cerfeuil*
5 ml	*(1 c. à thé) de persil frais haché*
1	*gousse d'ail, écrasée et hachée (facultatif) sel et poivre*

Mélanger tous les ingrédients dans un bol. Verser la marinade sur la viande choisie. Couvrir avec une feuille de papier ciré. Presser le papier sur la surface de la viande. Placer le tout au réfrigérateur pendant 12 heures.

Si possible, tourner la viande occasionnellement.

Marinade à l'huile et au citron

Cette marinade est idéale pour la viande ou le poisson.

125 ml	*(½ tasse) d'huile de maïs*
2	*échalotes sèches hachées*
1 ml	*(¼ c. à thé) de thym*
1 ml	*(¼ c. à thé) de basilic jus de citron*

Mélanger tous les ingrédients dans un bol. Placer la viande ou le poisson dans un plat et y verser la marinade. Couvrir avec une feuille de papier ciré. Presser le papier sur la surface du poisson ou de la viande. Mettre le tout au réfrigérateur pendant 12 heures. Retourner le poisson ou la viande occasionnellement.

Marinade pour poisson

125 ml	*(½ tasse) d'huile de maïs*
15 ml	*(1 c. à soupe) de persil frais haché*
2	*échalotes sèches hachées finement*
1 ml	*(¼ c. à thé) de fenouil*
1 ml	*(¼ c. à thé) de thym jus de ½ citron*

Mélanger tous les ingrédients dans un bol. Placer le poisson choisi dans un plat à rôtir en acier inoxydable. Saler, poivrer.

Verser la marinade sur le poisson. Couvrir avec une feuille de papier ciré. Réfrigérer pendant 3 heures. Retourner le poisson à l'occasion.

Pour un poison arrondi tel que la truite ou le maquereau, entailler la peau du poisson avant le marinage. Ceci permettra à la marinade de pénétrer la peau et d'accélérer le temps de cuisson.

Marinade pour gibier

2	*grosses carottes tranchées*
2	*oignons moyens, tranchés*
2	*échalotes sèches, tranchées*
2	*gousses d'ail, écrasées et hachées*
20	*grains de poivre*
90 ml	*(6 c. à soupe) d'huile de maïs*
50 ml	*(¼ tasse) de vinaigre de vin ou de cidre*
1	*bouteille de vin rouge sec sel et poivre eau si nécessaire*
1	*bouquet garni, constitué de:*
	2 ml *(½ c. à thé) de thym*
	2 ml *(½ c. à thé) de romarin*
	3 *feuilles de laurier*
	20 *tiges de persil*

Placer le gibier dans une grande casserole. Ajouter les carottes, les oignons, les échalotes, l'ail, le poivre et le bouquet garni. Arroser le tout d'huile, de vinaigre, de vin et d'eau si nécessaire.

Le gibier doit être complètement recouvert de liquide.

Réfrigérer et laisser mariner pendant 12 heures.

Marinade 1

Cette marinade est idéale pour le boeuf, le veau ou le poulet. La marinade rechausse la saveur de la viande et l'attendrit. Je vous suggère donc d'utiliser une pièce de viande économique.

Marinades

La marinade peut être utilisée dans la préparation et la cuisson des mets tels que le boeuf bourguignon et le coq au vin.
La marinade peut aussi servir à la préparation de sauces pour arroser les brochettes de boeuf grillées.

	boeuf, veau ou poulet*
	vin sec, rouge ou blanc
1 ml	*(¼ c. à thé) de thym*
2	*feuilles de laurier*
2	*clous de girofle*
20	*grains de poivre*
5 ml	*(1 c. à thé) de cerfeuil (facultatif)*
2	*gousses d'ail, écrasées et hachées (facultatif)*
1	*carotte pelée et émincée*
1	*oignon émincé*
45 ml	*(3 c. à soupe) d'huile végétale*
	poivre du moulin

Placer la viande dans un bol et la recouvrir de vin.
Ajouter le reste des ingrédients. Couvrir avec une feuille de papier ciré. Réfrigérer pendant 12 heures.
* Portions moyennes boeuf ou veau: 250 g (8 oz) par personne poulet: ½ poulet par personne

Marinade 2

Cette marinade est utilisée pour préparer les shish kebabs d'agneau et pour arroser les brochettes grillées.

1 kg	*(2 lb) de longe ou d'épaule d'agneau, en cubes de 2,5 cm (1 po)**
250 ml	*(1 tasse) d'huile végétale ou d'huile d'olive*
125 ml	*(½ tasse) de vin blanc sec*
1	*gousse d'ail, écrasée et hachée*
16	*grains de poivre*
1 ml	*(¼ c. à thé) de thym*
2	*feuilles de laurier*
5 ml	*(1 c. à thé) de cerfeuil*
1 ml	*(¼ c. à thé) de paprika*
5 ml	*(1 c. à thé) d'estragon*
1	*carotte pelée et émincée*
1	*oignon pelé et émincé*
	jus de 1½ citron
	sel

Mettre tous les ingrédients dans un bol.

Technique: Marinade 1

1 Placer la viande dans un bol et couv de vin.

3 Ajouter les carottes.

2 Ajouter l'ail et les épices.

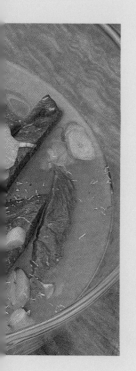

4 Ajouter l'huile végétale et le reste des
ingrédients.

Couvrir avec un papier ciré. Réfrigérer pendant 12 heures.

Cette marinade se conservera 48 heures au réfrigérateur.

* Portions moyennes: 250 g (8 oz) d'agneau par personne.

Marinade 3

On utilise cette marinade pour le poulet grillé et pour badigeonner le poulet.

1	**poulet de 1 kg (2 lb), coupé en deux***
2	**gousses d'ail, écrasées et hachées**
125 ml	**(½ tasse) d'huile végétale****
1 ml	**(¼ c. à thé) de thym**
2	**feuilles de laurier**
5 ml	**(1 c. à thé) d'estragon paprika jus de 1 citron sel et poivre du moulin**

Placer le poulet dans un plat en acier inoxydable. Saler, poivrer.

Saupoudrer le poulet de paprika et ajouter le reste des ingrédients.

Couvrir avec un papier ciré, Réfrigérer 12 heures.

Cette marinade se conservera 12 heures au réfrigérateur.

* Portions moyennes: ½ poulet par personne
** Vous pouvez aussi utiliser l'huile d'olive; cependant, la saveur sera différente.

Marinade pour petites coupes de viande

Cette marinade est utilisée pour des petites coupes de volaille, de gibier sauvage et de viande.

2	**grosses carottes, émincées**
2	**oignons émincés**
3	**gousses d'ail***
250 ml	**(1 tasse) d'huile de maïs**
375 ml	**(1½ tasse) de vinaigre de vin sel et poivre eau si nécessaire**
1	**bouquet garni, constitué de:**
	2 ml (½ c. à thé) de thym
	2 ml (½ c. à thé) de romarin
	3 feuilles de laurier
	20 tiges de persil

Placer les petites coupes de viande dans un plat peu profond. Couvrir avec les légumes. Saler, poivrer.

Placer le bouquet garni et l'ail dans le milieu du plat.

Arroser le tout d'huile, de vinaigre et d'eau si nécessaire. La marinade doit recouvrir complètement le coupe choisie.

Couvrir le plat d'un papier ciré et presser le papier sur les ingrédients.

Réfrigérer pendant 8 heures. Si possible, tourner la pièce choisie à toutes les 2 heures.

* Pour l'agneau, utiliser 6 gousses d'ail.

Technique: Marinade pour petites coupes de viande

1 Placer les petites coupes de viande dans un plat peu profond.

2 Couvrir avec les légumes.

3 Ajouter les épices.

4 Ajouter l'huile.

5 Ajouter le vinaigre de vin.

Chapitre II
Bouillons • Sauces • Soupes

Court-bouillon de base au vinaigre pour poisson

60 ml	(4 c. à soupe) de vinaigre de vin
750 ml	(3 tasses) d'eau
2	carottes tranchées mince
1	oignon tranché mince
10	grains de poivre
	jus de ¼ de citron
	sel et poivre
1	bouquet garni constitué de:
	1 ml (¼ c. à thé) de graines de fenouil
	2 ml (½ c. à thé) de thym
	2 feuilles de laurier)
	2 clous de girofle
	2 ml (½ c. à thé) d'estragon
	1 branche de céleri, coupée en deux
	persil haché

Placer tous les ingrédients dans une casserole à feu vif.

Amener le liquide à ébullition; laisser mijoter 15 minutes.

Passer le court-bouillon à la mousseline ou à la passoire fine.

Ce bouillon se conservera de 3 à 4 jours au réfrigérateur et se conservera 1 mois au congélateur.

NOTE: Ce court-bouillon pour poisson est préparé sans poisson, cependant, il n'est pas utilisé que pour cuire le poisson.

Court-bouillon

S'emploie dans la préparation des sauces pour poissons, les soupes et les casseroles de poisson et pour pocher les poissons et les crustacés.

15 ml	(1 c. à soupe) de beurre
1 kg	(2 lb) d'os de poisson (poisson à chair maigre, blanche)
2	carottes moyennes émincées
1	poireau émincé
2	oignons émincés
1	branche de céleri, émincée
20	champignons frais, nettoyés et émincés (facultatif)
2 ml	(½ c. à thé) de thym

Velouté de céleri et de marron (p. 71)

2 à 3	feuilles de laurier
18	grains de poivre
2	clous de girofle
5 ml	(1 c. à thé) de cerfeuil
2 ml	(½ c. à thé) d'estragon
1 ml	(¼ c. à thé) de graines de fenouil
375 ml	(1½ tasse) de vin blanc sec
2,5 l	(10 tasses) d'eau froide
	quelques branches de persil frais
	sel et poivre du moulin

Faire fondre le beurre dans une grande casserole à feu vif. Réduire l'élément à feu doux et ajouter les os de poisson, les légumes et les épices. Couvrir et laisser mijoter de 15 à 18 minutes.

Ajouter le vin blanc et l'eau. Saler, poivrer. Amener le liquide au point d'ébullition et laisser mijoter, sans couvrir, pendant 35 minutes.

Passer le court-bouillon à la mousseline ou à la passoire fine.

Ce court-bouillon se conservera 3 mois au congélateur.

Ce court-bouillon se conservera de 7 à 10 jours au réfrigérateur.

Bouillon de poulet 1

S'emploie dans la préparation des crèmes, des sauces blanches, des soupes de légumes, etc.

1	chapon de 1,8 kg (4 lb), bien lavé
2	carottes moyennes, coupées en cubes
2	branches de céleri, coupées en cubes
2	gros oignons, coupés en cubes
2,5 à 3 l	(10 à 12 tasses) d'eau
1	bouquet garni constitué de:
	2 ml (½ c. à thé) de thym
	2 feuilles de laurier
	5 ml (1 c. à thé) de cerfeuil
	2 ml (½ c. à thé) de romarin
	1 clou de girofle
	1 branche de céleri, coupée en deux
	persil frais
	sel
	poivre du moulin

Placer tous les ingrédients dans une grande

casserole et amener le liquide au point d'ébullition, à feu vif. Écumer; saler, poivrer. Laisser mijoter, à feu moyen, pendant 2 ½ heures.

Percer la cuisse du chapon. Le chapon est cuit si aucune trace de sang n'est apparente. Retirer le chapon de la casserole. Jeter les légumes. Passer le bouillon à la mousseline ou à la passoire fine.

Laisser refroidir. Enlever la couche de gras.

Ce bouillon se conservera 3 mois au congélateur.

Ce bouillon se conservera de 7 à 10 jours au réfrigérateur.

Bouillon de poulet 2

S'emploie dans la préparation des sauces blanches, des soupes crèmes, des soupes de légumes, etc.

1	*cube ou bouillon de poulet déshydraté*
1 l	*(4 tasses) d'eau bouillante*
	sel
	poivre du moulin
1	*bouquet garni constitué de:*
	1 ml (¼ c. à thé) de thym
	1 feuille de laurier
	2 ml (½ c. à thé) de cerfeuil
	1 ml (¼ c. à thé) de romarin
	1 clou de girofle
	1 branche de céleri, coupée en deux
	persil frais

Dans une casserole, mélanger le bouillon de poulet déshydraté et l'eau bouillante avec un fouet. Saler, poivrer.

Ajouter le bouquet garni; faire mijoter de 30 à 40 minutes.

Retirer le bouquet garni. Passer le tout à la mousseline ou à la passoire fine.

Ce bouillon se conservera 3 mois au congélateur.

Ce bouillon se conservera de 7 à 10 jours au réfrigérateur.

Bouillon de légumes

S'emploie dans la préparation des soupes crèmes et des soupes de légumes.

15 ml	*(1 c. à soupe) de beurre*
2	*oignons moyens, pelés et émincés*
2	*carottes moyennes, pelées et émincées*
2	*branches de céleri, émincées*
1	*poireau émincé*
2,5 l	*(10 tasses) d'eau*
	sel
	poivre du moulin
1	*bouquet garni constitué de:*
	2 ml (½ c. à thé) de thym
	2 feuilles de laurier
	2 ml (½ c. à thé) de basilic
	1 branche de céleri, coupée en deux
	persil frais

Faire fondre le beurre dans une grande casserole à feu vif. Ajouter tous les légumes; couvrir et faire mijoter 10 minutes à feux doux tout en remuant à l'occasion.

Ajouter l'eau et le bouquet garni. Saler, poivrer. Amener le liquide à ébullition et faire mijoter de 35 à 40 minutes à feu moyen.

Passer le tout à la mousseline ou à la passoire fine.

Ce bouillon se conservera 3 mois au congélateur.

Ce bouillon se conservera de 7 à 10 jours au réfrigérateur.

Bouillon à la dinde

	restes de dinde, carcasse, ailes, peau
2	*oignons coupés en gros cubes*
2	*carottes coupées en deux*
1	*poireau coupé en gros cubes*
2	*branches de céleri, coupées en gros cubes*
4	*tomates coupées en quartiers*
2 ml	*(½ c. à thé) de thym*
1	*feuille de laurier*
2 ml	*(½ c. à thé) de cerfeuil*
3 l	*(12 tasses) d'eau froide*
	sel et poivre

Dans une grande casserole, mettre les restes, la carcasse, les ailes et la peau de dinde. Saler, poivrer. Ajouter les légumes.

Ajouter les épices; couvrir d'eau froide et amener à ébullition. Faire mijoter pendant 2 heures tout en écumant ou dégraissant de temps en temps.

Passer le bouillon à la mousseline ou à la passoire fine.

Ce bouillon se conservera 7 jours au réfrigérateur et peut être congelé.

Bouillon de boeuf

S'emploie dans la préparation des sauces brunes, de la soupe à l'oignon, du boeuf braisé, etc.

1	**cube ou bouillon de boeuf déshydraté**
1 l	**(4 tasses) d'eau bouillante**
	sel
	poivre du moulin
1	**bouquet garni constitué de:**
	1 ml *(¼ c. à thé) de thym*
	2 ml *(½ c. à thé) de cerfeuil*
	1 *feuille de laurier*
	1 ml *(¼ c. à thé) de basilic*
	1 *clou de girofle*
	1 *branche de céleri, coupée en deux*
	persil frais

Dans une casserole, mélanger le bouillon déshydraté à l'eau bouillante avec un fouet. Saler, poivrer.

Ajouter le bouquet garni; laisser mijoter de 30 à 40 minutes.

Retirer le bouquet garni. Passer le tout à la mousseline ou à la passoire fine.

Ce bouillon se conservera 3 mois au congélateur.

Ce bouillon se conservera de 7 à 10 jours au réfrigérateur.

Bouillon ménagère

45 ml	**(3 c. à soupe) d'huile végétale**
250 g	**(½ lb) de boeuf dans la palette**
250 g	**(½ lb) de veau**
30 ml	**(2 c. à soupe) de farine**
2 à 3	**os de veau**
1	**oignon, coupé en cubes**
2	**carottes, coupées en cubes**
1	**branche de céleri, coupé en trois**
	eau
	sel et poivre
1	**bouquet garni constitué de:**
	2 ml *(½ c. à thé) de thym*
	5 ml *(1 c. à thé) de cerfeuil*
	2 *feuilles de laurier*
	2 ml *(½ c. à thé) de romarin*
	1 *clou de girofle*
	1 *branche de céleri, coupée en deux*
	persil

Faire chauffer l'huile dans un plat à rôtir à feu vif. Placer le plat à rôtir sur deux éléments. Ajouter la viande; faire saisir 2 minutes de chaque côté.

Saupoudrer la viande de farine; faire cuire 15 minutes. Saler, poivrer.

Transférer la viande brunie dans une grande casserole et ajouter les os. Mettre de côté. Placer les légumes dans le plat à rôtir et les faire brunir à feu moyen. Transférer le tout dans la casserole.

Couvrir tous les ingrédients d'eau froide et ajouter le bouquet garni. Saler, poivrer. Amener à ébullition et faire mijoter pendant 2 heures.

Passer le liquide à la mousseline ou à la passoire fine.

Ce bouillon se conservera de 2 à 3 mois au congélateur.

Bouillon au veau

1 kg	**(2 lb) de veau (os ou épaule)***
3	**carottes, coupées en deux**
2	**oignons, coupés en deux**
1	**poireau lavé et coupé en deux**
	eau
	sel et poivre
1	**bouquet garni constitué de:**
	2 ml *(½ c. à thé) de thym*
	2 *feuilles de laurier*
	5 ml *(1 c. à thé) de cerfeuil*
	2 ml *(½ c. à thé) de basilic*
	1 *clou de girofle*
	2 *tiges de persil frais*
	1 *branche de céleri, coupée en deux*

Placer le veau dans une grande casserole et le recouvrir d'eau. Amener le liquide à ébullition à feu vif. Égoutter et rincer la viande sous l'eau froide.

Remettre la viande dans la casserole. Ajouter les légumes et le bouquet garni. Saler, poivrer; couvrir d'eau. Amener le liquide à ébullition.

Faire mijoter le tout à feu doux pendant 1 heure 30 minutes.

Passer le tout à la mousseline ou à la passoire fine.

Ce bouillon se conservera 2 mois au congélateur.

* Des cous ou colonnes de poulet peuvent être ajoutés ou même remplacer une partie du veau requis.

Sauces

Roux

Le roux est un mélange de beurre ou autre corps gras et de farine, utilisé pour lier ou épaissir les sauces et les soupes crèmes.

QUANTITÉ DE FARINE	QUANTITÉ DE CORPS GRAS*	QUANTITÉ DE LIQUIDE	RENDEMENT**
15 ml (1 c. à soupe)	*15 ml (1 c. à soupe)*	*250 ml (1 tasse)*	*150 ml ($^2/_3$ tasse) de sauce légère*
22 ml (1$^1/_2$ c. à soupe)	*22 ml (1$^1/_2$ c. à soupe)*	*250 ml (1 tasse)*	*150 ml ($^2/_3$ tasse) sauce épaisse*

Un roux cuit se conserve de 2 à 3 semaines au réfrigérateur, recouvert d'un papier ciré.

* Beurre, margarine, gras, graisse de rôti, etc.

** Basé sur un temps de cuisson de 15 à 20 minutes.

Roux blanc

Faire fondre le gras* dans une petite casserole épaisse.
Ajouter une quantité égale de farine et faire cuire 4 minutes à feu doux tout en remuant constamment avec une cuillère de bois.
Le roux est cuit lorsqu'il bouillonne considérablement.
* Beurre, margarine, graisse de poulet rôti.

Roux brun

Préchauffer le four à 120°C (250°F)
Faire fondre le gras* dans une petite casserole allant au four.
Ajouter une quantité égale de farine et faire cuire 4 minutes à feux doux tout en remuant avec une cuillère en bois.
Placer la casserole au four. Faire cuire le roux, sans couvrir, en remuant fréquemment.
Le roux est cuit lorsqu'il devient d'un roux pâle. Ne pas laisser la farine brûler.
* Beurre, margarine ou graisse de poulet rôti.

Sauce à la diable

Rendement: 425 ml (1$^3/_4$ tasse)
Cette sauce est servie avec les côtelettes de porc, les entrecôtes grillées, les shih-kebabs, le filet de porc.

175 ml	*($^3/_4$ tasse) de vin blanc sec*
45 ml	*(3 c. à soupe) de vinaigre de vin*
30 ml	*(2 c. à soupe) d'échalotes sèches, finement hachées*
2ml	*($^1/_2$ c. à thé) de poivre du moulin*
500 ml	*(2 tasses) de sauce brune légère, chaude**
15 ml	*(1 c. à soupe) de persil frais haché*
5 ml	*(1 c. à thé) de ciboulette finement hachée*
5 ml	*(1 c. à thé) de moutarde sèche*
	une pincée de poivre de Cayenne
	jus de $^1/_4$ de citron
	sel

Dans une casserole, mettre le vin, le vinaigre, les échalotes et le poivre du moulin. Amener au point d'ébullition à feu vif et faire réduire le liquide des $^2/_3$.
Ajouter la sauce brune. Saler, poivrer et saupoudrer de poivre de Cayenne.
Amener la sauce au point d'ébullition à feu vif. Puis, laisser mijoter à feu doux, sans couvrir, pendant 30 minutes tout en remuant de temps en temps.
Incorporer le reste des ingrédients à la sauce. Servir immédiatement.
Cette sauce se conservera de 2 à 3 jours au réfrigérateur, recouverte d'un papier ciré beurré. Le papier doit toucher la surface de la sauce.

* Sauce brune légère, voir p. 42.

Sauce blanche moyenne

Rendement: 750 ml (3 tasses)

Cette sauce est préparée avec un bouillon de poulet. On l'emploie avec le poulet et les vol-au-vent, dans les casseroles et dans la préparation des sauces.

60 ml	*(4 c. à soupe) de beurre*
60 ml	*(4 c. à soupe) de farine*
875 ml	*(3½ tasses) de bouillon de poulet chaud**
125 ml	*(½ tasse) de crème légère*
2	*jaunes d'oeufs frais*
15 ml	*(1 c. à soupe) de crème légère*
	une pincée de poivre de Cayenne

sel
poivre blanc

Faire fondre le beurre dans une casserole à feu vif. Ajouter la farine; mélanger et faire cuire le roux, à feu moyen, sans couvrir, pendant 5 minutes tout en remuant constamment avec une cuillère en bois.

Retirer la casserole du feu. Ajouter 250 ml (1 tasse) de bouillon de poulet; bien remuer avec une cuillère.

Remettre la casserole à feux doux. Ajouter le reste du bouillon de poulet, une tasse à la fois, tout en remuant constamment.

Incorporer 125 ml (½ tasse) de crème. Saler, poivrer et saupoudrer de poivre de Cayenne.

Technique: Sauce blanche moyenne

1 Faire fondre le beurre dans une casserole. Ajouter la farine, mélanger et faire cuire, sans couvrir, pendant 5 minutes.

2 Incorporer le bouillon de poulet.

3 Incorporer la crème.

4 Avant de servir: bien mélanger les jaunes d'oeufs et le reste de la crème. Incorporer le mélange à la sauce.

Amener la sauce au point d'ébullition à feu vif. Puis, faire mijoter à feu doux, sans couvrir, pendant 30 minutes tout en remuant de temps en temps.

Retirer la casserole du feu.

Avant de servir, bien mélanger les jaunes d'oeufs et 15 ml (1 c. à soupe) de crème dans un petit bol. Incorporer le mélanger à la sauce tout en remuant avec un fouet. Servir immédiatement.

La sauce sans l'addition finale des oeufs et de la crème se conserve 2 jours au réfrigérateur, recouverte d'un papier ciré beurré placé directement sur la surface de la sauce.

* Bouillon de poulet, p. 33-34

Sauce au fenouil et aux câpres

(pour 4 personnes)

300 ml	*(1¼ tasse) de bouillon de poulet chaud**
30 ml	*(2 c. à soupe) de beurre*
30 ml	*(2 c. à soupe) de farine*
5 ml	*(1 c. à thé) de jus de citron*
30 ml	*(2 c. à soupe) de fenouil haché*
45 ml	*(3 c. à soupe) de câpres*
30 ml	*(2 c. à soupe) de crème à 35%*
1	*jaune d'oeuf*
	une pincée de poivre de Cayenne
	sel
	poivre du moulin

Verser le bouillon de poulet dans une petite casserole et l'amener à ébullition. Réduire la chaleur et laisser reposer.

Faire chauffer le beurre dans une grande casserole épaisse. Ajouter la farine et mélanger le tout avec une cuillère en bois. Faire cuire le «roux» 2 minutes à feu doux.

Ajouter le bouillon de poulet graduellement, tout en mélangeant constamment avec un fouet de cuisine. Saler, poivrer et arroser de jus de citron. Saupoudrer de poivre de Cayenne.

Retirer la casserole du feu et incorporer le fenouil, les câpres et la crème. Remettre la casserole sur le feu et faire mijoter la sauce pendant 5 minutes.

Retirer la casserole du feu et incorporer le jaune d'oeuf. Servir.

NOTE: Si vous avez l'intention de vous servir de cette sauce que le jour suivant, laissez-la refroidir avant de la réfrigérer. Le jour suivant, réchauffez-la sans la faire bouillir.

* Bouillon de poulet, p. 33-34

Sauce ravigote

Rendement: 125 ml (½ tasse)

45 ml	*(3 c. à soupe) de câpres*
15ml	*(1 c. à soupe) de persil frais haché*
15 ml	*(1 c. à soupe) d'estragon frais haché*
5 ml	*(1 c. à thé) de moutarde de Dijon*
45 ml	*(3 c. à soupe) de vinaigre de vin*
1	*petit oignon, finement haché*
105 ml	*(7 c. à soupe) d'huile d'olive quelques gouttes de jus de citron sel et poivre*

Dans un petit bol, incorporer le sel, les câpres, le persil, l'estragon et la moutarde. Poivrer et bien mélanger.

Ajouter le vinaigre tout en mélangeant avec un fouet. Incorporer les oignons hachés. Incorporer l'huile graduellement tout en mélangeant constamment avec un fouet de cuisine. Arroser le tout de jus de citron. Servir.

Sauce blanche épaisse (sauce béchamel)

Rendement: 875 ml (3½ tasses)

Cette sauce s'emploie dans les casseroles de poisson, de volaille, de pâtes alimentaires et de macaroni et fromage.

90 ml	*(6 c. à soupe) de beurre*
90 ml	*(6 c. à soupe) de farine*
1,1 l	*(4½ tasses) de lait chaud*
1	*oignon piqué d'un clou de girofle sel poivre blanc du moulin une pincée de muscade*

Utiliser la technique décrite dans la sauce blanche légère.*

* Sauce blanche légère, voir p. 41

Sauce blance légère: (sauce béchamel)

Rendement: 875 ml (3½ tasses)

Cette sauce s'emploie dans les casseroles de poisson, de volaille, de pâtes alimentaires et de macaroni et fromage.

60 ml	*(4 c. à soupe) de beurre ou de margarine*

60 ml	(4 c. à soupe) de farine
1 l	(4 tasses) de lait chaud
1	oignon piqué d'un clou de girofle
	une pincée de muscade
	sel
	poivre blanc du moulin

Dans une casserole de grosseur moyenne, faire fondre le beurre à feu vif. Ajouter la farine et faire cuire le roux 5 minutes à feu moyen, sans couvrir et tout en remuant constamment.

Retirer la casserole du feu. Ajouter 250 ml (1 tasse) de lait chaud. Bien mélanger avec une cuillère en bois.

Remettre la casserole sur l'élément à feu doux. Ajouter le reste du lait, 250 ml (1 tasse) à la fois, tout en remuant constamment.

Ajouter l'oignon. Saler, poivrer et saupoudrer de muscade. Faire mijoter, sans couvrir, pendant 30 minutes tout en remuant à l'occasion.

Enlever l'oignon avant d'utiliser la sauce. Cette sauce se conserve 2 jours au réfrigérateur. Couvrir d'un papier ciré beurré en le pressant légèrement sur la surface de la sauce.

Sauce brune légère

Rendement: 875 ml (3½ tasses)

65 ml	(4½ c. à soupe) de beurre, margarine ou gras de boeuf
1	petite carotte, coupée en dés
1	branche de céleri, coupée en dés
1	petit oignon, coupé en dés

Technique: Sauce brune légère

1 Faire fondre le gras dans une casserole. Ajouter les légumes et faire cuire, sans couvrir, pendant 7 minutes.

2 Ajouter les épices; continuer la cuisson pendant 2 minutes.

3 Incorporer la farine. Faire cuire au four jusqu'à ce que la farine devienne d'un brun doré. Retirer du four et laisser refroidir.

4 Ajouter le bouillon de boeuf; bien mélanger avec une cuillère et continuer la cuisson. Tamiser la sauce.

1	feuille de laurier
1 ml	(¹/₄ c. à thé) de cerfeuil
65 ml	(4¹/₂ c. à soupe) de farine
1,1 l	(4¹/₂ tasses) de bouillon de boeuf, tiède
	une pincée de thym
	sel et poivre

Préchauffer le four à 120°C (250°F)

Faire fondre le corps gras dans une petite casserole allant au four, à feu vif.

Ajouter les légumes et faire cuire à feu moyen, sans couvrir, pendant 7 minutes. Remuer fréquemment.

Ajouter la feuille de laurier et les autres épices. Continuer la cuisson pendant 2 minutes. Bien incorporer la farine et transférer la casserole au four. Faire cuire le mélange jusqu'à ce que la farine devienne d'un brun doré.

Retirer la casserole du four et laisser refroidir pendant quelques minutes.

Ajouter 250 ml (1 tasse) de bouillon de boeuf et bien mélanger avec une cuillère en bois.

Ajouter le reste du bouillon de boeuf, 250 ml (1 tasse) à la fois. Faire cuire à feu moyen pendant quelques minutes tout en remuant constamment.

Amener la sauce à ébullition à feu vif. Puis, laisser mijoter, sans couvrir, pendant 30 minutes.

Tamiser la sauce avant de l'utiliser.

Sauce au Madère

Rendement: 625 ml (2¹/₂ tasses)

Cette sauce est idéale pour les rognons, le poulet, le veau, etc.

5 ml	(1 c. à thé) de beurre
15 ml	(1 c. à soupe) d'échalotes sèches, hachées
15 ml	(1 c. à soupe) de persil frais haché
500 ml	(2 tasses) de sauce brune moyenne-épaisse, chaude*
50 ml	(¹/₄ tasse) de vin de Madère
	sel et poivre

Faire fondre le beurre dans une casserole à feu doux. Ajouter les échalotes; faire cuire 2 minutes.

Ajouter le persil et la sauce brune; faire mijoter environ 8 minutes.

Assaisonner au goût. Ajouter le vin de Madère; faire cuire 6 minutes.

Cette sauce se conservera au réfrigérateur de 2 à 3 jours.

* Sauce brune moyenne-épaisse, voir p. 43.

Sauce pour les poissons

Rendement: 875 ml (3¹/₂ tasses)

Cette sauce se sert avec les poissons à chair pâle et s'emploie dans la préparation des casseroles de poisson, les coquilles Saint-Jacques, le homard Thermidor et le homard Newburg.

65 ml	(4¹/₂ c. à soupe) de beurre
15 ml	(1 c. à soupe) d'échalotes sèches, finement hachées
250 ml	(1 tasse) de vin blanc sec
60 ml	(4 c. à soupe) de farine
1 l	(4 tasses) de court-bouillon, chaud*
30 ml	(2 c. à soupe) de crème à 35% (facultatif)
	sel
	poivre blanc

Faire fondre 5 ml (1 c. à thé) de beurre dans une casserole épaisse de grandeur moyenne à feu vif. Ajouter les échalotes; faire mijoter, à feu doux, sans couvrir, pendant 2 minutes. Remuer de temps en temps.

Ajouter le vin et amener à ébullition à feu vif. Laisser réduire le vin de deux tiers.

Dans une autre casserole, faire fondre le reste du beurre à feu vif. Réduire la chaleur à feu moyen. Ajouter la farine et faire cuire le roux, sans couvrir, pendant 3 minutes. Remuer de temps en temps avec une cuillère en bois.

Retirer la casserole du feu. Incorporer 250 ml (1 tasse) de court-bouillon au roux. Bien incorporer avec une cuillère en bois.

Remettre la casserole sur l'élément à feux doux. Ajouter le reste du court-bouillon, 250 ml (1 tasse) à la fois, tout en remuant constamment.

Ajouter le vin réduit; saler, poivrer. Amener à ébullition à feu vif; puis, réduire l'élément à feu doux et faire mijoter, sans couvrir, pendant 35 minutes. Remuer de temps en temps. Passer la sauce.

Avant de servir, ajouter 30 ml (2 c. à soupe) de crème épaisse.

Cette sauce se conservera 2 jours au réfrigérateur, recouverte d'un papier ciré beurré. Le papier doit reposer sur la surface de la sauce.

* Court-bouillon, voir p. 33

Sauce brune moyenne-épaisse

Rendement: 875 ml (3¹/₂ tasses)

Les ingrédients de base sont identiques à ceux utilisés dans la sauce brune légère. Toutefois, la quantité de gras et de farine devrait être augmentée à 90 ml (6 c. à table). Pour préparer cette sauce, suivre la procédure pour la sauce brune légère.*

* Sauce brune légère, voir p. 42

Sauce brune aux champignons

Rendement: 625 ml (2½ tasses)

Cette sauce se sert avec le veau, les entrecôtes, le filet et la fondue bourguignonne.

30 ml	**(2 c. à soupe) de beurre**
250 g	**(½ livre) de champignons frais, nettoyés et émincés**
2	**échalotes sèches, finement hachées**
250 ml	**(1 tasse) de vin blanc sec**
626 ml	**(2½ tasses) de sauce brune légère, chaude***
2 ml	**(½ c. à thé) de pâte de tomate**
45 ml	**(3 c. à soupe) de crème à 35% (facultatif)**
15 ml	**(1 c. à soupe) de persil frais, finement haché**
	une pincée d'estragon
	une pincée de thym
	une pincée de cerfeuil
	sel
	poivre du moulin

Faire chauffer le beurre dans une casserole

Technique: Sauce brune aux champignons

1 Faire chauffer le beurre dans une casserole. Ajouter les champignons et les échalotes; faire cuire 5 minutes sans couvrir.

2 Saler, poivrer. Ajouter le vin et amener à ébullition. Faire réduire le liquide des ⅔.

3 Ajouter le sauce brune.

4 Ajouter la pâte de tomate et les épices. Continuer la cuisson.

épaisse à feu vif. Ajouter les champignons et les échalotes; faire cuire, sans couvrir, 5 minutes à feu moyen. Remuer fréquemment.

Saler, poivrer. Ajouter le vin et amener à ébullition. Faire réduire des deux tiers.

Ajouter la sauce brune, la pâte de tomate et les épices. Rectifier l'assaisonnement. Amener à ébullition à feu vif. Faire mijoter à feu doux, sans couvrir, pendant 30 minutes. Remuer à l'occasion.

Avant de servir, incorporer la crème et garnir de persil haché.

* Sauce brune légère, voir p. 42

Sauce charcutière

30 ml	(2 c. à soupe) de beurre
1	petit oignon, coupé en dés
15 ml	(1 c. à soupe) de persil frais haché
125 ml	(½ tasse) de vin blanc sec
500 ml	(2 tasses) de sauce brune légère, chaude*
30 ml	(2 c. à soupe) de moutarde de Dijon
3	petits cornichons, finement hachés
	sel et poivre

Faire chauffer le beurre dans une casserole. Ajouter les oignons; couvrir et faire cuire de 3 à 4 minutes à feu doux.

Ajouter le persil et le vin. Continuer la cuisson pour faire réduire le vin des ⅔.

Ajouter la sauce brune; continuer la cuisson, sans couvrir, pendant 15 minutes. Assaisonner au goût.

Incorporer la moutarde et les cornichons. Servir.

* Sauce brune légère, voir p. 42

Sauce parisienne

Rendement: 750 ml (3 tasses)

Ceci est une sauce blanche.

30 ml	(2 c. à soupe) de beurre
30 ml	(2 c. à soupe) d'oignons hachés
250 ml	(1 tasse) de vin blanc sec
625 ml	(2½ tasses) de sauce blanche moyenne*
45 ml	(3 c. à soupe) de crème sure
5 ml	(1 c. à thé) de persil frais haché
	jus de ¼ de citron
	sel et poivre

Faire chauffer le beurre dans une casserole à feu moyen. Ajouter les oignons; faire cuire

Technique:
Sauce Charcutière

1 Faire chauffer le beurre dans une casserole. Ajouter les oignons et faire cuire. Ajouter le persil et le vin. Continuer la cuisson.

2 Ajouter la sauce brune. Continuer la cuisson.

3 Incorporer la moutarde et les petits cornichons.

Sauces

Technique:
Sauce bourguignonne

1 Faire chauffer le beurre dans une casserole. Ajouter les échalotes; faire cuire 2 minutes sans couvrir.

2 Ajouter les épices.

4 Faire réduire le vin des ²/₃ à feu vif.

de 3 à 4 minutes. Ne pas faire brunir les oignons.

Ajouter le vin; continuer la cuisson pour le faire réduire des ²/₃.

Ajouter la sauce blanche. Assaisonner au goût. Faire cuire 5 minutes à feu moyen-doux.

Retirer la casserole du feu. Incorporer la crème sure et le jus de citron à la sauce.

Parsemer de persil avant de servir.

* Sauce blanche moyenne, voir p. 41

Sauce bourguignonne

Rendement: 625 ml (2 ¹/₂ tasses)

Servir cette sauce avec la fondue bourguignonne, les entrecôtes, les côtelettes de porc et de veau et les ris de veau. On l'emploie aussi dans la préparation des crêpes farcies aux champignons.

5 ml   (1 c. à thé) de beurre
15 ml   (1 c. à soupe) d'échalotes
**   sèches hachées**

3 Ajouter le vin.

5 Ajouter la sauce brune et amener à ébullition. Faire mijoter à feu doux.

500 ml	(2 tasses) de vin rouge sec
5 ml	(1 c. à thé) de ciboulette hachée
1	feuille de laurier
500 ml	(2 tasses) de sauce brune moyenne-épaisse, chaude*
15 ml	(1 c. à soupe) de persil frais haché
	poivre du moulin

Faire chauffer le beurre dans une casserole épaisse à feu vif. Ajouter les échalotes et faire cuire, sans couvrir, 2 minutes à feu moyen. Remuer de temps en temps.

Ajouter le vin, la ciboulette et la feuille de laurier. Poivrer. Faire réduire le vin des ²/₃ à feu vif.

Incorporer la sauce brune et amener à ébullition. Faire mijoter à feu doux, sans couvrir, pendant 20 minutes. Remuer à l'occasion. Retirer la feuille de laurier. Servir avec du persil haché.

Cette sauce se conservera de 2 à 3 jours au réfrigérateur, recouverte d'un papier ciré beurré. Le papier doit toucher la surface de la sauce.

*Sauce brune moyenne-épaisse, voir p. 43

Sauce mousseline

Cette sauce accompagne les asperges, le brocoli et s'emploie pour glacer un poisson.

| 60 ml | (4 c. à soupe) de crème à 35%, fouettée fermement |
| 175 ml | (³/₄ tasse) de sauce hollandaise* |

Délicatement incorporer la crème fouettée à la sauce hollandaise.

*Sauce hollandaise, voir p. 50

Sauce à la portugaise

Rendement: 375 ml (1 ¹/₂ tasse)

Cette sauce est servie avec le poisson, froid ou chaud, les légumes froids ainsi que la fondue.

5 ml	(1 c. à thé) d'huile de maïs
1	oignon rouge, finement haché
1	gousse d'ail, écrasée et hachée
2	échalotes sèches, finement hachées
375 ml	(1 ¹/₂ tasse) de tomates en conserve, égouttées et finement hachées
60 ml	(4 c. à soupe) d'huile d'olive
30 ml	(2 c. à soupe) de vinaigre de vin

Technique: Sauce à la portugaise

1 Faire cuire les oignons, l'ail et les échalotes dans l'huile chaude pendant 4 minutes.

2 Ajouter les tomates. Continuer la cuisson.

3 Ajouter l'huile d'olive, le jus de citron et le vinaigre.

15 ml	*(1 c. à soupe) de persil frais haché*
	jus de ¹/₂ citron
	sel et poivre

Faire chauffer l'huile de maïs dans une sauteuse à feu moyen. Ajouter les oignons, l'ail et les échalotes; couvrir et faire cuire environ 4 minutes.

Ajouter les tomates. Assaisonner au goût; continuer la cuisson de 7 à 8 minutes.

Retirer la sauteuse du feu et y incorporer l'huile d'olive, le jus de citron et le vinaigre. Remuer, parsemer de persil et servir.

Sauce au raifort et aux noix

Rendement: 625 ml (2¹/₂ tasses)

Cette sauce est idéale pour la truite, le saumon, le turbot et le flétan.

125 ml	*(¹/₂ tasse) de raifort râpé*
125 ml	*(¹/₂ tasse) de noix hachées*
30 ml	*(2 c. à soupe) de chapelure*
375 ml	*(1¹/₂ tasse) de crème sure*
15 ml	*(1 c. à soupe) de vinaigre de vin*
	OU: jus de ¹/₄ de citron
	persil haché

Bien incorporer tous les ingrédients dans un bol.

Sauce tomate piquante

Rendement: 500 ml (2 tasses)

Cette sauce est servie avec le porc, l'agneau et les côtelettes de veau ou servie comme garniture pour les entrecôtes.

15 ml	*(1 c. à soupe) d'huile de maïs*
1	*petit oignon, finement haché*
30 ml	*(2 c. à soupe) d'échalotes sèches, finement hachées*
796 ml	*(28 oz) de tomates en conserve, égouttées et hachées*
1	*gousse d'ail, écrasée et hachée*
2 ml	*(¹/₂ c. à thé) de persil frais finement haché*
2 ml	*(¹/₂ c. à thé) de cerfeuil*
1 ml	*(¹/₄ c. à thé) d'origan*
1	*feuille de laurier*
1	*petite boîte de pâte de tomate en conserve*
	une pincée de poivre de Cayenne
	sel et poivre

Faire chauffer l'huile dans une sauteuse à feu vif. Ajouter les oignons; faire cuire jusqu'à ce qu'ils deviennent transparents. Ajouter les échalotes; continuer la cuisson pendant 2 minutes.

Incorporer le reste des ingrédients et faire cuire à feu moyen-élevé jusqu'à ce que la sauce épaississe et que le liquide soit évaporé. Remuer de temps en temps.

Jeter la feuille de laurier. Rectifier l'assaisonnement.

Passer la sauce au passe-légumes ou au tamis. Servir.

Sauce aux fines herbes pour poisson

(pour 4 personnes)

15 ml	*(1 c. à soupe) d'échalotes sèches, finement hachées*
5 ml	*(1 c. à thé) de persil frais, finement haché*
60 ml	*(4 c. à soupe) de beurre doux ou de margarine*
	jus de ¹/₂ citron
	sel et poivre

Mettre les échalotes et le jus de citron dans une petite casserole à feu vif. Faire réduire le liquide des ²/₃.

Retirer du feu. Ajouter le reste des ingrédients. Assaisonner au goût; faire cuire à feu doux jusqu'à ce que le beurre fonde.

Verser la sauce sur le poisson.

Sauce béarnaise

Rendement: 175 ml (³/₄ tasse)

Cette sauce est servie avec les entrecôtes, les brochettes, le saumon, les pétoncles, la fondue bourguignonne, les oeufs, les côtelettes, etc.

2	*échalotes sèches, finement hachées*
10	*grains de poivre, grossièrement écrasés*
45 ml	*(3 c. à soupe) de vin blanc sec*
5 ml	*(1 c. à thé) d'estragon*
30 ml	*(2 c. à soupe) de vinaigre de vin*
2	*jaunes d'oeufs*
15 ml	*(1 c. à soupe) d'eau froide*
175 ml	*(³/₄ tasse) de beurre clarifié**
15 ml	*(1 c. à soupe) de persil frais haché*

sel
poivre du moulin
jus de citron au goût
une pincée de poivre de
Cayenne

Dans un bol en acier inoxydable ou dans la casserole supérieure d'un bain-marie, bien mélanger les échalotes, le poivre écrasé, le vin, l'estragon et le vinaigre.

Faire cuire à feu moyen jusqu'à ce que le liquide soit complètement évaporé.

Retirer du feu et laisser refroidir pendant quelques minutes.

Incorporer les jaunes d'oeufs et l'eau avec un fouet.

Placer le bol sur une casserole à demi remplie d'eau frémissante. Fouetter constamment jusqu'à épaississement de la sauce.

Lorsque la sauce est très épaisse, ajouter le beurre en filet tout en mélangeant constamment avec un fouet. Saler, poivrer et saupoudrer de poivre de Cayenne.

Technique:
Sauce béarnaise

1 Dans un bol en acier inoxydable, mélanger les échalotes, le poivre écrasé, le vin, l'estragon et le vinaigre.

2 Faire cuire jusqu'à ce que le liquide soit complètement évaporé. Laisser refroidir quelques minutes.

3 Incorporer les jaunes d'oeufs et l'eau avec un fouet.

4 Incorporer le beurre en filet.

5 Produit fini.

49

Arroser le tout de jus de citron. Parsemer de persil.

Couvrir la sauce avec un papier ciré beurré. Cette sauce se conservera, au dessus du bain-marie, pendant 2 heures à feu très doux.

Beurre clarifié, voir p. 13

Vinaigrette

(pour 4 personnes)

Pour les salades et les légumes froids servis en hors-d'oeuvre.

1 ml	(¼ c. à thé) de sel
5 ml	(1 c. à thé) de moutarde de Dijon
15 ml	(1 c. à soupe) d'échalotes sèches, finement hachées
5 ml	(1 c. à thé) de persil frais haché
45 ml	(3 c. à soupe) de vinaigre de vin
105 à 135 ml	(7 à 9 c. à soupe) d'huile d'olive
	jus de ¼ de citron
	poivre du moulin

Dans un bol à mélanger, incorporer le sel, la moutarde, les échalotes, le persil et le vinaigre. Poivrer.

Ajouter l'huile en filet tout en mélangeant constamment avec un fouet de cuisine.

Ajouter le jus de citron; bien mélanger et rectifier l'assaisonnement.

Cette vinaigrette se conservera de 2 à 3 semaines au réfrigérateur, recouverte d'un papier.

Bien mélanger avant d'utiliser.

Sauce hollandaise

Rendement: 175 ml (¾ tasse)

2	jaunes d'oeufs
30 ml	(2 c. à soupe) d'eau froide
175 ml	(¾ tasse) de beurre clarifié fondu
	sel
	poivre du moulin
	jus de ¼ de citron

Placer les jaunes d'oeufs dans un bol en acier inoxydable ou dans la casserole supérieur d'un bain-marie. Incorporer l'eau avec un fouet.

Placer le bol sur une casserole à demi remplie d'eau frémissante et fouetter jusqu'à épaississement du mélange.

Lorsque le mélange est épais, ajouter le beurre en filet tout en mélangeant constam-

ment avec un fouet de cuisine.

Saler, poivrer et incorporer le jus de citron. Couvrir avec un papier ciré.

Cette sauce se conservera, au-dessus d'un bain-marie, pendant 2 heures à feu très doux.

Beurre clarifié, voir p. 13

Sauce au beurre de limette

Rendement: 50 ml (¼ tasse)

125 g	(¼ livre) de beurre ou de margarine
15 ml	(1 c. à soupe) de ciboulette hachée
	jus de 2 limettes
	sel et poivre

Faire fondre le beurre dans un bain-marie. Incorporer le jus de limette, et la ciboulette. Assaisonner au goût.

Verser la sauce sur le poisson.

Sauce à la moutarde

Cette sauce est idéale pour le porc froid et les jarrets de porc.

15 ml	(1 c. à soupe) de moutarde de Dijon
30 m	(2 c. à soupe) de sauce Worcestershire
15 ml	(1 c. à soupe) de ketchup
1 ml	(¼ c. à thé) de sucre
	poivre du moulin

Bien mélanger tous les ingrédients dans un bol. Servir.

Sauce claire aux légumes

(pour 4 personnes)

30 ml	(2 c. à soupe) de beurre ou de margarine
1	petit oignon, émincé
125 ml	(½ tasse) de liquide de cuisson, réduit*
30 ml	(2 c. à soupe) de vin blanc sec ou de vermouth (facultatif)
1	piment vert, épépiné et émincé
1 ml	(¼ c. à thé) de cerfeuil
250 g	(½ livre) de champignons frais, nettoyés et émincés
	sel et poivre
	jus de citron

Faire chauffer la moitié du beurre ou de la margarine dans une petite casserole à feu vif. Ajouter les oignons; et faire cuire à feu moyen jusqu'à ce que les oignons deviennent transparents.

Ajouter le liquide de cuisson réduit, le vin et le jus de citron. Amener le liquide à mijoter doucement. Faire mijoter 8 minutes à feu doux.

Faire chauffer le reste du beurre dans une sauteuse à feu vif. Ajouter les piments; faire cuire de 1 à 2 minutes tout en remuant fréquemment.

Ajouter les champignons et les épices; continuer la cuisson de 2 à 3 minutes. Saler, poivrer. Verser les légumes dans le liquide; mélanger et servir.

* Le liquide de cuisson peut être du bouillon de poulet, de poisson ou de légumes dépendant des ingrédients qui l'accompagnent.

Sauce rémoulade

375 ml	*(1½ tasse) de mayonnaise*
30 ml	*(2 c. à soupe) de moutarde de Dijon*
30 ml	*(2 c. à soupe) de petits cornichons, hachés*
15 ml	*(1 c. à soupe) de câpres hachés*
15 ml	*(1 c. à soupe) de persil frais haché*
5 ml	*(1 c. à thé) de cerfeuil*
15 ml	*(1 c. à soupe) d'estragon jus de ¼ de citron sel et poivre*

Bien mélanger les ingrédients dans un bol. Cette sauce se conservera 2 jours au réfrigérateur.

Technique: Sauce rémoulade

1 Mettre la mayonnaise dans un bol.

2 Ajouter la moutarde de Dijon.

3 Ajouter les cornichons hachés.

4 Ajouter le jus de citron et le reste des ingrédients.

Sauce tartare

Rendement: 625 ml (2 ½ tasses)

Servir avec un poisson froid ou chaud.

4	**oeufs durs**
30 ml	**(2 c. à soupe) de vinaigre de vin**
250 ml	**(1 tasse) d'huile d'olive**
45 ml	**(3 c. à soupe) de mayonnaise**
15 ml	**(1 c. à soupe) de ciboulette hachée**
15 ml	**(1 c. à soupe) de persil frais haché**
	jus de ¼ de citron
	sel et poivre

Couper les oeufs en deux et les forcer à travers une passoire. Transférer le tout dans un bol à mélanger. Saler, poivrer.

Incorporer le vinaigre. Ajouter l'huile en filet tout en mélangeant avec un fouet. Incorporer le reste des ingrédients. Bien mélanger. Servir.

Sauce au curry

Rendement: approximativement 500 ml (2 tasses)

20 ml	**(1 ½ c. à soupe) d'huile ou de beurre clarifié***
1	**gros oignon, grossièrement haché**
30 ml	**(2 c. à soupe) de poudre de curry ou cari**
60 ml	**(4 c. à soupe) de farine**
1	**gousse d'ail, écrasée et hachée**
1 l	**(4 tasses) de bouillon de poulet chaud****

Technique: Sauce au curry

1 Faire chauffer l'huile dans une sauteuse. Ajouter les oignons et les faire dorer. Ajouter la poudre de curry.

2 Ajouter la farine. Faire cuire jusqu'à ce que la farine brunisse. Ne pas faire brûler. Ajouter l'ail et continuer la cuisson.

3 Graduellement, incorporer le bouillon de poulet.

4 Ajouter la noix de coco râpée. Bien mélanger.

250 ml *(1 tasse) de noix de coco*
râpée (fraîche si possible)
gingembre au goût
sel

Faire chauffer l'huile dans une sauteuse à
feu vif. Ajouter les oignons et les faire cuire
jusqu'à ce qu'ils deviennent d'un brun doré.
Ajouter la poudre de curry et la farine. Faire
cuire jusqu'à ce que la farine brunisse. Ne
pas faire brûler.
Ajouter l'air et continuer la cuisson de 2 à
3 minutes.
Graduellement, incorporer le bouillon de
poulet. Ajouter la noix de coco et bien
mélanger avec une cuillère en bois.
Saler, poivrer. Faire mijoter 20 minutes tout
en remuant fréquemment.
Tamiser la sauce avant de servir.

* Beurre clarifié, voir p. 13
** Bouillon de poulet, voir p. 33-34

Technique: Sauce tartare

1 Couper les oeufs en deux et les forcer à
travers une passoire.

2 Ajouter le vinaigre.

3 Graduellement, incorporer l'huile.

4 Ajouter la mayonnaise et le reste des
ingrédients. Bien mélanger.

5 Produit fini.

Potage breton

(pour 4 personnes)

1	gros poireau, bien lavé
2	branches de céleri
2	oignons
250 g	(½ livre) de champignons frais, nettoyés
15 ml	(1 c. à soupe) de beurre
15 ml	(1 c. à soupe) de persil frais haché
15 ml	(1 c. à soupe) de cerfeuil frais, finement haché
1,5 l	(6 tasses) de bouillon de poulet chaud*
	sel et poivre
	croûtons à l'ail

Émincer tous les légumes.

Faire fondre le beurre dans une casserole de grosseur moyenne. Ajouter le poireau, le céleri et les oignons. Bien assaisonner; couvrir et faire cuire de 9 à 10 minutes à feu doux.

Ajouter les champignons et les épices; couvrir et faire cuire 3 à 4 minutes.

Incorporer le bouillon de poulet et rectifier l'assaisonnement. Faire mijoter de 3 à 4 minutes.

Placer les croûtons dans le fond de chaque bol à soupe et remplir le tout de soupe. Servir.

*Bouillon de poulet, voir p. 33-34

Soupe aux champignons et à l'orge

(pour 4 personnes)

75 ml	(5 c. à soupe) de beurre
75 ml	(5 c. à soupe) d'oignons hachés
75 ml	(⅓ tasse) de céleri haché
250 g	(½ livre) de champignons frais, nettoyés et coupés en dés
2 l	(8 tasses) de bouillon à la dinde, chaud*
125 ml	(½ tasse) d'orge
45 ml	(3 c. à soupe) de farine
30 ml	(2 c. à soupe) de persil frais haché
	abats de dinde, hachés (facultatif)
	sel et poivre

Faire fondre 30 ml (2 c. à soupe) de beurre dans une grande casserole. Ajouter les oignons et le céleri; couvrir et faire cuire de

2 à 3 minutes à feu doux.

Ajouter les champignons; couvrir et faire cuire de 6 à 7 minutes.

Incorporer le bouillon de dinde et l'orge. Saler, poivrer. Amener le bouillon à mijoter. Laisser mijoter, sans couvrir, de 40 à 45 minutes.

Faire chauffer le reste du beurre dans une autre casserole. Ajouter la farine, mélanger et faire cuire le «roux», à feux moyen, de 3 à 4 minutes.

Graduellement, incorporer le roux au bouillon de dinde et amener le tout à mijoter à feu vif.

Ajouter les abats de dinde et faire mijoter à feu doux pendant 10 minutes.

Parsemer de persil haché. Servir.

*Bouillon de dinde, voir p. 26

Soupe au poisson

(pour 4 personnes)

30 ml	(2 c. à soupe) de beurre
2	branches de céleri, coupées en dés
1	carotte, pelée et coupée en dés
1	petit poireau, lavé et coupé en dés
2	échalotes sèches, finement hachées
1 l	(4 tasses) de court-bouillon, chaud*
150 g	(⅓ livre) de flétan
150 g	(⅓ livre) de filet d'aiglefin
150 g	(⅓ livre) de pétoncles
500 ml	(2 tasses) d'eau chaude
250 ml	(1 tasse) de croûtons
15 ml	(1 c. à soupe) de persil frais haché
	sel et poivre

Faire fondre le beurre dans une casserole de grosseur moyenne. Ajouter les légumes en dés et les échalotes. Couvrir et faire cuire de 4 à 5 minutes.

Incorporer le court-bouillon et amener à mijoter. Placer délicatement le flétan et les filets d'aiglefin dans la casserole. Faire pocher le poisson dans le liquide à peine frémissant, pendant 5 minutes.

Délicatement, retirer le poisson de la casserole et le transférer dans un bol.

Placer les pétoncles dans la casserole et les faire pocher pendant 2 minutes. Transférer les pétoncles dans le bol contenant le poisson.

À l'aide d'une fourchette, défaire le poisson

Soupes

en gros morceaux et ajouter un peu de liquide de cuisson pour le tenir chaud.
Verser l'eau dans la casserole contenant le liquide de cuisson. Faire mijoter de 15 à 20 minutes.

Incorporer le poisson et les pétoncles délicatement. Assaisonner au goût.
Garnir de croûtons et de persil. Servir immédiatement.

Court-bouillon, voir p. 33

Soupe au poisson

Technique: Soupe au poisson

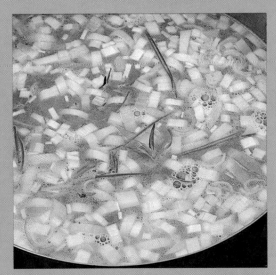

1 Faire fondre le beurre dans une casserole. Ajouter les légumes et les échalotes. Couvrir et faire cuire 4 à 5 minutes.

2 Incorporer le court-bouillon et amener à mijoter.

3 Placer le flétan et l'aiglefin dans la casserole. Faire pocher le poisson dans le liquide à peine frémissant, pendant 5 minutes.

4 Délicatement, retirer le poisson et le transférer dans un bol.

Potage aux carottes

(pour 4 personnes)

5	carottes de grosseur moyenne, pelées
3	petites pommes de terre, pelées
30 ml	(2 c. à soupe) de beurre
1	oignon, pelé et haché
1	feuille de laurier
5 ml	(1 c. à thé) d'herbes de Provence
1,5 l	(6 tasses) de bouillon de poulet chaud*
	une pincée de thym
	sel et poivre

Émincer les carottes et les pommes de terre. Faire fondre le beurre dans une casserole de grosseur moyenne, à feu vif. Ajouter les oignons; couvrir et faire cuire à feu doux de 3 à 4 minutes.

Ajouter le reste des ingrédients. Saler, poivrer.

Amener la soupe à ébullition et faire mijoter à feu doux pendant 30 minutes.

Verser la soupe dans un passe-légumes et mettre en purée.

Si désiré, ajouter un peu de crème sure avant de servir.

Garnir de persil frais.

*Bouillon de poulet, voir p. 33-34

Soupe à l'oignon au gratin

(pour 4 personnes)

30 ml	(2 c. à soupe) de beurre
3	oignons moyens, émincés
50 ml	(1/4 tasse) de vin blanc sec OU: 45 ml (3 c. à soupe) de cognac
30 ml	(2 c. à soupe) de farine
1,5 l	(6 tasses) de bouillon de boeuf, chaud*
1	feuille de laurier
375 ml	(1 1/2 tasse) de fromage gruyère râpé
4	tranches de pain français grillé
4	bols pour soupe à l'oignon en faïence
	quelques gouttes de sauce Tabasco
	sel et poivre

Dans une casserole de grosseur moyenne, faire fondre le beurre à feu vif. Ajouter les oignons et faire mijoter à feu doux pendant 20 minutes. Remuer à l'occasion. Ajouter un peu de beurre pendant la cuisson, si nécessaire.

Ajouter le vin et le faire réduire des 2/3 à feu vif.

Réduire à chaleur à feu moyen et saupoudrer les oignons de farine. Incorporer le bouillon de boeuf et la feuille de laurier. Saler, poivrer.

Amener le liquide à ébullition à feu vif. Puis, faire mijoter, sans couvrir, pendant 30 minutes à feu doux. Remuer occasionnellement.

Arroser de sauce Tabasco. Rectifier l'assaisonnement. Retirer la feuille de laurier.

Préchauffer le four à gril (broil)

Placer 15 ml (1 c. à soupe) de fromage râpé dans le fond de chaque bol à soupe. Remplir de soupe. Couvrir avec une tranche de pain et recouvrir du reste de fromage.

Placer les bols à soupe au milieu du four et faire gratiner de 15 à 20 minutes.

Cette soupe se conservera 3 jours au réfrigérateur, recouverte d'un papier ciré beurré. Se gardera 3 mois au congélateur.

*Bouillon de boeuf, voir p. 34

Crème de navet

(pour 4 personnes)

20 ml	(1 1/2 c. à soupe) de beurre
1	oignon émincé
1 l	(4 tasses) de navets émincés
2	pommes de terre moyennes, émincées
1 ml	(1/4 c. à thé) de thym, basilic et estragon
2 ml	(1/2 c. à thé) de: cerfeuil et de persil haché
1,5 l	(6 tasses) de bouillon de poulet, chaud*
30 à 45 ml	(2 à 3 c. à soupe) de crème à 35% (facultatif)
	sel et poivre

Faire fondre le beurre dans une casserole de grosseur moyenne. Ajouter les oignons et faire cuire à feu doux jusqu'à ce que les oignons deviennent transparents.

Ajouter les légumes, les épices et le bouillon de poulet. Saler, poivrer.

Amener à ébullition à feu vif. Laisser mijoter à feu moyen jusqu'à ce que les légumes soient tendres.

Verser la soupe dans un passe-légumes et mettre en purée. Si la purée est trop épaisse, ajouter un peu de bouillon chaud ou d'eau.

Pour servir, réchauffer la soupe et incorporer la crème.

*Bouillon de poulet, voir p. 33-34

Soupe à l'oignon au gratin

Crème d'asperges

(pour 4 personnes)

90 ml	(6 c. à soupe) de beurre
1	petit oignon, émincé
1	botte d'asperges fraîches, cuites*
	OU: 1 boîte d'asperges en conserve, bien égouttées
	OU: 10 onces d'asperges congelées, cuites,* hachées
75 ml	(5 c. à soupe) de farine
1,5 l	(6 tasses) de bouillon de poulet, chaud**
	OU: 1,5 l (6 tasses) du bouillon d'asperges, chaud
30 ml	(2 c. à soupe) de crème à 35% (facultatif)
15 ml	(1 c. à soupe) de persil finement haché
	OU: 15 ml (1 c. à soupe) de ciboulette hachée
45 ml	(3 c. à soupe) de pointes d'asperges pour la garniture
	sel
	poivre du moulin
1	bouquet garni, constitué de:
1 ml	(¼ c. à thé) de thym
1	feuille de laurier
2 ml	(½ c. à thé) de cerfeuil
1 ml	(¼ c. à thé) de basilic
1	clou de girofle
	persil frais
	céleri

Dans une casserole de grosseur moyenne, faire fondre 75 ml (5 c. à soupe) de beurre à feu vif. Ajouter les oignons; couvrir et faire cuire à feu doux pendant quelques minutes. Ajouter les asperges; couvrir et faire mijoter pendant 15 minutes. Remuer à l'occasion.

Ajouter la farine; faire cuire 3 minutes sans couvrir tout en remuant constamment.

Retirer la casserole du feu. Verser 250 ml (1 tasse) de bouillon de poulet dans la casserole et bien brasser avec une cuillère en bois.

Remettre la casserole sur le feu. Incorporer le reste du bouillon de poulet, 250 ml (1 tasse) à la fois tout en remuant constamment avec un fouet.

Assaisonner la soupe et ajouter le bouquet garni. Amener à ébullition. Faire mijoter, à feu doux, sans couvrir, pendant 40 minutes tout en remuant à l'occasion.

Rectifier l'assaisonnement. Passer la soupe au moulin à légumes.

Si la soupe est trop épaisse, incorporer un peu de bouillon de poulet avec une cuillère en bois.

Dans une petite casserole, faire fondre le reste du beurre. Ajouter les pointes d'asperges; faire cuire 3 minutes.

Avant de servir, incorporer la crème et garnir de pointes d'asperges, de persil ou de ciboulette.

Cette soupe, sans la crème, se conservera de 2 à 3 jours au réfrigérateur, recouverte d'un papier ciré beurré. Si vous désirez servir cette soupe froide, incorporez 50 ml (¼ tasse) de crème au lieu de 30 ml (2 c. à soupe).

* Plonger les asperges dans une grande casserole remplie d'eau bouillante salée. Couvrir et faire blanchir les asperges de 8 à 10 minutes. Retirer la casserole du feu. Rafraîchir les asperges sous l'eau froide pendant 4 minutes. Égoutter.

** *Bouillon de poulet, voir p. 33-34*

Chaudronnée de palourdes aux légumes

(pour 4 personnes)

15 ml	(1 c. à soupe) de beurre
1	oignon moyen, coupé en dés
1	piment vert, coupé en dés
2	petites pommes de terre, coupées en dés
625 ml	(2½ tasses) de court-bouillon, chaud*
36	palourdes fraîches, retirées de leur coquilles et hachées
	OU: 2 boîtes de palourdes en conserve, bien égouttées (garder le liquide des palourdes)
1	feuille de laurier
1 ml	(¼ c. à thé) de cerfeuil
5 ml	(1 c. à thé) de persil frais haché
500 ml	(2 tasses) de crème légère
	une pincée de thym
	une pincée d'estragon
	sel
	poivre du moulin
	paprika au goût

Dans une casserole de grosseur moyenne,

faire fondre le beurre à feu vif. Ajouter les oignons et les piments; couvrir et faire cuire 3 minutes à feu moyen. Remuer de temps en temps.

Ajouter les pommes de terre, le bouillon et le jus des palourdes. Ajouter les épices. Saler, poivrer.

Amener le liquide à ébullition à feu vif. Puis, réduire la chaleur à feu moyen et laisser mijoter, sans couvrir, jusqu'à ce que les pommes de terre soient cuites.

Ajouter les palourdes; faire mijoter de 3 à 4 minutes.

Rectifier l'assaisonnement; incorporer la crème. Saupoudrer de paprika. Servir.

* Court-bouillon, voir p. 33

Technique: Chaudronnée de palourdes aux légumes

1 Faire fondre le beurre dans une casserole. Ajouter les oignons et les piments. Couvrir et faire mijoter 3 minutes tout en remuant à l'occasion.

2 Ajouter les pommes de terre.

3 Ajouter le bouillon de poulet, le liquide des palourdes, et les épices. Saler, poivrer. Amener à ébullition.

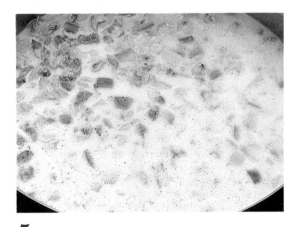

4 Ajouter les palourdes; laisser mijoter de 3 à 4 minutes.

5 Incorporer la crème et le paprika.

Soupes

Soupe minestrone

Soupe minestrone

(pour 4 personnes)

15 ml	*(1 c. à soupe) d'huile d'olive*
1	*oignon haché*
2	*branches de céleri, coupées en dés*
2	*carottes pelées et coupées en dés*
1	*boîte de tomates en conserve de 796 ml (28 oz), égouttées et hachées*
1,2 l	*(5 tasses) de bouillon de poulet, chaud**
1 ml	*(¼ c. à thé) d'origan*
1	*feuille de laurier*
2	*pommes de terre, pelées et coupées en cubes*
250 ml	*(1 tasse) de nouilles, genre «boucles moyennes»*
250 ml	*(1 tasse) de chou chinois, émincé*
	une pincée de thym
	fromage parmesan râpé
	sel et poivre

Faire chauffer l'huile dans une grande casserole. Ajouter les oignons, le céleri et les carottes. Saler, poivrer; couvrir et faire cuire 4 minutes.

Ajouter les tomates, le bouillon de poulet et les épices. Rectifier l'assaisonnement. Amener à ébullition et faire cuire de 10 à 12 minutes à feu doux.

Ajouter les pommes de terre et les nouilles; continuer la cuisson de 10 à 12 minutes.

2 minutes avant la fin de la cuisson, ajouter le chou chinois.

Servir avec du fromage parmesan râpé.

* Bouillon de poulet, voir p. 33

Soupe d'avocat froide

(pour 8 personnes)

30 ml	*(2 c. à soupe) de beurre*
1	*petit oignon, finement haché*
15 ml	*(1 c. à soupe) de curry en poudre*
30 ml	*(2 c. à soupe) de farine*
1 l	*(4 tasses) de bouillon de poulet, chaud**
3	*avocats mûrs***
250 ml	*(1 tasse) de crème sure*
	jus d'une gousse d'ail
	sel et poivre

Faire chauffer le beurre dans une casserole. Ajouter les oignons; couvrir et faire cuire à feu moyen jusqu'à ce que les oignons deviennent transparents.

Ajouter le curry et la farine; mélanger et faire cuire 3 minutes à feu moyen. Remuer occasionnellement.

Graduellement, incorporer le bouillon de poulet. Ajouter le jus d'ail. Saler, poivrer. Amener à ébullition, puis, faire mijoter de 15 à 20 minutes. Remuer occasionnellement. Passer la soupe au moulin à légumes et la réfrigérer.

Peler les avocats, retirer le noyau et émincer la chair. Mettre la chair en purée et l'incorporer à la soupe avec un fouet.

Incorporer la crème sure avec un fouet.

Si nécessaire, éclaircir la soupe avec un peu de bouillon de poulet froid. Saler, poivrer.

Servir dans des bols à soupe froids.

* Bouillon de poulet, voir p. 33

** Un avocat mûr cède au toucher, la peau est souvent tachée de régions brunes à texture rugueuse.

Crème de concombre

(pour 4 personnes)

Je recommande de servir cette soupe froide.

90 ml	*(6 c. à soupe) de beurre*
1	*petit oignon, émincé*
3	*concombres, pelés épépinés et émincés*
75 ml	*(5 c. à soupe) de farine*
1,5 l	*(6 tasses) de bouillon de poulet, chaud**
½	*concombre, finement haché pour la garniture*
30 ml	*(2 c. à soupe) de crème à 35% (facultatif)*
15 ml	*(1 c. à soupe) de persil frais haché*
	OU: de ciboulette finement hachée
	sel
	poivre
1	*bouquet garni, constitué de:*
	1 ml *(¼ c. à thé) de thym*
	1 *feuille de laurier*
	2 ml *(½ c. à thé) de cerfeuil*
	1 ml *(¼ c. à thé) de basilic*
	1 *clou de girofle*
	persil frais
	céleri

Dans une casserole épaisse, faire fondre 75 ml (5 c. à soupe) de beurre. Ajouter les oignons; couvrir et faire cuire quelques minutes à feu doux.

Ajouter les concombres émincés; couvrir et laisser mijoter 15 minutes. Remuer de temps en temps. Ajouter la farine, remuer et faire cuire, sans couvrir, pendant 3 minutes tout en mélangeant constamment.

Retirer la casserole du feu. Incorporer 250 ml (1 tasse) de bouillon de poulet; bien mélanger avec une cuillère de bois.

Remettre la casserole sur l'élément. Ajouter le reste du bouillon de poulet, 250 ml (1 tasse) à la fois, tout en remuant constamment.

Assaisonner la soupe au goût. Ajouter le bouquet garni. Amener à ébullition, puis, faire mijoter à feu doux, sans couvrir, pendant 40 minutes. Remuer de temps en temps.

Rectifier l'assaisonnement et passer la soupe au moulin à légumes.

Si la soupe est trop épaisse, ajouter un peu de bouillon de poulet chaud.

Dans une petite casserole, faire chauffer le reste du beurre. Ajouter les concombres hachés; faire cuire, sans couvrir, pendant quelques minutes à feu moyen.

Avant de servir, incorporer la crème, la garniture de concombre et le persil.

Si vous désirez servir cette soupe très froide, ajoutez 50 ml (4 c. à soupe) de crème au lieu de 30 ml (2 c. à soupe).

* Bouillon de poulet, voir p. 33

Crème de piments jaunes

(pour 4 personnes)

45 ml	(3 c. à soupe) de beurre
1	oignon, finement haché
2	piments jaunes, émincés
60 ml	(4 c. à soupe) de farine
1,2 l	(5 tasses) de bouillon de poulet, chaud*
50 ml	(¼ tasse) de crème à 10% jus de citron persil frais haché sel et poivre

Faire chauffer le beurre dans une casserole à feu moyen. Ajouter les oignons et les piments; couvrir et faire cuire de 6 à 7 minutes à feu doux.

Ajouter la farine; bien mélanger.

Incorporer le bouillon de poulet; remuer avec un fouet. Assaisonner au goût. Faire cuire de 8 à 10 minutes à feu doux.

Incorporer la crème; remuer. Arroser de jus de citron.

Parsemer de persil haché. Servir.

* Bouillon de poulet, voir p. 33-34

Soupe normande

(pour 4 personnes)

4	carottes, pelées
3	pommes de terre, pelées
2	poireaux, le blanc seulement, bien lavés
30 ml	(2 c. à soupe) de beurre
5 ml	(1 c. à thé) de persil frais haché
2	feuilles de laurier
1 ml	(¼ c. à thé) de thym
1 ml	(¼ c. à thé) de basilic
45 ml	(3 c. à soupe) de riz cuit
2 l	(8 tasses) de bouillon de poulet chaud* fromage gruyère râpé sel et poivre

Émincer tous les légumes.

Faire fondre le beurre dans une grande casserole. Ajouter les carottes, les poireaux et les épices. Couvrir et faire cuire 20 minutes à feu moyen.

Ajouter les pommes de terre et le riz. Incorporer le bouillon de poulet et continuer la cuisson, sans couvrir, pendant 20 minutes.

Verser la soupe dans un passe-légumes. Mettre en purée. Verser la soupe dans une terrine.

Parsemer de fromage râpé et servir.

* Bouillon de poulet, voir p. 33-34

Soupe campagnarde au boeuf

(pour 4 personnes)

1 k	(2 livres) de paleron de boeuf, paré de son gras et quelques os de boeuf, si possible
2	poireaux, coupés en deux
4	carottes
2	branches de céleri, coupées en deux
1	petit navet, coupé en huit
4	petites pommes de terre, pelées et coupées en deux sel et poivre persil frais
1	bouquet garni, constitué de:
	2 ml (½ c. à thé) de cerfeuil
	2 ml (¼ c. à thé) de thym
	1 ml (¼ c. à thé) de basilic
	1 ml (¼ c. à thé) de romarin

Placer la viande et les os dans une grande casserole. Couvrir d'eau froide et amener à

Crème de piments jaunes

ébullition. Réduire la chaleur à feu doux et laisser mijoter pendant 1 heure 1/2. Écumer le liquide fréquemment jusqu'à ce qu'il devienne clair.

Ficeler ensemble ½ poireau, 1 carotte et ½ branche de céleri; répéter l'opération pour obtenir 4 paquets de légumes.

Mettre les paquets de légumes dans la casserole. Ajouter les navets, les pommes de terre et le bouquet garni. Saler, poivrer. Amener le liquide à mijoter et faire cuire jusqu'à ce que les légumes soient tendres. Placer les légumes dans de grands bols à soupe et ajouter un peu de liquide de cuisson pour les garder chauds. Retirer la ficelle. Continuer la cuisson du boeuf jusqu'à ce qu'il soit tendre. Jeter le bouquet garni et les os.

Soupes

Trancher le boeuf et le placer sur les légumes.

Passer le liquide et le verser sur le boeuf et les légumes.

Servir immédiatement.

Potage parmentier

(pour 4 personnes)

30 ml	(2 c. à soupe) de beurre
2	poireaux, le blanc seulement, émincés
1	gros oignon, tranché
4	grosses pommes de terre, pelées et émincées
1,5 l	(6 tasses) de bouillon de poulet, chaud*
30 ml	(2 c. à soupe) de crème à 35%
	sel
	poivre du moulin
1	bouquet garni, constitué de:
	1 ml (¼ c. à thé) de thym
	1 feuille de laurier
	1 ml (¼ c. à thé) de basilic
	2 ml (½ c. à thé) de cerfeuil
	persil frais haché
	céleri

Dans une casserole épaisse, faire chauffer le beurre à feu vif. Réduire la chaleur à feu doux. Ajouter les poireaux et les oignons; couvrir et laisser mijoter 15 minutes. Remuer occasionnellement.

Ajouter les pommes de terre et le bouillon de poulet. Ajouter le bouquet garni. Saler, poivrer.

Amener à ébullition à feu vif. Laisser mijoter, à feu moyen, sans couvrir, pendant 40 minutes. Remuer occasionnellement.

Passer la soupe au moulin à légumes. Rectifier l'assaisonnement.

Si la soupe est trop épaisse, ajouter un peu de bouillon de poulet chaud.

Avant de servir, incorporer la crème.

Cette soupe, sans la crème, se conservera de 2 à 3 jours au réfrigérateur, recouverte d'un papier ciré beurré.

* Bouillon de poulet, voir p. 33-34

Technique:
Potage parmentier

1 Faire chauffer le beurre dans une casserole. Ajouter les poireaux et les oignons; couvrir et faire mijoter 15 minutes. Remuer occasionnellement.

2 Ajouter les pommes de terre et le bouillon de poulet.

Crème de champignons

Vichyssoise
(pour 4 personnes)

125 à 250 ml	(½ à 1 tasse) de crème à 35 %
1,2 l	(5 tasses) de potage parmentier
15 ml	(1 c. à soupe) d'échalote finement hachée

Incorporer la crème au potage parmentier et bien mélanger.

Couvrir la soupe avec un papier ciré beurré et réfrigérer toute la nuit.

Servir froid et garnir de ciboulette.

Crème de champignons
(pour 4 personnes)

75 ml	(5 c. à soupe) de beurre
1	petit oignon, émincé
375 g	(¾ livre) de champignons frais, nettoyés et émincés OU: 1 boîte de champignons en conserve, égouttés et hachés
75 ml	(5 c. à soupe) de farine
1,5 l	(6 tasses) de bouillon de poulet chaud*
60 ml	(4 c. à soupe) de champignons finement hachés, pour la garniture
30 ml	(2 c. à soupe) de crème à 35 % (facultatif)
15 ml	(1 c. à soupe) de persil frais haché OU: de ciboulette hachée sel poivre du moulin
1	bouquet garni, constitué de:
	1 ml (¼ c. à thé) de thym
	1 feuille de laurier
	2 ml (½ c. à thé) de cerfeuil
	1 ml (¼ c. à thé) de basilic
	1 clou de girofle persil frais céleri

Faire fondre le beurre dans une casserole à feu vif. Ajouter les oignons; couvrir et faire cuire pendant quelques minutes à feu doux.

Ajouter les champignons; couvrir et faire mijoter pendant 15 minutes. Remuer à l'occasion.

Ajouter la farine; faire cuire, sans couvrir, pendant 3 minutes tout en remuant constamment.

Technique: Crème de champignons

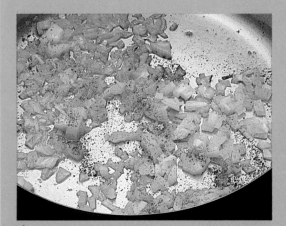

1 Faire chauffer le beurre dans une casserole. Ajouter les oignons; couvrir et faire mijoter quelques minutes.

2 Ajouter les champignons; couvrir et laisser mijoter 15 minutes.

3 Ajouter la farine; faire cuire 3 minutes.

4 Ajouter le bouillon de poulet et remuer.

5 Dans une petite casserole, faire mijoter la garniture de champignons dans 125 ml (½ tasse) de bouillon de poulet.

6 Avant de servir, incorporer la crème et la garniture de champignons.

Retirer la casserole du feu et y incorporer 250 ml (1 tasse) de bouillon de poulet. Retourner la casserole sur le feu et ajouter le reste du bouillon de poulet, 250 ml (1 tasse) à la fois, tout en remuant constamment.

Assaisonner au goût et ajouter le bouquet garni. Amener à ébullition. Puis, réduire la chaleur à feu doux, et faire mijoter, sans couvrir, pendant 40 minutes. Remuer de temps en temps.

Rectifier l'assaisonnement et passer la soupe au moulin à légumes.

Si la soupe est trop épaisse, ajouter un peu de bouillon de poulet chaud.

Dans une petite casserole, faire mijoter la garniture de champignons dans 125 ml (1 tasse) de bouillon de poulet pendant quelques minutes.

Avant de servir, incorporer la crème, la garniture de champignons et le persil.

Cette soupe, sans la crème, se conservera de 2 à 3 jours au réfrigérateur, recouverte d'un papier ciré beurré.

Bouillon de poulet, voir p. 33-34

Chowder Manhattan
(pour 4 personnes)

1	boîte de palourdes en conserve
4	tranches de bacon, coupées en dés
1	oignon, coupé en dés
30 ml	(2 c. à soupe) de farine
1 ml	(¼ c. à thé) de thym
1	feuille de laurier
500 ml	(2 tasses) de court-bouillon au vinaigre*
500 ml	(2 tasses) d'eau
2	pommes de terre, pelées et coupées en dés
5 ml	(1 c. à thé) d'huile de maïs
3	tomates, pelées et hachées quelques gouttes de jus de citron sel et poivre

Égoutter les palourdes et réserver 250 ml (1 tasse) du liquide. Mettre de côté.

Faire cuire le bacon pendant quelques minutes dans une poêle pour faire fondre presque tout le gras.

Mettre les oignons dans le gras de bacon et les faire cuire jusqu'à ce qu'ils deviennent transparents. Ajouter la farine, le thym et la feuille de laurier. Faire cuire 4 minutes tout en remuant constamment.

Graduellement, incorporer le jus des palourdes, le court-bouillon et l'eau. Ajouter les pommes de terre. Saler, poivrer et amener à ébullition.

Faire chauffer l'huile dans une poêle à frire. Ajouter les tomates; faire cuire 5 minutes à feu vif. Saler, poivrer et verser le tout dans la casserole. Continuer la cuisson jusqu'à ce que les pommes de terre soient tendres.

Incorporer les palourdes et le jus de citron. Faire mijoter le chowder pour quelques minutes à feu doux. Rectifier l'assaisonnement.

Garnir de persil haché.

Court-bouillon au vinaigre, voir p. 33

Potage de céleri et de marron
(pour 4 personnes)

30 ml	(2 c. à soupe) de beurre
30 ml	(2 c. à soupe) d'oignons finement hachés
2	branches de céleri, émincées
45 ml	(3 c. à soupe) de farine
1 l	(4 tasses) de bouillon de poulet, chaud*
125 ml	(½ tasse) de purée de marrons
45 ml	(3 c. à soupe) de crème à 10 % jus de citron persil frais haché sel et poivre

Faire fondre le beurre dans une casserole à feu moyen. Ajouter les oignons et le céleri; couvrir et faire cuire de 4 à 5 minutes à feu doux.

Ajouter la farine; mélanger et faire cuire 1 minute.

Incorporer le bouillon de poulet et la purée de marrons; bien mélanger avec un fouet. Assaisonner au goût. Arroser de jus de citron; faire cuire de 15 à 16 minutes.

Passer la soupe dans un moulin à légumes. Incorporer la crème et rectifier l'assaisonnement.

Parsemer de persil haché. Servir.

Bouillon de poulet, p. 33

Gazpacho
(pour 4 personnes)

1	concombre, pelé, épépiné et émincé
5	gousses d'ail, écrasées et hachées

1 ml	(¹/₄ c. à thé) de graines de cumin
50 ml	(¹/₄ tasse) d'amandes en poudre
30 ml	(2 c. à soupe) de vinaigre de vin
50 ml	(¹/₄ tasses) d'huile d'olive
3	tomates, pelées, épépinées et coupées en deux
1,6 l	(6¹/₂ tasses) de bouillon de boeuf, froid*
¹/₂	piment vert, épépiné et émincé
15 ml	(1 c. à soupe) de persil frais haché
	sel et poivre du moulin

Placer les tranches de concombres dans un bol à mélanger, les saupoudrer de sel et les mettre de côté pendant 30 minutes. Bien égoutter.

Bien mélanger l'ail, les graines de cumin et les amandes.

Ajouter le vinaigre et l'huile; mélanger de nouveau.

Ajouter les tranches de concombre et les tomates; mélanger. Incorporer le bouillon de boeuf; bien remuer et assaisonner au goût.

Couvrir la soupe avec un papier ciré beurré et la réfrigérer de 4 à 5 heures.

Verser la gazpacho dans une terrine à soupe. Garnir de piment et de persil.

* Bouillon de boeuf, voir p. 34

Crème de poireaux

(pour 4 personnes)

40 ml	(2¹/₂ c. à soupe) de beurre
3	poireaux, le blanc seulement, émincés
1	gros oignon, émincé
4	grosses pommes de terre, pelées et émincés
1,5 l	(6 tasses) de bouillon de poulet, chaud*
30 ml	(2 c. à soupe) de poireau émincé pour la garniture
30 ml	(2 c. à soupe) de crème à 35%
	sel et poivre
1	bouquet garni, constitué de:
	1 ml (¹/₄ c. à thé) de thym
	1 feuille de laurier
	1 (¹/₄ c. à thé) de basilic
	2 ml (¹/₂ c. à thé) de cerfeuil

	persil frais
	céleri

Dans une casserole épaisse, faire chauffer 30 ml (2 c. à soupe) de beurre à feu vif. Ajouter les poireaux et les oignons. Couvrir et faire cuire 15 minutes à feu doux. Remuer de temps en temps.

Ajouter les pommes de terre et le bouillon de poulet. Saler, poivrer. Ajouter le bouquet garni. Amener à ébullition. Puis, faire mijoter, sans couvrir, pendant 40 minutes à feu moyen. Remuer de temps en temps.

Si la soupe est trop épaisse, ajouter un peu de bouillon de poulet chaud.

Dans une petite poêle à frire, faire fondre le reste du beurre à feu vif. Ajouter la garniture de poireau. Faire mijoter 3 minutes sans couvrir. Remuer occasionnellement.

Avant de servir, incorporer la crème et la garniture de poireau.

* Bouillon de poulet, voir p. 33

Soupe froide à la mexicaine

(pour 4 personnes)

4	tomates mûres, pelées, épépinées et finement hachées
250 ml	(1 tasse) de céleri finement haché
2	oignons verts, finement hachés
2	concombres moyens, pelés et finement hachés
1	petit piment vert fort, épépiné et finement haché*
2 ml	(¹/₂ c. à thé) de sauce Tabasco
1 l	(4 tasses) de jus de tomates, froid
15 ml	(1 c. à soupe) d'huile d'olive
	sel et poivre

Mettre tous les légumes hachés dans un bol. Ajouter la sauce Tabasco, le jus de tomates et l'huile. Bien mélanger. Saler, poivrer. Réfrigérer pendant plusieurs heures.

Servir la soupe dans des bols froids. Garnir d'une tranche de citron.

* Les piments forts ont une essence très forte pouvant irriter l'oeil. Il est donc extrêmement important de vous laver les mains après les avoir manipulés.

Soupe froide à la mexicaine

Soupe de lentilles

Soupe de lentilles

(pour 4 personnes)

250 ml	(1 tasse) de lentilles
30 ml	(2 c. à soupe) de beurre
1	oignon, haché
1	branche de céleri, finement hachée
1	feuille de laurier
3	branches de persil
1	gousse d'ail, écrasée et hachée
1,5 l	(6 tasses) de bouillon de poulet, chaud
¼	chou chinois, lavé et émincé sel et poivre

Faire tremper les lentilles dans l'eau froide pendant 3 heures. Égoutter et mettre de côté.

Faire fondre 15 ml (1 c. à soupe) de beurre dans une grande casserole. Ajouter les oignons et le céleri; faire cuire de 3 à 4 minutes à feu moyen.

Ajouter les lentilles. Saler, poivrer. Ajouter les épices et l'ail; bien mélanger.

Couvrir et faire cuire 3 minutes.

Incorporer le bouillon de poulet. Saler, poivrer; faire cuire 1 heure 1/2 à feu doux.

5 minutes avant la fin de la cuisson, faire fondre le reste du beurre dans une poêle à frire. Ajouter le chou chinois; faire cuire 2 minutes.

Incorporer le chou chinois à la soupe. Remuer et servir.

Crème de carottes

(pour 4 personnes)

4	tranches de bacon, coupées en dés
1	gros oignon, émincé
4	grosses carottes, pelées et émincées
4	grosses pommes de terre, pelées et émincées
1,5 l	(6 tasses) de bouillon de poulet, chaud*
30 ml	(2 c. à soupe) de crème à 35%
	sel
	poivre du moulin
1	bouquet garni, constitué de:
	1 ml (¼ c. à thé) de thym
	1 feuille de laurier
	1 ml (¼ c. à thé) de cerfeuil
	1 ml (¼ c. à thé) de basilic

persil frais
céleri

Dans une casserole épaisse, faire cuire le bacon, sans couvrir, pendant 5 minutes à feu moyen. Ajouter les oignons; couvrir et faire mijoter quelques minutes. Remuer à l'occasion.

Ajouter les carottes; couvrir et faire mijoter 15 minutes à feu doux. Remuer de temps en temps.

Ajouter les pommes de terre et le bouillon de poulet. Remuer et ajouter le bouquet garni. Saler, poivrer. Amener à ébullition à feu vif. Puis, laisser mijoter à feu moyen, sans couvrir, pendant 40 minutes. Remuer de temps en temps.

Rectifier l'assaisonnement. Passer la soupe au moulin à légumes.

Si la soupe est trop épaisse, ajouter un peu de bouillon de poulet chaud.

Avant de servir, incorporer la crème.

Cette soupe, sans la crème, se conservera de 2 à 3 jours au réfrigérateur, recouverte d'un papier ciré beurré.

* Bouillon de poulet, voir p. 33-34

Soupe aux pommes de terre

(pour 4 personnes)

15 ml	(1 c. à soupe) d'huile de maïs
1	poireau, lavé et émincé
2	oignons, émincés
1	branche de céleri, émincées
4	petites pommes de terre, pelées
1,5 l	(6 tasses) de bouillon de poulet, chaud*
30 ml	(2 c. à soupe) de crème à 35%
	sel et poivre
1	bouquet garni, constitué de:
	2 ml (½ c. à thé) de cerfeuil
	1 ml (¼ c. à thé) de thym
	1 ml (¼ c. à thé) de basilic
	1 ml (¼ c. à thé) de romarin
	persil frais

Faire chauffer l'huile dans une casserole à feu vif. Ajouter les poireaux, les oignons et le céleri; couvrir et faire cuire 10 minutes à feu moyen.

Ajouter les pommes de terre, le bouillon de poulet et le bouquet garni. Saler, poivrer. Faire cuire jusqu'à ce que les pommes de terre soient cuites. Enlever le bouquet garni.

Mettre la soupe en purée dans un blender ou dans un moulin à légumes. Rectifier l'assaisonnement et incorporer la crème avant de servir.

* Bouillon de poulet, voir p. 33-34

Crème de citrouille

(pour 4 à 6 personnes)

1/2	petite citrouille
1 l	(4 tasses) d'eau
1 l	(4 tasses) de lait
45 ml	(3 c. à soupe) de farine tout usage
45 ml	(3 c. à soupe) de beurre
30 à 45 ml	(2 à 3 c. à soupe) de sucre sel et poivre

Épépiner la citrouille et retirer la chair. Couper la chair en cubes de 2,5 cm (1 po) et la placer dans une casserole.

Ajouter assez d'eau pour couvrir la chair de citrouille et amener à ébullition. Laisser mijoter jusqu'à la chair soit tendre et complètement cuite.

Mettre en purée dans un moulin à légumes ou un blender.

Placer la purée de citrouille dans une casserole. Conserver 50 ml (1/4 tasse) de lait et verser le reste du lait et l'eau dans la casserole. Amener à mijoter.

Délayer la farine dans le lait. Ajouter le mélange à la casserole. Continuer la cuisson de 15 à 20 minutes à feu doux. Remuer de temps en temps.

Incorporer le beurre. Saler, poivrer.

Servir la crème de citrouille dans des bols. Saupoudrer d'un peu de sucre.

Soupe aux herbes

(pour 4 personnes)

4	pommes de terre, pelées
1	paquet de cresson, lavé
15 ml	(1 c. à soupe) de ciboulette, finement hachée
30 ml	(2 c. à soupe) de persil frais, finement haché
2	feuilles de laurier
1,2 l	(5 tasses) de bouillon de poulet, chaud* sel et poivre crème à 35%

Mettre tous les ingrédients, à l'exception de la crème, dans une casserole. Assaisonner au goût.

Amener à mijoter et faire cuire doucement pendant 40 minutes.

Enlever les feuilles de laurier. Passer la soupe au moulin à légumes.

Pour servir chaud, incorporer 30 ml (2 c. à soupe) de crème à 35% avant de servir.

Pour servir froid, incorporer 125 à 250 ml (1/2 à 1 tasse) de crème sure avant de servir.

* Bouillon de poulet, voir p. 33-34

Soupe aux légumes

(pour 4 personnes)

15 ml	(1 c. à soupe) de beurre
1/2	poireau, lavé et émincé
1	petit oignon, coupé en dés
2 ml	(1/2 c. à thé) de cerfreuil

Crème de citrouille

1	*feuille de laurier*
½	*piment vert, coupé en dés*
½	*branche de céleri, coupé en dés*
1	*petite carotte, pelée et finement hachée*
1	*pomme de terre moyenne, pelée et coupée en dés*
1,2 l	*(5 tasses) de bouillon de poulet ou de boeuf, chaud*
15 ml	*(1 c. à soupe) de persil frais haché*
	une pincée de basilic
	une pincée de thym
	sel
	poivre du moulin
	croûtons

Dans une casserole épaisse, faire fondre le beurre à feu vif. Ajouter les poireaux et les oignons; couvrir et faire cuire quelques minutes à feu doux.

Ajouter les épices, le reste des légumes et le bouillon de poulet. Saler, poivrer. Amener à ébullition à feu vif.

Puis, réduire la chaleur à feu moyen et continuer la cuisson, sans couvrir, jusqu'à ce que les légumes soient cuits.

Garnir de croûtons et de persil. Servir.

Chapitre III

Hors-d'oeuvre et petites entrées
Pâtes alimentaires • Fondues et oeufs

Champignons à la grecque

(pour 6 à 10 personnes)

1 l	*(4 tasses) de têtes de champignons, de grosseur moyenne*
125 ml	*(¹/₂ tasse) d'eau*
125 ml	*(¹/₂ tasse) de vin blanc sec*
50 ml	*(¹/₄ tasse) d'huile d'olive*
30 ml	*(2 c. à soupe) de vinaigre de vin*
1	*bouquet garni, constitué de:*
	1 ml (¹/₄ c. à thé) de thym
	2 feuilles de laurier
	1 ml (¹/₄ c. à thé) de graines de fenouil
	5 ml (1 c. à thé) de cerfeuil persil frais céleri sel et poivre

Mettre tous les ingrédients dans une casserole; couvrir et amener à ébullition. Faire mijoter 8 minutes à feu moyen.

Laisser refroidir et réfrigérer pendant 12 heures.

Les champignons se conserveront dans leur marinade pendant 48 heures au réfrigérateur. Égoutter et jeter le bouquet garni.

Servir avec des cure-dents.

Branches de céleri farcies

(pour 4 personnes)

4	*branches de céleri*
5 ml	*(1 c. à thé) de moutarde de Dijon*
250 g	*(¹/₂ livre) de fromage en crème Philadelphia*
125 ml	*(¹/₂ tasse) de piments doux, cuits et coupés en dés*
2 ml	*(¹/₂ c. à thé) de cumin*
1	*gousse d'ail, écrasée et hachée*
15 ml	*(1 c. à soupe) de crème sure jus de citron sel, poivre paprika*

Couper les branches de céleri en morceaux de 2,5 c, (1 po) et les faire tremper 1 heure dans l'eau froide.

Peler les morceaux de céleri avec un petit couteau d'office. Assécher et mettre de côté.

Mettre la moutarde dans un bol. Ajouter le fromage et bien mélanger pour obtenir un onctueux.

Incorporer le reste des ingrédients. Assaisonner au goût.

Farcir les morceaux de céleri. Servir.

Branches de céleri farcies

Hors d'oeuvre
et petites entrées

Ailloli

(pour 6 à 8 personnes)

Cette sauce est très appréciée dans le Midi de la France.

Cette sauce froide accompagne aussi le poisson poché, tel que le flétan.

4	**gousses d'ail, écrasées et finement hachées**
2	**jaunes d'oeufs**
175 ml	**(³/₄ tasse) d'huile d'olive**
	sel
	poivre du moulin
	jus de citron au goût
	une pincée de poivre de Cayenne
	OU: une goutte de sauce Tabasco
	toast Melba ou pain français grillé

Dans un mortier, ou un petit bol à mélanger, bien incorporer l'ail et les jaunes d'oeufs avec un fouet jusqu'à épaississement du mélange.

Ajouter l'huile, goutte, à goutte, tout en mélangeant constamment avec un fouet de cuisine.

Saler, poivrer. Arroser de jus de citron. Ajouter le poivre de Cayenne. Rectifier l'assaisonnement, si nécessaire.

Vos invités étendent l'ailloli sur les toasts Melba ou sur du pain grillé.

L'ailloli peut se préparer à l'avance. La recouvrir d'un papier ciré beurré et la réfrigérer.

Champignons farcis au crabe

(pour 6 à 8 personnes)

30 ml	**(2 c. à soupe) de beurre**
2	**échalotes sèches, finement hachées**
250 g	**(¹/₂ livre) de chair de crabe, fraîche ou en conserve, égouttée et grossièrement hachée**
125 ml	**(¹/₂ tasse) de sauce blanche épaisse, chaude***
24	**grosses têtes de champignons, de 4 cm (1¹/₂ po) de diamètre**
125 ml	**(¹/₂ tasse) de fromage gruyère ou mozzarella, râpé**
	sel
	poivre du moulin
	quelques gouttes de sauce Tabasco

Préchauffer le four à 180°C (350°F)

Dans une casserole épaisse, faire fondre le beurre à feu vif. Ajouter les échalotes; faire cuire à feu moyen, sans couvrir, pendant 3 minutes.

Incorporer la chair de crabe. Saler, poivrer et assaisonner de sauce Tabasco.

Faire cuire à feu doux, sans couvrir, pendant 4 minutes. Incorporer la sauce blanche et assaisonner au goût.

Placer les têtes de champignons dans une plaque à rôtir huilée. Saler, poivrer. Farcir les champignons avec le mélange. Parsemer de fromage râpé.

Faire cuire 15 minutes au four.

Servir immédiatement dans des assiettes individuelles.

* Sauce blanche épaisse, voir p. 41

Canapés de champignons au curry

(pour 4 personnes)

45 ml	**(3 c. à soupe) de beurre**
1	**échalote sèche, hachée**
15 ml	**(1 c. à soupe) de persil frais haché**
15 ml	**(1 c. à soupe) de curry en poudre**
114 g	**(¹/₄ livre) de champignons frais, hachés**
45 ml	**(3 c. à soupe) de farine**
375 ml	**(1¹/₂ tasse) de lait chaud**
	une pincée de muscade
	jus de citron
	fromage parmesan râpé
	pain grillé
	sel et poivre

Préchauffer le four à 200°C (400°F)

Faire fondre le beurre dans une sauteuse à feu moyen. Ajouter les échalotes et le persil. Saupoudrer de curry; faire cuire 2 minutes en mélangeant avec une cuillère en bois.

Ajouter les champignons. Saler, poivrer. Arroser de jus de citron; faire cuire de 4 à 5 minutes.

Incorporer la farine; bien mélanger. Ajouter le lait; remuer. Saupoudrer de muscade; faire cuire de 8 à 10 minutes.

Étendre le mélange sur des tranches de pain grillées. Parsemer de fromage râpé.

Faire cuire au four à gril (broil) pendant 3 minutes. Servir.

Canapés de champignons au curry

Coeurs de palmiers frits

(pour 4 personnes)

1	*boîte de coeurs de palmier en conserve*
3	*oeufs frais*
250 ml	*(1 tasse) de chapelure sel et poivre poudre de chili au goût minces tranches de fromage mozzarella*

Huile d'arachide pour la friture préchauffée, à 180°C (350°F)

Bien égoutter les coeurs de palmier et les trancher en deux sur la longueur.

Battre les oeufs et les assaisonner de sel, de poivre et de chili en poudre.

Plonger les coeurs de palmier dans les oeufs battus et les rouler dans la chapelure.

Faire frire les coeurs de palmier dans l'huile chaude jusqu'à ce qu'ils deviennent dorés et croustillants. Retirer et égoutter sur un papier essuie-tout.

Disposer le tout dans un plat allant au four et recouvrir chacun d'un morceau de fromage. Faire cuire dans un four préchauffé à 200°C (400°F) jusqu'à ce que le fromage fonde.

Barquettes de champignons

(pour 4 personnes)

45 ml	*(3 c. à soupe) de beurre*
250 g	*(½ livre) de champignons tranchés*
5 ml	*(1 c. à thé) de cumin*
15 ml	*(1 c. à soupe) de persil frais haché*
45 ml	*(3 c. à soupe) de farine*
625 ml	*(2½ tasses) de lait chaud*
30 ml	*(2 c. à soupe) de vermouth*
125 ml	*(½ tasse) de fromage cheddar râpé*
4	*petits pains individuels une pincée de muscade sel et poivre*

Préchauffer le four à 200°C (400°F)

Faire fondre le beurre dans une casserole. Ajouter les champignons et le cumin. Saler, poivrer; faire cuire de 4 à 5 minutes à feu moyen.

Ajouter le persil et la farine; bien mélanger. Incorporer le lait et le vermouth. Rectifier l'assaisonnement. Saupoudrer de muscade; faire cuire de 8 à 10 minutes.

Trancher les pains en deux, sur la longueur et retirer la mie. Faire griller les pains évidés au four pendant quelques minutes. Verser le mélange de champignons dans les pains évidés. Parsemer de fromage râpé. Faire cuire au four à 200°C (400°F) de 7 à 8 minutes.

Garnir d'oeufs durs tranchés (facultatif). Servir.

Coeurs de palmier en salade

(pour 4 personnes)

1	*boîte de coeurs de palmier en conserve*
4	*oeufs durs, tranchés*
3	*tomates mûres, tranchées*
1	*petit oignon rouge, émincé vinaigrette favorite olives vertes dénoyautées oignons verts persil frais*

Égoutter les coeurs de palmier et couper chacun, sur la longueur, en 4 à 6 bâtonnets.

Sur un plat de service, disposer les oeufs, les tomates, les coeurs de palmier et les oignons en rangées, côte à côte.

Verser assez de vinaigrette pour bien arroser tous les légumes. Laisser mariner au réfrigérateur pendant 2 heures.

Au moment de servir, décorer le tout d'olives, d'oignons verts et de persil.

Trempette de fromage

Rendement: 500 ml (2 tasses)

Cette trempette peut être servie sur des biscuits salés, avec des bâtonnets de carottes ou des morceaux de céleri.

250 g	*(½ livre) de fromage cheddar*
125 g	*(¼ livre) de beurre mou*
50 ml	*(¼ tasse) de crème sure poivre de Cayenne au goût quelques gouttes de jus de citron une pincée de muscade*

Défaire le fromage en pommade.

Incorporer le poivre de Cayenne, le jus de citron, la muscade et le beurre. Bien mélanger.

Avant de servir, incorporer la crème sure. Rectifier l'assaisonnement.

Barquettes de champignons

Hors d'oeuvre et petites entrées

Canapés au roquefort

Approximativement 20 canapés

1	petite baguette de pain français, tranchée mince OU: biscottes
250 ml	(1 tasse) de fromage roquefort ou bleu, à la température de la pièce
50 ml	(¼ tasse) de beurre mou
5 ml	(1 c. à thé) de cognac
30 ml	(2 c. à soupe) de crème sure jus de citron au goût une pincée de poivre de Cayenne

Préchauffer le four à 200°C (400°F)
Enlever la croûte de chaque tranche de pain.
Placer les tranches de pain sur une plaque à biscuits et faire griller au four. Mettre de côté.
Écraser le fromage et y incorporer le beurre. Saupoudrer de poivre de Cayenne. Arroser le tout de jus de citron et ajouter le cognac. Au moment de servir, incorporer la crème sure. Étendre le mélange sur le pain grillé ou des biscottes.

Champignons marinés

150 ml	(⅔ tasse) d'huile d'olive ou de maïs
60 ml	(4 c. à soupe) de vinaigre de vin
125 ml	(½ tasse) d'eau
4	gousses d'ail entières, non pelées
20	grains de poivre
2	feuilles de laurier
1 ml	(¼ c. à thé) de thym
2 ml	(½ c. à thé) d'estragon
500 g	(1 livre) de boutons de champignons blancs frais, nettoyés et tranchés jus de 1 citron sel et poivre

Mettre l'huile, le vinaigre, l'eau, le jus de citron, l'ail et les grains de poivre dans une casserole à feu vif. Ajouter le reste des épices. Amener à ébullition; couvrir et faire mijoter à feu doux pendant 15 minutes.
Tamiser le liquide dans un bol. Mettre de côté.
Dans la même casserole, faire sauter les champignons à feu vif de 2 à 3 minutes tout en mélangeant constamment. Transférer les champignons dans le bol contenant la marinade.
Jeter le liquide qui se trouve dans la casserole.
Lorsque les champignons sont refroidis, recouvrir le bol d'un papier ciré, ou les placer dans un pot à marinades et réfrigérer le tout.
Cette recette se conservera 7 jours au réfrigérateur dans un pot à marinades. Pour servir les champignons, utiliser une cuillère à trous car il est important que le liquide de la marinade demeure dans le pot pour protéger les champignons qui restent.

Flétan servi sur coeurs de laitue

(pour 4 personnes)

500 g	(1 livre) de flétan
1	feuille de laurier
5 ml	(1 c. à thé) de cerfeuil
5	champignons frais, nettoyés et émincés
125 ml	(½ tasse) de vin blanc sec OU: 30 ml (2 c. à soupe) de vinaigre de vin
12	olives vertes dénoyautées et émincées
5	châtaignes d'eau
125 ml	(½ tasse) de vinaigrette*
4	coeurs de laitue
1	oeuf dur, coupé en quatre
4	quartiers de citron persil frais jus de ¼ de citron une pincée de thym sel poivre du moulin

Nettoyer le flétan à l'eau froide et le placer dans une sauteuse beurrée. Saler, poivrer. Ajouter le thym, le laurier, le cerfeuil, les champignons, le vin, le jus de citron et assez d'eau froide pour couvrir.
Couvrir la sauteuse avec un papier ciré beurré. Presser le papier pour qu'il touche les ingrédients. Amener à ébullition à feu vif. Puis, faire mijoter 15 minutes à feu doux.
Retirer la sauteuse du feu. Laisser refroidir le flétan dans le liquide.
Retirer le poisson de la sauteuse et le transférer dans un bol à mélanger. Défaire le flétan en morceaux à l'aide d'une fourchette. Incorporer les olives, les châtaignes d'eau et la vinaigrette. Assaisonner au goût.

Flétan servi sur coeurs de laitue

Placer le mélange de poisson sur les coeurs de laitue. Décorer le tout avec les oeufs, les quartiers de citron et le persil.

* Vinaigrette, voir p. 50

Canapés aux anchois

Rendement: 25 canapés

16	*minces tranches de pain français*
125 ml	*(¹/₂ tasse) de fromage à la crème, à la température de la pièce*
5 ml	*(1 c. à thé) de ciboulette fraîche, hachée*
2	*petites boîtes d'anchois en conserve, bien égouttés et asséchés*
	quelques gouttes de jus de citron

Préchauffer le four à gril (broil).

Avocat à la Martin

Enlever la croûte des tranches de pain. Placer les tranches sur une plaque à biscuits. Faire griller au four, sous le gril, sur les deux côtés, pendant quelques minutes. Mettre de côté.

Bien incorporer le fromage, la ciboulette et le jus de citron dans un bol.

Avant de servir, étendre le mélange de fromage sur le pain grillé. Disposer 2 filets d'anchois sur chaque canapé.

Décorer de minces tranches de citron.

Avocat à la Martin

(pour 2 personnes)

1	*avocat mûr*
5 à 6	*grosses crevettes cuites, décortiquées et nettoyées*
45 ml	*(3 c. à soupe) de mayonnaise*

3 à 4	noix, grossièrement hachées
5 ml	(1 c. à thé) de persil frais, finement haché
	poivre du moulin
	quelques gouttes de sauce Tabasco
	sel

Couper l'avocat en deux et retirer le noyau. À l'aide d'une cuillère, retirer la chair de l'avocat et la mettre dans un bol.

Couper les crevettes en deux, sur la longueur et les mettre dans le bol. Ajouter le reste des ingrédients et bien mélanger le tout.

Replacer le mélange de crevettes dans les avocats évidés. Servir.

Canapés de saumon fumé

(pour 6 à 8 personnes)

Pour conserver le saumon fumé, le frotter avec un peu d'huile et réfrigérer.

250 g	(½ livre) de fromage à la crème, à la température de la pièce
15	toasts Melba ou morceaux de pain français grillé
15	fines tranches de saumon fumé
15	fines tranches d'échalotes sèches
30 ml	(2 c. à soupe) de câpres quelques quartiers de citron poivre du moulin

Étendre le fromage sur les toasts Melba ou le pain français.

Couvrir d'une tranche de saumon.

Garnir d'une tranche d'échalote et quelques câpres.

Disposer les canapés sur un plat de service.

Garnir de quartiers de citron.

Poivrer et servir.

Hors d'oeuvre
et petites entrées

Escargots au gratin

Escargots au gratin

(pour 2 personnes)

250 g	(½ livre) de beurre à l'ail, à la température de la pièce*
12	gros escargots égouttés
45 ml	(3 c. à soupe) de fromage gruyère râpé
2	plats à escargots en céramique
	une pincée de poivre de Cayenne

Préchauffer le four à gril (broil)

Placer 1 ml (1 c. à thé) de beurre à l'ail dans chaque cavité du plat à escargots et y glisser un escargot.

Remplir les cavités avec le reste du beurre à l'ail. Parsemer de fromage. Saupoudrer de poivre de Cayenne.

Placer le tout au milieu du four et faire cuire à gril (broil) pendant 15 minutes.

* Beurre à l'ail, voir p. 16

Crevettes frites

(pour 6 à 8 personnes)

500 g	(1 livre) de crevettes de grosseur moyenne, crues
2	gousses d'ail, écrasées et hachées
1	recette de pâte à frire*
	jus de 1 citron
	sel
	poivre du moulin

Huile d'arachide pour la friture, préchauffée à 180°C (350°F)

Décortiquer chaque crevette jusqu'à la dernière section, en ayant soin de laisser cette section et la queue fixées à la crevette. Retirer la veine noire et nettoyer les crevettes à l'eau froide.

Faire une incision sur les ¾ de la courbe intérieure de chaque crevette et aplatir la crevette avec la paume de la main.

Dans un bol, bien mélanger tous les ingrédients. Couvrir le bol avec un papier ciré et laisser mariner les crevettes. Mettre de côté.

Entre-temps, préparer la pâte à frire.

Tremper les crevettes dans la pâte à frire, une à la fois. Plonger les crevettes dans l'huile chaude de 3 à 4 minutes ou jusqu'à l'obtention d'une couleur or.

Égoutter les crevettes frites sur un papier essuie-tout. Servir avec une sauce aux prunes.

* Pâte à frire, voir p. 10

Canapés de crevettes

(pour 6 à 8 personnes)

250 g	(½ livre) de crevettes cuites, décortiquées, nettoyées et finement hachées
45 ml	(3 c. à soupe) de mayonnaise
15 ml	(1 c. à soupe) de persil frais finement haché
5 ml	(1 c. à thé) de ciboulette fraîche hachée
5 ml	(1 c. à thé) de curry en poudre
2	gouttes de sauce Tabasco
	jus de ¼ de citron
	sel
	poivre du moulin

Bien incorporer tous les ingrédients dans un bol.

Rectifier l'assaisonnement, si nécessaire.

Ce mélange se conserve de 6 à 7 heures au réfrigérateur, recouvert d'un papier ciré beurré.

Pour servir: étendre le mélange de crevettes sur du pain français grillé, des toasts Melba ou des biscuits assortis.

Les canapés préparés se conservent 1 heure.

Brochettes de langoustines

(pour 4 personnes)

24	langoustines crues
24	boutons de champignons frais, nettoyés
4 à 5	tranches de bacon coupé en morceaux de 2,5 cm (1 po)
60 ml	(4 c. à soupe) de beurre à l'ail, à la température de la pièce*
	sel
	poivre du moulin
	jus de 1 citron

Préchauffer le four à gril (broil)

Décortiquer les langoustines.

Sur des brochettes enfiler, en alternant, langoustine, bouton de champignon et bacon. Saler, poivrer.

Placer les brochettes dans un plat à rôtir et les parsemer de petits morceaux de beurre à l'ail.

Placer les brochettes au four, à 15 cm (6 po) de l'élément supérieur. Faire cuire à gril (broil) pendant 3 minutes, de chaque côté. Avant de servir, arroser le tout de jus de citron.

* Beurre à l'ail, voir p. 16.

Hors d'oeuvre et petites entrées

Boulettes de viande à l'indienne
(pour 4 personnes)

30 ml	(2 c. à soupe) d'huile de maïs
1	oignon d'Espagne, finement haché
750 g	(1½ livre) de boeuf maigre haché
30 ml	(2 c. à soupe) de fine chapelure
2 ml	(½ c. à thé) de chili en poudre
2 ml	(½ c. à thé) de tuméric
2	gousses d'ail, écrasées et hachées
1	oeuf
15 ml	(1 c. à soupe) de persil frais haché
	sel et poivre

Faire chauffer 15 ml (1 c. à soupe) d'huile dans une sauteuse à feu vif. Ajouter les oignons; faire cuire 4 minutes à feu moyen. Retirer les oignons et les mettre dans un bol à mélanger.

Incorporer le reste des ingrédients, à l'exception de l'huile, aux oignons frits. Bien mélanger et former des petites boulettes.

Faire chauffer le reste de l'huile dans la sauteuse à feu vif. Faire brunir les boulettes de viande à feu moyen et les faire cuire au goût.

Servir avec une sauce au curry ou à l'oignon.

Tartelettes aux asperges avec sauce hollandaise
(pour 4 personnes)

5 ml	(1 c. à thé) de beurre
8	asperges fraîches, cuites et coupées en dés
375 ml	(1½ tasse) de sauce blanche, chaude*
8	tartelettes cuites
	sauce hollandaise**
	une pincée de muscade
	sel et poivre blanc

Préchauffer le four à 200°C (400°F)

Faire fondre le beurre dans une petite casserole. Ajouter les asperges et poivrer; couvrir et faire mijoter quelques minutes à feu doux.

Incorporer la sauce blanche et saupoudrer de muscade; remuer et laisser mijoter de 6 à 7 minutes.

Hors d'oeuvre
et petites entrées

Verser le mélange dans les tartelettes cuites. Napper le tout de sauce hollandaise. Faire cuire au four à gril (broil) pendant 3 minutes. Servir.

* Sauce blanche, voir p. 40
** Sauce hollandaise, voir p. 50

Escargots à la provençale

(pour 4 personnes)

125 g	(¼ livre) de beurre à l'ail, à la température de la pièce*
12	gros escargots en conserve, bien égouttés
12	coquilles à escargots

Préchauffer le four à gril (broil).

Placer 1 ml (¼ c. à thé) de beurre à l'ail à l'intérieur de chaque coquille. Placer 1 escargot dans chaque coquille et sceller le tout de beurre à l'ail.

Placer les coquilles dans des plats à escargots.

Placer le tout au four, à 10 cm (4 po) de l'élément supérieur. Faire cuire de 8 à 10 minutes.

Les escargots sont prêts dès que le beurre devient brun pâle.

Beurre à l'ail, voir p. 16

Huîtres gratinées

(pour 4 personnes)

24	huîtres fraîches, en coquille
625 ml	(2½ tasses) de sauce blanche épaisse, chaude*
15 ml	(1 c. à soupe) de beurre fondu
125 ml	(½ tasse) de fromage parmesan râpé
60 ml	(4 c. à soupe) de beurre une pincée de poivre de Cayenne

Préchauffer le four à gril (broil).

Ouvrir les huîtres et les détacher de leur coquille. Conserver le liquide des huîtres. Bien nettoyer les coquilles. Mettre de côté.

Dans un bol à mélanger, bien incorporer la sauce blanche, le poivre de Cayenne, le beurre fondu et le liquide des huîtres.

Disposer les coquilles dans un plat à rôtir. Placer 15 ml (1 c. à soupe) de sauce dans chaque coquille.

Déposer une huître dans chaque coquille et recouvrir le tout du reste de la sauce. Parsemer de fromage râpé.

Parsemer de petits morceaux de beurre.

Placer au four, à 10 cm (4 po) de l'élément supérieur et faire cuire de 3 à 4 minutes.

* Sauce blanche épaisse chaude, voir p. 41

Endives gratinées

(pour 4 personnes)

500 g	(1 livre) d'endives, lavées
8	tranches de jambon cuit
1 ml	(¼ c. à thé) d'estragon
250 ml	(1 tasse) de sauce blanche légère, chaude*
125 ml	(½ tasse) de fromage gruyère râpé sel et poivre jus de citron

Préchauffer le four à 190°C (375°F).

Faire pocher les endives dans l'eau bouillante salée et citronnée pendant 10 minutes. Bien égoutter. Saler, poivrer.

Envelopper les endives dans les tranches de jambon. Placer le tout dans un plat à gratin beurré. Saupoudrer d'estragon.

Verser la sauce blanche sur les endives. Parsemer de fromage râpé.

Faire cuire au four pendant 20 minutes.

* Sauce blanche légère, voir p. 41

Champignons à la crème sur toast

(pour 2 personnes)

5 ml	(1 c. à thé) de beurre
250 g	(½ livre) de champignons frais, nettoyés et coupés en deux
2	échalotes sèches, finement hachées
60 ml	(4 c. à soupe) de vermouth sec
250 ml	(1 tasse) de sauce blanche épaisse, chaude*
2	tranches de pain français, grillées
30 ml	(2 c. à soupe) de fromage mozzarella, râpé
15 ml	(1 c. à soupe) de persil frais haché sel poivre du moulin

Préchauffer le four à gril (broil).

Faire fondre le beurre dans une sauteuse à feu vif. Ajouter les champignons; faire cuire 5 minutes à feu moyen tout en remuant à l'occasion. Saler, poivrer.

Ajouter les échalotes et le vermouth. Faire réduire le liquide à feu vif pendant 2 minutes.

Incorporer la sauce blanche. Rectifier l'assaisonnement.

Disposer les tranches de pain dans un plat

Escargots à la provençale

à rôtir. Verser le mélange de champignons sur le pain. Parsemer de fromage râpé. Placer le tout au four, à 10 cm (4 po) de l'élément supérieur. Faire cuire de 3 à 4 minutes. Garnir de persil. Servir immédiatement.

* Sauce blanche épaisse, voir p. 41

Crêpes farcies aux oeufs de lompe

(pour 4 personnes)

50 ml	*(¼ tasse) de mayonnaise**
4	*crêpes minces*
1	*petit pot d'oeufs de lompe*

Étendre une fine couche de mayonnaise sur chaque crêpe.

Recouvrir la mayonnaise d'une mince couche d'oeufs de lompe.

Rouler chaque crêpe et la couper en deux. Servir.

* Mayonnaise, voir p. 119

Crêpes farcies aux crevettes

(pour 4 personnes)

500 g	*(1 livre) de crevettes cuites, décortiquées et nettoyées*
30 ml	*(2 c. à soupe) de beurre*
30 ml	*(2 c. à soupe) d'échalotes sèches hachées*
4	*crêpes*
125 ml	*(½ tasse) de porto*
375 ml	*(1½ tasse) de sauce blanche épaisse, chaude**
125 ml	*(½ tasse) de fromage gruyère ou mozzarella, râpé*
15 ml	*(1 c. à soupe) de persil frais haché*
	paprika au goût
	sel
	poivre du moulin

Préchauffer le four à 180°C (350°F)

Couper les crevettes en biais.

Faire fondre le beurre dans une sauteuse à feu vif. Ajouter les échalotes et les crevettes. Faire cuire, sans couvrir, pendant 3 minutes à feu moyen. Remuer de temps en temps.

Incorporer le paprika et le porto. Faire cuire, sans couvrir, de 2 à 3 minutes à feu vif.

Ajouter la sauce blanche. Assaisonner au goût. Retirer du feu.

Diviser le mélange en deux et en mettre la moitié de côté.

Crêpes farcies aux oeufs de lompe

Coquille aux pétoncles et aux piments

Farcir les crêpes avec la moitié du mélange. Rouler.

Placer les crêpes dans un plat à gratin beurré et les recouvrir du reste de la sauce.

Parsemer le tout de fromage.

Placer les crêpes au milieu du four et les faire cuire à gril (broil) pendant 15 minutes. Parsemer de persil haché avant de servir.

* *Sauce Blanche Épaisse, voir p. 41*

Escargots à la bourguignonne

30 ml	*(2 c. à soupe) de beurre*
12	*champignons frais, nettoyés et coupés en quatre*
2	*échalotes sèches, finement hachées*
20	*croûtons*
12	*gros escargots en conserve, bien égouttés*
125 ml	*(½ tasse) de sauce bourguignonne, chaude**
15 ml	*(1 c. à soupe) de persil frais, haché*

sel
poivre du moulin

Faire fondre le beurre dans une petite sauteuse à feu vif. Ajouter les champignons; faire sauter 5 minutes. Remuer à l'occasion. Ajouter les échalotes, les croûtons et les escargots. Faire cuire, sans couvrir, pendant 2 minutes à feu moyen. Remuer à l'occasion. Incorporer la sauce et faire mijoter, sans couvrir, pendant 2 minutes. Assaisonner au goût. Parsemer de persil.

Servir dans des plats à coquille St-Jacques.

* *Sauce bourguignonne, voir p. 46*

Coquille aux pétoncles et aux piments

(pour 4 personnes)

500 g	*(1 livre) de pétoncles*
1	*piment vert, coupé en dés*
1	*piment rouge, coupé en dés*
24	*champignons frais, nettoyés*
500 ml	*(2 tasses) d'eau froide*
45 ml	*(3 c. à soupe) de beurre*
45 ml	*(3 c. à soupe) de farine*
50 ml	*(¼ tasse) de crème à 10 %*
50 ml	*(¼ tasse) de fromage mozzarella râpé*
	jus de citron
	sel et poivre

Préchauffer le four à 200°C (400°F).

Mettre les pétoncles, les piments et les champignons dans une grande sauteuse. Saler, poivrer. Arroser de jus de citron. Ajouter l'eau. Amener à ébullition à feu doux.

Dès que le liquide commence à bouillir, retirer les pétoncles de la sauteuse et les mettre de côté.

Continuer la cuisson du liquide et des légumes, à feu doux, de 7 à 8 minutes. Assaisonner au goût.

Faire fondre le beurre dans une petite casserole à feu moyen. Ajouter la farine; mélanger et faire cuire 1 minute.

Ajouter le liquide de cuisson et les légumes; bien remuer.

Incorporer la crème; faire mijoter 7 à 8 minutes. Ajouter les pétoncles et mélanger. Verser le mélange dans des plats à coquille St-Jacques. Parsemer de fromage râpé. Faire cuire au four 3 minutes. Servir.

Mini-Pizza

Mini-pizza

(pour 4 personnes)

5 ml	*(1 c. à thé) d'huile végétale*
1	*oignon haché*
1	*gousse d'ail, écrasée et hachée*
1	*boîte de tomates en conserve de 796 ml (28 oz), égouttées et hachées*
15 ml	*(1 c. à soupe) de pâte de tomate*
4	*croûtes à mini-pizza, de commerce*
1	*pepperoni, émincé*
1	*piment vert, émincé et blanchi*
250 ml	*(1 tasse) de fromage mozzarella râpé sel et poivre*

Préchauffer le four à 190°C (375°F).

Faire chauffer l'huile dans une sauteuse à feu moyen. Ajouter les oignons et l'ail; faire cuire de 2 à 3 minutes.

Ajouter les tomates et la pâte de tomates; bien mélanger. Saler, poivrer; faire cuire de 8 à 10 minutes.

Placer les mini-pizza sur une plaque à biscuits. Étendre le mélange tomate sur les croûtes. Garnir le tout de pepperoni, de piments, et de fromage râpé.

Faire cuire 15 minutes au four. Servir.

Macaroni à la Barbara
(pour 2 personnes)

250 g	(½ livre) de macaroni
30 ml	(2 c. à soupe) de beurre
500 g	(1 livre) de champignons frais, nettoyés et émincés
375 ml	(1½ tasse) de sauce tomate épicée
125 ml	(½ tasse) de fromage mozzarella râpé
	sel
	poivre du moulin

Préchauffer le four à gril (broil).

Faire cuire les macaroni dans l'eau bouillante salée, sans couvrir, pendant 10 minutes.

Égoutter les macaroni et les faire refroidir sous l'eau froide pendant 6 minutes. Égoutter et mettre de côté.

Faire fondre 30 ml (2 c. à soupe) de beurre dans une sauteuse à feu vif. Ajouter les champignons; faire cuire, sans couvrir, 5 minutes à feu moyen. Remuer occasionnellement. Saler, poivrer.

Réchauffer les macaroni en les plaçant dans une passoire et en les faisant tremper dans l'eau chaude pendant 4 minutes. Égoutter. Dans un plat en gratin beurré, alterner des rangées de macaroni, de champignons et de sauce tomate.

Finir avec une rangée de macaroni et parsemer le tout de fromage.

Faire cuire au milieu du four pendant 15 minutes.

Macaroni aux olives
(pour 6 personnes)

50 ml	(¼ tasse) d'huile d'olive
2	gousses d'ail, écrasées et hachées
1	petit piment mariné, finement haché
2	boîtes de tomates en conserve, de 454 ml (16 oz), égouttées
15 ml	(1 c. à soupe) de persil frais haché
45 ml	(3 c. à soupe) de câpres
30	olives noires dénoyautées
750 g	(1½ livre) de macaroni en coudes
125 ml	(½ tasse) de fromage parmesan râpé
	sel et poivre

Penne à la sauce tomate

Faire chauffer 45 ml (3 c. à soupe) d'huile dans une sauteuse à feu moyen. Ajouter l'ail et le petit piment; faire cuire 2 minutes en remuant fréquemment.

Couper les tomates grossièrement et les incorporer au mélange. Saler, poivrer. Ajouter le persil. Faire cuire, à feu moyen, pour faire évaporer complètement le liquide. Remuer fréquemment.

Réduire la chaleur à feu doux. Incorporer les câpres et les olives.

Dans une grande casserole, amener de l'eau salée à ébullition. Ajouter le reste d'huile. Ajouter les macaroni et faire cuire au goût. Bien égoutter.

Incorporer les macaroni à la sauce.

Parsemer de fromage râpé avant de servir.

Spaghetti, sauce tomate et champignons
(pour 4 personnes)

30 ml	(2 c. à soupe) d'huile d'olive
1	oignon haché
1	gousse d'ail, écrasée et hachée
125 g	(¼ livre) de champignons frais, nettoyés et coupés en dés
2	boîtes de tomates en conserve de 796 ml (28 oz), égouttées et hachées
1	petite boîte de pâte de tomates en conserve
125 ml	(½ tasse) de bouillon de poulet chaud*
1 ml	(¼ c. à thé) d'origan
125 ml	(½ tasse) de fromage parmesan râpé
4	portions de spaghetti cuits, chauds
	quelques piments rouges broyés
	sel et poivre

Faire chauffer l'huile dans une sauteuse à feu moyen. Ajouter les oignons et l'ail; faire cuire 2 minutes.

Ajouter les champignons; saler, poivrer. Faire cuire de 4 à 5 minutes.

Ajouter les tomates et la pâte de tomates; bien mélanger. Incorporer le bouillon de poulet; remuer et amener à ébullition.

Ajouter les épices; faire cuire 1 heure à feu doux.

Verser la sauce sur les spaghetti chauds. Parsemer de fromage râpé. Servir.

* Bouillon de poulet, voir p. 33-34

Pâtes alimentaires

Spaghetti, sauce tomate et champignons

Casserole de Macaroni au gratin

Casserole de macaroni au gratin
(pour 4 personnes)

500 ml	(2 tasses) de macaroni, cuits
500 ml	(2 tasses) de sauce blanche légère, chaude*
125 ml	(½ tasse) de fromage cheddar râpé
125 ml	(½ tasse) de chapelure épicée
	sel et poivre

Préchauffer le four à 180°C (350°F).

Placer les macaroni dans une casserole.

Ajouter la sauce blanche; mélanger et faire chauffer quelques minutes à feu doux.

Ajouter la moitié du fromage. Assaisonner au goût; bien mélanger.

Verser le mélange dans un plat à gratin. Saupoudrer de chapelure et du reste de fromage.

Faire cuire au four de 10 à 12 minutes. Servir.

* Sauce blanche légère, voir p. 41

Penne à la sauce tomate
(pour 4 personnes)

250 g	(½ livre) de pâtes «penne» vertes)
30 ml	(2 c. à soupe) d'huile d'olive
1	oignon finement haché
1	gousse d'ail, écrasée et hachée
2	boîtes de tomates en conserve de 796 ml (28 oz), égouttées et hachées
1	petite boîte de pâte de tomates en conserve
1 ml	(¼ c. à thé) de basilic
2 ml	(½ c. à thé) d'estragon une pincée de sucre fromage parmesan râpé sel et poivre

Faire cuire les pâtes selon le mode d'emploi sur le paquet. Égoutter et mettre de côté.

Faire chauffer l'huile dans une sauteuse.

Ajouter les oignons et l'ail; mélanger, couvrir et faire cuire 2 minutes.

Ajouter les tomates; bien mélanger.

Gnocchi, sauce à la crème de tomate

Ajouter la pâte de tomates; mélanger de nouveau. Ajouter les épices et le sucre; remuer et couvrir partiellement. Faire cuire de 10 à 12 minutes à feu doux.

Ajouter les penne et le fromage; remuer et faire cuire 2 minutes. Servir.

Gnocchi, sauce à la crème de tomate

(pour 4 personnes)

5 ml	*(1 c. à thé) d'huile d'olive*
1	*oignon haché*
1	*branche de céleri, émincée*
1	*boîte de tomates en conserve, de 796 ml (28 oz), égouttées et hachées*
250 ml	*(1 tasse) de sauce blanche chaude**
250 ml	*(1 tasse) de fromage mozzarella râpé*
4	*portions de gnocchi cuits, chauds*
	une pincée de muscade
	sel et poivre

Préchauffer le four à 190°C (375°F).

Faire chauffer l'huile dans une sauteuse. Ajouter les oignons et le céleri; couvrir et faire cuire de 5 à 6 minutes. Ajouter les tomates et la sauce blanche. Saler, poivrer. Ajouter la muscade; faire cuire de 10 à 12 minutes à feu doux. Passer la sauce au moulin à légumes.

Verser la sauce dans un bol. Ajouter ¼ du fromage. Ajouter les gnocchi, mélanger et

Tortellini aux piments

verser dans un plat à gratin.
Parsemer de fromage râpé. Faire cuire de 16 à 18 minutes au four.
* Sauce blanche, voir p. 40

Tortellini aux piments

(pour 4 personnes)

5 ml	(1 c. à thé) d'huile d'olive
2	oignons, finement hachés
1	gousse d'ail, écrasée et hachée
1	boîte de tomates en conserve de 796 ml (28 oz), égouttées et hachées
30 ml	(2 c. à soupe) de pâte de tomates
125 ml	(½ tasse) de bouillon de poulet chaud
1	piment vert, émincé
1	pepperoni, émincé
4	portions de tortellini, cuits et chauds
	sel et poivre
	une pincée de sucre

Préchauffer le four à 190°C (375°F).
Faire chauffer l'huile dans une sauteuse.
Ajouter les oignons et l'ail; faire cuire de 3 à 4 minutes.
Ajouter les tomates et la pâte de tomates; remuer. Saler, poivrer. Ajouter le sucre; faire cuire de 8 à 10 minutes à feu doux.
Ajouter les piments verts, le pepperoni et le bouillon de poulet; bien mélanger. Ajouter les tortellini cuits; mélanger de nouveau.
Verser le tout dans un plat à gratin. Faire cuire 15 minutes au four. Servir.

* Bouillon de poulet, voir p. 33-34

L'art de cuire l'omelette

Pour de meilleurs résultats, utiliser une poêle à omelette, c'est-à-dire une poêle à frire de 20 cm (8 po), en acier, aux bords arrondis.

Cette poêle ne devrait être utilisée que pour les omelettes. Elle ne doit jamais être récurée, mais simplement essuyée soigneusement après l'usage.

2 à 3	gros oeufs
15 ml	(1 c. à soupe) de crème légère ou d'eau
15 ml	(1 c. à soupe) de beurre sel poivre blanc du moulin

Dans un bol, bien mélanger les oeufs et la crème avec une fourchette. Saler, poivrer. Faire fondre le beurre dans la poêle à feu doux. Le beurre fondu doit recouvrir le fond de la poêle. Ajouter les oeufs et faire cuire à feu vif.

Secouer la poêle vigoureusement et souvent jusqu'à ce que les oeufs soient presque «pris».

À l'aide d'une fourchette ou d'une cuillère, plier le bord droit de l'omelette vers le milieu.

La farce chaude, si désiré, devrait être ajoutée maintenant, et versée au milieu de l'omelette.

Glisser doucement l'omelette vers la gauche jusqu'à ce que le bord gauche de l'omelette dépasse la poêle de 1,2 cm (½ po).

Renverser l'omelette sur un plat chaud et servir immédiatement.

Oeufs chasseurs

Pour un déjeuner intime à deux.

5	tranches de bacon, coupées en dés
12	champignons frais, nettoyés et coupés en quartiers
4	gros oeufs
30 ml	(2 c. à soupe) de beurre
30 ml	(2 c. à soupe) de crème légère
2 ml	(½ c. à thé) de persil frais haché sel poivre du moulin

Faire cuire le bacon dans une sauteuse à feu vif de 2 à 3 minutes tout en remuant fréquemment.

Ajouter les champignons. Saler, poivrer.

Faire cuire 4 minutes sans couvrir. Remuer fréquemment. Retirer la sauteuse du feu. Préparer les oeufs brouillés.

Transférer les oeufs brouillés* dans un plat de service chaud. À l'aide d'une cuillère, placer le mélange de champignons sur les oeufs.

Garnir de persil. Servir immédiatement.

* Oeufs brouillés, voir p. 109

Fondue bourguignonne

Par personne:

284 g	(10 oz) de filet de boeuf (pris du petit bout du filet), coupé en cubes de 2,5 cm (1 po)
50 ml	(¼ tasse) de sauce béarnaise, chaude*
50 ml	(¼ tasse) de sauce bourguignonne, chaude**
50 ml	(¼ tasse) de sauce ailloli*** huile d'arachide pour la friture

Servir la fondue bourguignone avec des têtes de champignons grillées au beurre à l'ail.****

* Sauce béarnaise, voir p. 48
** Sauce bourguignonne, voir p. 46
*** Ailloli, voir p. 80
**** Beurre à l'ail, voir p. 16

Fondue au fromage

(pour 4 personnes)

1	gousse d'ail, pelée
90 ml	(3 oz) de kirsch
50 ml	(¼ tasse) de vin blanc sec
5 ml	(1 c. à thé) de fécule de maïs
500 g	(1 livre) de fomage gruyère, en cubes
250 g	(½ livre) de fromage emmenthal en cubes pain français, coupé en cubes de 2,5 cm (1 po) une pincée de muscade sel poivre blanc du moulin

Frotter l'intérieur du plat à fondue avec la gousse d'ail. Jeter l'ail.

Mélanger le kirsch, le vin blanc et la fécule de maïs. Mettre de côté.

Allumer le brûleur et faire fondre le fromage dans le plat tout en remuant constamment. Lorsque le fromage commence à fondre, incorporer le mélange de kirsch. Saler, poivrer et assaisonner de muscade. Remuer

constamment jusqu'à ce que le mélange épaississe.
Servir avec les cubes de pain.

Oeufs à la française

(pour 1 personne)

2	**gros oeufs**
5 ml	**(1 c. à thé) de beurre**
	sel
	poivre blanc du moulin

Casser les oeufs délicatement dans un plat. Faire fondre le beurre dans une poêle à crêpe à feu doux. Lorsque le beurre est fondu et à peine tiède, glisser les oeufs doucement dans la poêle.
Faire cuire à feu très doux, sans couvrir, jusqu'à ce que les blancs d'oeufs deviennent fermes et couleur de lait. Saler, poivrer.
Servir immédiatement sur un plat chaud.

Oeufs Florentine

(pour 4 personnes)

375 ml	**(1 1/2 tasse) d'épinards cuits**
15 ml	**(1 c. à soupe) de beurre**
8	**oeufs**
125 ml	**(1/2 tasse) de sauce blanche épaisse, chaude***
50 ml	**(1/4 tasse) de fromage râpé**
30 ml	**(2 c. à soupe) de beurre ou de margarine pour le plat à gratin**
	sel et poivre

Préchauffer le four à 200°C (400°F).
Essorer les épinards jusqu'à ce qu'ils soient secs, les hacher et les mettre de côté.
Faire fondre le beurre dans une petite casserole. Ajouter les épinards; couvrir et faire cuire de 4 à 5 minutes à feu doux. Étendre les épinards au fond d'un plat à gratin beurré. Casser délicatement les oeufs sur les épinards. Couvrir chaque oeuf avec 30 ml (2. à soupe) de sauce blanche. Parsemer de fromage.
Faire cuire au four de 7 à 8 minutes. Saler et servir immédiatement.

* Sauce blanche épaisse, voir p. 41

Oeufs Florentine

Oeufs à la crème

Oeufs à la crème

(pour 1 personne)

5 ml	*(1 c. à thé) de beurre*
2	*gros oeufs*
30 ml	*(2 c. à soupe) de crème*
	légère ou à 35%
	sel
	poivre blanc du moulin

Préchauffer le four à 150°F (300°F)
Faire fondre le beurre dans un plat à oeufs,
à feu très doux.
Casser les oeufs délicatement dans le plat
et les recouvrir de crème.
Faire cuire au four, dans un bain-marie,
de 8 à 10 minutes. Le blanc d'oeuf doit être
ferme.
Saler, poivrer. Servir immédiatement.

Oeufs brouillés

Oeufs brouillés
(pour 2 personnes)

4	*gros oeufs*
30 ml	*(2 c. à soupe) de crème légère*
30 ml	*(2 c. à soupe) de beurre sel poivre blanc du moulin*

Remplir à moitié d'eau la casserole inférieure d'un main-marie et l'amener à ébullition.

Battre légèrement les oeufs et la crème dans un bol.

Faire fondre le beurre dans la casserole supérieure du bain-marie. Verser les oeufs dans le beurre fondu. Placer le tout sur la casserole contenant l'eau frémissante. Fouetter les oeufs constamment jusqu'à ce qu'ils deviennent crémeux.

Saler, poivrer et transférer les oeufs brouillés dans un plat chaud. Servir immédiatement.

Fondues et oeufs

Oeufs pochés forestière

(pour 4 personnes)

15 ml	(1 c. à soupe) d'huile de maïs
250 g	(½ livre) de champignons frais, nettoyés et émincés
1	gousse d'ail, écrasée et hachée
15 ml	(1 c. à soupe) de vinaigre blanc
8	oeufs frais
125 ml	(½ tasse) de sauce tomate au goût
50 ml	(¼ tasse) de chapelure
1	plat à gratin beurré eau sel et poivre

Préchauffer le four à gril (broil).

Faire chauffer l'huile dans une sauteuse à feu vif. Ajouter les champignons; faire cuire 2 minutes. Ajouter l'ail; faire cuire 2 minutes. Saler, poivrer. Mettre de côté.

Verser 5 cm (2 po) d'eau dans une sauteuse profonde. Amener à ébullition. Ajouter le vinaigre et réduire la chaleur à feu moyen. Dès que l'eau mijote à peine, casser les oeufs et les faire glisser doucement dans le liquide. Faire pocher, 2 ou 3 à la fois, pendant 3 minutes.

Pendant le pochage des oeufs, ramener tout doucement le blanc sur les jaunes d'oeufs afin que les jaunes soient complètement recouverts des blancs.

Égoutter les oeufs pochés sur un papier essuie-tout.

Étendre les champignons dans le fond du plat à gratin. Disposer les oeufs sur les champignons. Napper le tout de sauce. Parsemer de chapelure.

Placer le plat à gratin au milieu du four. Faire griller les oeufs de 1 à 2 minutes. Servir.

Oeufs à l'orientale

(pour 4 personnes)

750 ml	(3 tasses) d'eau
15 ml	(1 c. à soupe) de vinaigre blanc
4	gros oeufs
15 ml	(1 c. à soupe) de beurre
4	tranches de tomates, de 4 cm (1½ po) d'épaisseur
125 ml	(½ tasse) de sauce hollandaise ou béarnaise* sel poivre blanc du moulin

Oeufs à l'orientale

Préchauffer le four à gril (broil).

Dans une casserole, amener l'eau et le vinaigre à ébullition.

Casser les oeufs dans un bol et les faire glisser doucement dans le liquide bouillant. Faire pocher les oeufs pendant 3½ minutes.

Retirer les oeufs du liquide à l'aide d'une cuillère à trous. Mettre de côté sur un plat chaud.

Faire fondre le beurre dans une casserole à feu vif. Ajouter les tomates et les faire cuire, à feu moyen, 2 minutes de chaque côté.

Disposer les tranches de tomates dans un plat à gratin beurré. Placer un oeuf poché sur chaque tranche. Saler, poivrer. Couvrir le tout de sauce hollandaise.

Placer les oeufs au four, à 10 cm (4 po) de l'élément supérieur. Faire cuire de 2 à 3 minutes. Servir immédiatement.

* Sauce hollandaise, voir p. 50
** Sauce béarnaise, voir p. 48

Fondues et oeufs

Quiche maison

Rendement: 4 à 6 pointes

1	*fond de tarte de 22 cm (9 po)*
5	*tranches de bacon (facultatif)*
125 ml	*(½ tasse) de fromage gruyère râpé*
4	*gros oeufs ou 5 moyens*
15 ml	*(1 c. à soupe) de persil frais haché*
375 ml	*(1½ tasse) de crème à 35% une pincée de muscade sel poivre du moulin*

Faire cuire le fond de tarte dans un four préchauffé à 200°C (400°F) pendant 10 minutes.
Retirer du four. Mettre de côté.
Préchauffer le four à 190°C (375°F).
Couper le bacon en dés et le faire cuire dans une sauteuse, sans couvrir, pendant 3 minutes à feu vif. Égoutter sur du papier essuie-tout.
Étendre le bacon dans le fond de tarte cuit.
Parsemer de fromage râpé.
Dans un bol, bien mélanger les oeufs, le persil et la crème. Saler, poivrer. Saupoudrer de muscade. Mélanger le tout avec un fouet.
Verser le mélange dans le fond de tarte.
Si le mélange n'est pas suffisant pour remplir le fond de tarte, ajouter du lait ou de la crème.
Faire cuire au four de 30 à 35 minutes ou insérer la pointe d'un couteau au milieu de la quiche et si rien n'adhère au couteau la quiche est cuite.

Oeufs à la gasconne

(pour 4 personnes)

45 ml	*(3 c. à soupe) d'huile de maïs*
1	*gros oignon, émincé*
1	*grosse aubergine, émincée*
3	*tomates, pelées et grossièrement hachées*
250 ml	*(1 tasse) de jambon, coupé en fines lanières*
4	*plats à oeufs, beurrés*
8	*oeufs sel et poivre*

Quiche maison

Préchauffer le four à 180°C (350°F).
Faire chauffer l'huile dans une sauteuse à feu vif. Ajouter les oignons et les faire cuire jusqu'à ce qu'ils deviennent transparents.

Ajouter les aubergines, réduire la chaleur à feu moyen et faire brunir.

Ajouter les tomates. Saler, poivrer. Faire cuire à feu moyen jusqu'à ce que les aubergines soient bien cuites.

Ajouter le jambon et prolonger la cuisson de quelques minutes.

Partager le mélange entre les plats à oeufs.

Casser délicatement 2 oeufs dans chaque plat. Couvrir et faire cuire au four de 8 à 10 minutes ou selon le goût.

Saler, poivrer. Garnir de persil. Servir.

Omelette mousseline

(pour 2 personnes)

3	*jaunes d'oeufs*
2	*oeufs entiers*
30 ml	*(2 c. à soupe) de crème sure*
3	*blancs d'oeufs, montés en neige ferme*
30 ml	*(2 c. à soupe) de beurre*
50 ml	*(¼ tasse) de fromage parmesan râpé*
	sel et poivre

Placer les jaunes d'oeufs et les 2 oeufs entiers dans un bol et les battre jusqu'à ce qu'ils deviennent d'un jaune pâle. Saler, poivrer.

À l'aide d'une fourchette, incorporer la crème sure.

À l'aide d'une spatule, plier les blancs d'oeufs dans le mélange de jaunes d'oeufs. Faire fondre le beurre dans une poêle à frire à feu vif. Verser le mélange d'oeufs dans le beurre fondu et faire cuire à feu vif. Secouer la poêle souvent jusqu'à ce que les oeufs soient presque «pris» et amener les rebords vers le centre.

Lorsque l'omelette est presque cuite, placer le fromage au centre. Faire glisser l'omelette délicatement vers la gauche, jusqu'à ce que

le rebord de celle-ci dépasse de 1,2 cm
(½ po).
Renverser l'omelette sur un plat chaud. Parsemer de persil haché. Servir immédiatement.

Omelette au cheddar

(pour 2 personnes)

15 ml	(1 c. à soupe) de beurre
1	petit oignon, émincé
1 ml	(¼ c. à thé) d'estragon
50 ml	(¼ tasse) de sauce tomate
45 ml	(3 c. à soupe) de fromage cheddar râpé
1	recette d'omelette*

sel et poivre

Faire fondre le beurre dans une sauteuse à
feu vif. Ajouter les oignons; faire cuire de
3 à 4 minutes.

Ajouter l'estragon. Incorporer la sauce
tomate. Saler, poivrer.

Ajouter le fromage, mélanger et retirer du
feu.

Préparer l'omelette.* Placer la garniture de
fromage au centre de l'omelette, plier et
servir.

NOTE: Pour varier, réserver 30 ml (2 c. à
soupe) de garniture pour placer sur l'omelette avant de servir.

* L'Art de cuire l'omelette, voir p. 105

Oeufs au four et foies de volaille

(pour 4 personnes)

15 ml	(1 c. à soupe) d'huile de maïs
500 g	(1 livre) de foies de volaille, nettoyés
8	oeufs
250 ml	(1 tasse) de sauce tomate au goût
1	plat à gratin beurré sel et poivre

Préchauffer le four à 200°C (400°F).
Faire chauffer l'huile dans une sauteuse à feu vif. Ajouter les foies de volaille et les faire sauter 3 minutes de chaque côté ou jusqu'à ce qu'ils soient bien cuits.
Émincer les foies et les étendre dans le fond du plat à gratin.
Casser les oeufs sur les foies de volaille. Saler, poivrer. Verser la sauce tomate sur les oeufs. Faire cuire au four de 7 à 8 minutes. Assaisonner au goût. Servir.

Omelette aux champignons

(pour 1 personne)

5 ml	(1 c. à thé) de beurre
6	champignons frais, nettoyés et émincés
1	omelette* sel poivre du moulin

Dans une petite sauteuse, faire chauffer le beurre à feu vif. Ajouter les champignons; faire cuire à feu moyen, sans couvrir, pendant 3 minutes. Remuer fréquemment. Saler, poivrer.
Mettre 3 tranches de champignons de côté.
Préparer l'omelette. * Placer les champignons au centre, plier et placer dans un plat chaud. Faire 3 incisions sur l'omelette et y insérer les champignons tranchés.
Servir immédiatement.

* L'Art de cuire l'omelette, voir p. 105

Omelette aux champignons

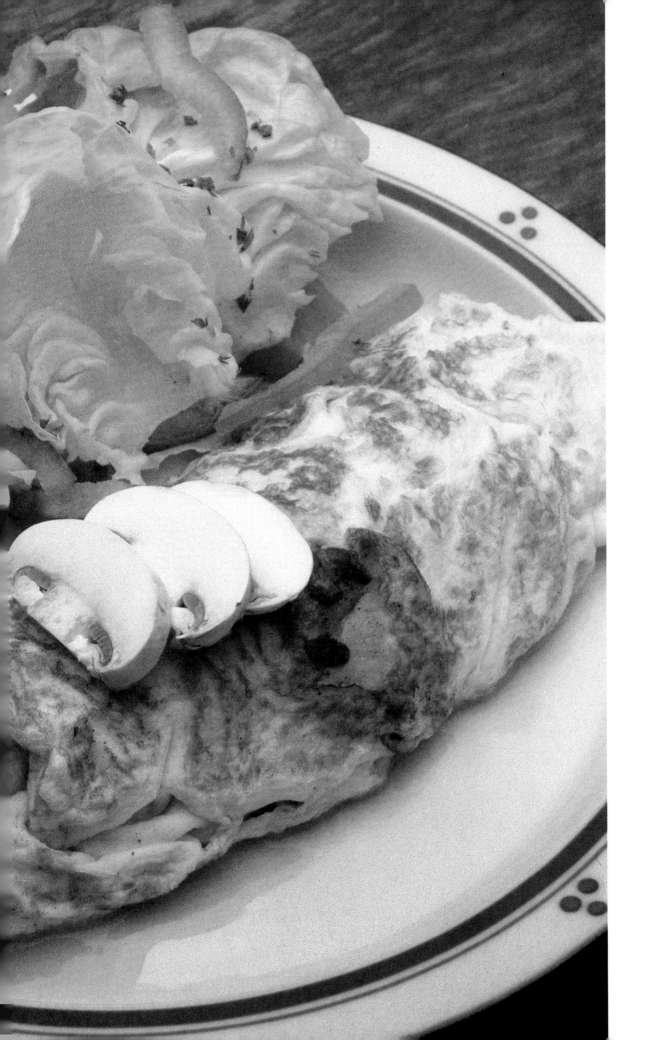

Chapitre IV

Vinaigrettes • Salades
Légumes • Riz

Vinaigrette aux pois chiches

(pour 4 personnes)

1	boîte de pois chiches en conserve
15 ml	(1 c. à soupe) de ciboulette hachée
15 ml	(1 c. à soupe) de persil frais haché
2	échalotes sèches, finement hachées
30 ml	(2 c. à soupe) de vinaigre de vin
5 ml	(1 c. à thé) de moutarde de Dijon
45 ml	(3 c. à soupe) d'huile de maïs
	jus de ½ citron
	sel et poivre

Bien égoutter les pois chiches et les mettre dans un bol à salade.

Incorporer le reste des ingrédients. Réfrigérer 2 heures avant de servir.

Vinaigrette pour pommes de terre

Rendement: pour 4 pommes de terre

2 ml	(½ c. à thé) de sel
5 ml	(1 c. à thé) de moutarde de Dijon
30 ml	(2 c. à soupe) de vinaigre de vin
1	échalote sèche, finement hachée
1	gousse d'ail, écrasée et hachée (facultatif)
45 ml	(3 c. à soupe) d'huile d'olive ou végétale
1	jaune d'oeuf frais (facultatif)
	poivre du moulin

Bien incorporer tous les ingrédients dans un petit bol.

Verser la vinaigrette sur des pommes de terre tièdes, coupées en cubes de 2 cm (¾ po).

Mayonnaise

Rendement: 250 ml (1 tasse)

2	jaunes d'oeufs
5 ml	(1 c. à thé) de moutarde de Dijon
	OU: 2 ml (½ c. à thé) de moutarde sèche
175 ml	(¾ tasse) d'huile végétale ou d'olive
5 ml	(1 c. à thé) de vinaigre de vin
	sel
	poivre du moulin
	jus de citron au goût

Dans un petit bol à mélanger, fouetter les jaunes d'oeufs et la moutarde jusqu'à épaississement.

Ajouter l'huile, goutte à goutte, tout en mélangeant constamment avec un fouet.

Dès que le mélange commence à épaissir, augmenter le flot d'huile.

Incorporer le vinaigre. Saler, poivrer et arroser de jus de citron.

Pour conserver cette mayonnaise de 5 à 6 jours, incorporer 5 ml (1 c. à thé) d'eau chaude et la recouvrir d'un papier ciré beurré. Réfrigérer. L'addition d'eau chaude empêche les jaunes d'oeufs de se séparer de l'huile.

Mayonnaise verte

Ajouter 15 ml (1 c. à soupe) de persil frais haché à 250 ml (1 tasse) de mayonnaise, avant de servir.

Vinaigrette au roquefort

Rendement: 300 ml (1¼ tasse)

Utiliser cette vinaigrette avec les salades et les légumes verts servis en hors-d'oeuvre.

1 ml	(¼ c. à thé) de sel
5 ml	(1 c. à thé) de moutarde de Dijon
15 ml	(1 c. à soupe) d'échalotes sèches hachées
5 ml	(1 c. à thé) de persil frais haché
45 ml	(3 c. à soupe) de vinaigre de vin
105 ml	(7 c. à soupe) d'huile d'olive
2	gouttes de sauce Tabasco
125 g	(¼ livre) de fromage de roquefort, écrasé
30 ml	(2 c. à soupe) de crème à 35%
	jus de ¼ de citron
	poivre du moulin

Dans un bol à mélanger, bien incorporer le sel, le poivre, la moutarde, les échalotes, le persil et le vinaigre de vin. Mélanger le tout avec un fouet.

Ajouter l'huile d'olive, en filet, tout en

Vinaigrettes

Technique: Mayonnaise

1 Dans un petit bol à mélanger, mettre les jaunes d'oeufs et la moutarde.

2 Ajouter quelques gouttes de jus de citron.

3 Bien mélanger. Ajouter l'huile, goutte à goutte, tout en mélangeant constamment. Dès que le mélange commence à épaissir, augmenter le flot d'huile.

Technique: Vinaigrette au roquefort

1 Dans un bol à mélanger, incorporer le sel, le poivre, la moutarde, les échalotes, le persil et le vinaigre de vin.

2 Ajouter l'huile en filet tout en mélangeant constamment avec un fouet.

3 Incorporer le jus de citron, le fromage et la crème avec un fouet. Rectifier l'assaisonnement.

Mayonnaise

mélangeant constamment avec un fouet.
Ajouter la sauce Tabasco.
Incorporer le jus de citron, le fromage et la
crème avec un fouet. Rectifier l'assaisonnement.

Sauce aux prunes à la chinoise

Rendement: 500 ml (2 tasses)

250 ml	**(1 tasse) de sauce aux prunes***
250 ml	**(1 tasse) de vinaigre blanc quelques gouttes de jus de citron sucre (facultatif)**

Bien incorporer tous les ingrédients dans un
bol à mélanger.
Servir cette sauce avec des crevettes frites,
des egg rolls, etc.
* La sauce aux prunes s'obtient chez les
  marchands qui vendent les condiments
  chinois séchés et en conserve.

Vinaigrette à l'ail

(pour 4 personnes)
*Servir avec les salades et les légumes en hors-
d'oeuvre.*

1 ml	**(¹/₄ c. à thé) de sel**
5 ml	**(1 c. à thé) de moutarde de Dijon**

15 ml	**(1 c. à soupe) d'échalotes sèches hachées**
5 ml	**(1 c. à thé) de persil frais haché**
45 ml	**(3 c. à soupe) de vinaigre de vin**
2	**gousses d'ail, écrasées et hachées**
105 à 135 ml	**(7 à 9 c. à soupe) d'huile d'olive jus de ¹/₄ de citron poivre du moulin**

Dans un bol, bien incorporer tous les ingrédients, à l'exception de l'huile et du vinaigre, avec un fouet.
Ajouter l'huile en filet tout en mélangeant
constamment avec un fouet.
Incorporer le jus de citron. Rectifier l'assaisonnement.
Cette vinaigrette se conservera de 2 à 3 jours
au réfrigérateur, recouverte d'un papier.
Bien mélanger la vinaigrette avant de
l'utiliser.

Vinaigrette à l'ailloli

(pour 4 personnes)
*Servir cette vinaigrette avec les salades, les
légumes froids en hors-d'oeuvre et le poisson poché servi froid.*

30 ml	**(2 c. à soupe) d'ailloli***
175 ml	**(³/₄ tasse) de vinaigrette****

Technique: Vinaigrette à l'ail

1 Mettre le sel, le poivre, la moutarde, les échalotes et le persil dans un bol.

2 Ajouter l'ail.

3 Ajouter le vinaigre.

4 Ajouter l'huile en filet.

Incorporer l'ailloli à la vinaigrette à l'aide d'un fouet. Servir.

* Ailloli, voir p. 80
** Vinaigrette, voir p. 50

Salades

Salade de pois chiches

(pour 4 personnes)

1	*boîte de pois chiches en conserve de 540 ml (19 oz)*
1	*piment rouge, coupé en dés*
2	*échalotes sèches, hachées*
1	*gousse d'ail, écrasée et hachée*
30 ml	*(2 c. à soupe) de moutarde de Dijon*
15 ml	*(1 c. à soupe) de persil frais haché*
75 ml	*(5 c. à soupe) d'huile d'olive* *jus de citron* *sel et poivre*

Bien égoutter les pois chiches et les mettre dans un bol. Ajouter les piments, les échalotes, l'ail et la moutarde. Saler, poivrer; mélanger de nouveau.

Incorporer le jus de citron, le persil et l'huile; mélanger et faire mariner 1 heure.

Servir sur des feuilles de laitue fraîches. Garnir d'olives.

Salade César
(pour 4 personnes)

2	gousses d'ail, écrasées et hachées
1	petite boîte de filets d'anchois en conserve, bien égouttés et hachés
1	oeuf, cuit 1 minute dans l'eau bouillante
90 ml	(6 c. à soupe) d'huile d'olive
1	grosse laitue romaine, lavée et asséchée
250 ml	(1 tasse) de croûtons à l'ail*
50 ml	(¼ tasse) de fromage parmesan râpé
6	tranches de bacon croustillant, hachées
	jus de 1 citron
	sel et poivre

Mettre l'ail dans un bol à salade. Ajouter les anchois et l'oeuf; bien mélanger.

Arroser de jus de citron; mélanger de nouveau.

Incorporer l'huile, en filet, tout en mélangeant constamment avec un fouet.

Déchirer la laitue en morceaux et la mettre dans un bol à salade. Ajouter les croûtons, le fromage et le bacon. Bien mélanger le tout. Rectifier l'assaisonnement. Servir.

Croûtons à l'ail, voir p. 134

Salade St-Georges

(pour 4 personnes)

1	laitue Boston, lavée, asséchée et déchirée en morceaux
1	laitue romaine, lavée, asséchée et déchirée en morceaux
1	endive, effeuillée, lavée et déchirée en morceaux
50 ml	(¼ tasse) de bacon cuit croustillant, en morceaux
15 ml	(1 c. à soupe) de persil frais haché
5	filets d'anchois, bien égouttés et hachés
1	oeuf dur, tranché
250 ml	(1 tasse) de crevettes de Matane, cuites
1	petit piment vert, coupé en lanières
125 ml	(½ tasse) de croûtons à l'ail*
75 ml	(⅓ tasse) de vinaigrette**

Disposer les feuilles de laitue dans un grand bol à salade. Ajouter les endives, le bacon, le persil, les anchois, l'oeuf, les crevettes, les piments et les croûtons. Mélanger et assaisonner au goût.

Arroser le tout de vinaigrette. Rectifier l'assaisonnement. Servir.

* Croûtons à l'ail, voir p. 134
** Vinaigrette, voir p. 50

Salade de champignons

250 g	**(¹/₂ livre) de champignons frais, nettoyés et émincés***
45 ml	**(3 c. à soupe) de jus de citron**
50 ml	**(¹/₄ tasse) d'oignons verts émincés**
45 ml	**(3 c. à soupe) d'huile d'olive**
30 ml	**(2 c. à soupe) de crème sure sel et poivre**

Mettre les champignons dans un bol. Ajouter le jus de citron, les oignons verts et l'huile d'olive. Saler, poivrer; bien mélanger. Avant de servir, ajouter la crème sure.

* Dans cette recette, il est très important d'utiliser des champignons blancs frais.

Salade de tous les jours

(pour 4 personnes)

2	**laitues Boston, lavées**
2	**oeufs durs, coupés en quartiers**
6	**filets d'anchois, égouttés et hachés**
15 ml	**(1 c. à soupe) de persil frais haché**
2	**tomates, coupées en sections**
2	**poitrines de poulet cuit, sans peau et désossées, coupées en morceaux de 5 cm (2 po)**
125 ml	**(¹/₂ tasse) de vinaigrette* sel poivre du moulin**

Essorer les feuilles de laitue et les déchirer en morceaux. Mettre dans un bol à salade. Ajouter les oeufs, les anchois, le persil, les tomates et le poulet. Mélanger le tout. Ajouter la vinaigrette. Saler, poivrer et bien incorporer. Servir.

* Vinaigrette, voir p. 50

Salade de tous les jours

Salade de tomates

(pour 4 personnes)

4	grosses tomates mûres, émincées
15 ml	(1 c. à soupe) de persil frais haché
1	échalote sèche, finement hachée
30 ml	(2 c. à soupe) de vinaigre de vin
75 ml	(5 c. à soupe) d'huile d'olive sel et poivre du moulin

Sur un plat de service garni de feuilles de laitue, disposer les tranches de tomates. Mélanger le reste des ingrédients dans un petit bol. Verser le mélange sur les tomates. Laisser mariner 1 heure avant de servir.

Salade de spirales

(pour 4 personnes)

500 ml	(2 tasses) de nouilles «spirales» cuites
2	oeufs durs hachés
2 ml	(½ c. à thé) de moutarde de Dijon
24	olives noires dénoyautées, coupées en deux
1	branche de céleri, coupée en dés
½	piment rouge, coupé en dés
50 ml	(¼ tasse) de mayonnaise*
	jus de ½ citron
	persil frais haché
	sel et poivre

Mettre les spirales dans un bol. Ajouter les oeufs et le jus de citron; bien mélanger. Saler, poivrer. Ajouter la moutarde; mélanger de nouveau.

Ajouter le reste des ingrédients; incorporer et servir.

* Mayonnaise, voir p. 119

Salade de riz et de coeurs d'artichauts

(pour 4 personnes)

375 ml	(1½ tasse) de riz à longs grains, cuit
125 g	(¼ livre) d'haricots verts cuits
2	échalotes sèches hachées
1	boîte de coeurs d'artichauts en conserve, égouttés et coupés en deux
30 ml	(2 c. à soupe) de moutarde de Dijon
45 ml	(3 c. à soupe) de vinaigre de vin
90 ml	(6 c. à soupe) d'huile d'olive
15 ml	(1 c. à soupe) de persil frais haché
	feuilles de laitue, lavées et essorées
	quelques gouttes de jus de citron
	oeufs durs tranchés
	sel et poivre

Arranger les feuilles de laitue sur un plat de service. Mettre de côté.

Mettre le riz dans un bol. Ajouter les haricots verts, les échalotes et les coeurs d'artichauts. Saler, poivrer.

Arroser de jus de citron; mélanger le tout. Ajouter le moutarde; mélanger de nouveau. Incorporer le vinaigre et l'huile.

Parsemer de persil haché. Disposer la salade de riz sur les feuilles de laitue. Garnir d'oeufs tranchés. Servir.

Salade verte

(pour 4 personnes)

5 ml	(1 c. à thé) de ciboulette fraîche hachée
1 ml	(¼ c. à thé) de thym
1 ml	(¼ c. à thé) d'estragon
1 ml	(¼ c. à thé) de basilic
30 ml	(2 c. à soupe) de vinaigre
75 à 90 ml	(5 à 6 c. à soupe) d'huile d'olive
1	petite laitue romaine, lavée et essorée
1	petite laitue Boston, lavée et essorée
	jus de ¼ de citron
	sel et poivre du moulin

Salade de riz et de coeurs d'artichauts

Mettre la ciboulette, les épices et le vinaigre dans un bol. Saler, poivrer; mélanger le tout.

Graduellement, incorporer l'huile, en filet, tout en mélangeant avec un fouet. Incorporer le jus de citron. Rectifier l'assaisonnement.

Déchirer la laitue en morceaux et la mettre dans un bol. Incorporer la vinaigrette. Assaisonner au goût.

Pour les pique-niques: préparer la vinaigrette à l'avance et la transporter dans un bocal scellé.

Salade de boeuf

(pour 4 personnes)

50 ml	(¼ tasse) de vinaigrette*
15 ml	(1 c. à soupe) de crème sure
500 g	(1 livre) de restes de boeuf bouilli
250 ml	(1 tasse) de riz à longs grains, cuit
1	oignon finement haché
2	oeufs durs hachés
1	avocat mûr, pelé et coupé en lanières
2	tomates, coupées en quartiers
	jus de citron au goût
	feuilles de laitue romaine, lavées et asséchées
	sel et poivre

Dans un petit bol, mélanger la vinaigrette, la crème sure et le jus de citron. Mettre de côté.

Émincer le boeuf en lanières et le mettre dans un bol. Ajouter le riz, les oignons, les oeufs et l'avocat; mélanger.

133

Technique: Croûtons à l'ail

1 Placer les croûtons sur une plaque à biscuits et les faire griller au four.

2 Faire frire les croûtons dans l'huile chaude.

Ajouter la vinaigrette. Assaisonner au goût. Garnir un bol à salade de feuilles de laitue et y placer la salade de boeuf.
Garnir de quartiers de tomates. Servir.

* Vinaigrette, voir p. 50

Croûtons à l'ail

Rendement: 500 ml (2 tasses)

500 ml	*(2 tasses) de pain français, vieux de 1 jour, coupé en cubes*
45 ml	*(3 c. à soupe) d'huile de maïs ou d'olive ail fraîchement haché, au goût*

Placer les croûtons sur une plaque à biscuits. Mettre au four, à 20 cm (8 po) de l'élément supérieur, et faire brunir sous le gril (broil). Retourner les cubes fréquemment.
Faire chauffer l'huile dans une sauteuse à feu vif. Ajouter les croûtons et les faire cuire quelques minutes.
Ajouter l'ail; faire cuire de 1 à 2 minutes. Remuer fréquemment.
Placer les croûtons dans un bocal fermé. Réfrigérer. Ils se conserveront de 1 à 2 semaines.

3 Ajouter l'ail.

Salade de pommes de terre à la Pol

(pour 4 personnes)

4	pommes de terre, lavées et brossées
15 ml	(1 c. à soupe) de ciboulette hachée
30 ml	(2 c. à soupe) de vinaigre de vin
15 ml	(1 c. à soupe) d'oignons finement hachés
60 ml	(4 c. à soupe) d'huile d'olive sel et poivre du moulin

Faire cuire les pommes de terre dans une casserole remplie d'eau bouillante salée, à feu vif.

Dès que les pommes de terre sont cuites, les transférer dans une casserole épaisse et les sécher à feu moyen pendant quelques minutes.

Retirer la casserole du feu. Laisser reposer 15 minutes.

Peler les pommes de terre et les couper en gros cubes.

Mettre tous les ingrédients, y compris les pommes de terre, dans un bol. Bien mélanger. Couvrir la salade de pommes de terre de papier ciré et réfrigérer 4 heures.

Salade de julienne de légumes

(pour 4 personnes)

125 g	**(¼ livre) d'haricots verts**
2	**carottes, pelées et coupées en julienne**
1	**branche de céleri, coupée en julienne**
1	**piment vert, coupé en julienne**
½	**piment rouge, coupé en julienne**
50 ml	**(¼ tasse) de mayonnaise**
15 ml	**(1 c. à soupe) de crème sure**
50 ml	**(¼ tasse) d'amandes effilées**
2	**pommes pelées, coupées en quartiers et arrosées de jus de citron**
	sel et poivre
	feuilles de laitue, lavées et asséchées
	jus de citron

Faire cuire les haricots verts pendant 5 minutes dans 500 ml (2 tasses) d'eau bouillante salée.

Ajouter le reste des légumes; continuer la cuisson pendant 5 minutes.

Refroidir les légumes sous l'eau froide, les égoutter et les assécher.

Placer les légumes dans un bol. Saler, poivrer. Ajouter la mayonnaise et la crème sure. Arroser de jus de citron et incorporer le tout.

Garnir un plat de service de feuilles de laitue et y placer la salade de pommes de terre. Parsemer d'amandes. Garnir de pommes. Servir.

* Mayonnaise, voir p. 119

Salade de roquefort

(pour 4 personnes)

1	*grosse laitue romaine, lavée et essorée*
90 g	*(3 oz) de fromage de roquefort ou bleu*
1	*jaune d'oeuf frais*
5 ml	*(1 c. à thé) de moutarde de Dijon*
45 ml	*(3 c. à soupe) de vinaigre de vin*
120 ml	*(8 c. à soupe) d'huile d'olive*
1	*petite gousse d'ail, écrasée et hachée*
15 ml	*(1 c. à soupe) de crème à 10%*
	jus de citron
	sel et poivre

Déchirer la laitue en morceaux et la mettre dans un bol. Saler, poivrer. Mettre de côté.
Mettre les $^3/_4$ du fromage dans un bol. Ajouter le jaune d'oeuf; bien mélanger.
Incorporer la moutarde et le vinaigre avec un fouet.
Incorporer l'ail et l'huile, en filet, tout en mélangeant constamment avec un fouet. Assaisonner au goût. Incorporer la crème.
Verser la vinaigrette sur la laitue. Arroser de jus de citron; bien mélanger.
Couper le reste du fromage en cubes. Parsemer sur la salade. Servir.

Poireaux vinaigrette

(pour 4 personnes)

4	*poireaux de grosseur moyenne*
	OU: 8 petits poireaux
5 ml	*(1 c. à thé) d'échalotes sèches hachées*
1 ml	*(¼ c. à thé) de sel*
1 ml	*(¼ c. à thé) de poivre*
5 ml	*(1 c. à thé) de moutarde de Dijon*
5 ml	*(1 c. à thé) de persil frais haché*
5 ml	*(1 c. à thé) de ciboulette hachée*
45 ml	*(3 c. à soupe) de vinaigre de vin*
100 ml	*(7 c. à soupe) d'huile d'olive*
1	*oeuf dur pour la garniture (facultatif)*
	jus de ¼ de citron

Couper et jeter la plus grande partie verte des poireaux.

Dans chaque poireau, faire une incision, sur la longueur, en partant de 1,2 cm (½ po) de la base.

Tourner le poireau d'¼ de tour et refaire une seconde incision.

Ouvrir les feuilles et les laver soigneusement sous l'eau froide. Ficeler les poireaux ensemble en 2 paquets.

Verser le jus de citron dans une casserole remplie d'eau bouillante salée. Ajouter les poireaux et les faire blanchir pendant 30 minutes dans le liquide mijotant.

Lorsque les poireaux sont prêts, les faire refroidir de 4 à 5 minutes sous l'eau froide. Retirer la ficelle. Bien égoutter les poireaux sur du papier essuie-tout. Mettre de côté.

Dans un bol, mettre les échalotes, le sel, le poivre, la moutarde, le persil, la ciboulette et le vinaigre. Mélanger le tout avec un fouet pour obtenir un mélange crémeux.

Ajouter l'huile en filet tout en mélangeant constamment avec un fouet de cuisine. Rectifier l'assaisonnement.

Placer les poireaux sur un plat de service. Verser la vinaigrette sur les poireaux et réfrigérer de 1 à 2 heures avant de servir.

Couper l'oeuf en deux. Retirer le jaune et le forcer à travers une fine passoire.

Saupoudrer le jaune d'oeuf sur le haut des² poireaux.

Forcer le blanc d'oeuf à travers une fine passoire et le saupoudrer sur la base des poireaux.

Servir avec des quartiers de citron.

Poireaux vinaigrette

Légumes

Courgettes sautées

(pour 4 personnes)

30 ml	(2 c. à soupe) d'huile d'olive
2	grosses courgettes, émincées
15 ml	(1 c. à soupe) de persil frais haché
	sel et poivre

Faire chauffer l'huile dans une sauteuse. Ajouter les courgettes et les faire brunir à feu vif. Remuer fréquemment.

Saler, poivrer. Parsemer de persil. Servir.

Haricots frais

(pour 4 personnes)

625 g	(1¼ livre) d'haricots verts, lavés et parés
30 ml	(2 c. à soupe) de beurre
	sel et poivre

Mettre les haricots dans une casserole remplie au ¾ d'eau bouillante salée. Couvrir et faire cuire 12 minutes.

Laisser refroidir les haricots sous l'eau froide pendant 4 minutes. Égoutter.

Faire chauffer le beurre dans une casserole à feu moyen. Ajouter les haricots; couvrir et faire cuire de 5 à 6 minutes à feu moyen. Saler, poivrer. Servir.

Gnocchi aux pommes de terre

(pour 4 personnes)

1 kg	(2 livres) de pommes de terre, lavées
250 ml	(1 tasse) de farine tout usage, tamisée
2	oeufs frais
2	jaunes d'oeufs
5 ml	(1 c. à thé) de sel
	une pincée de muscade
	une pincée de poivre

Faire bouillir les pommes de terre dans l'eau bouillante salée jusqu'à ce qu'elles soient cuites. Égoutter les pommes de terre et les laisser refroidir. Peler.

Passer les pommes de terre à travers une passoire ou un moulin à légumes.

Bien incorporer la farine, les oeufs, les jaunes d'oeufs et la muscade aux pommes de terre. Saler, poivrer.

Former des boulettes, de la grosseur d'une noix, avec le mélange. Pour plus de facilité, saupoudrer les mains de farine.

Faire chauffer une grande quantité d'eau dans une grande casserole. Saler.

Plonger les boulettes* dans l'eau mijotante. Faire cuire 10 minutes ou jusqu'à ce qu'elles remontent à la surface.

Servir avec une sauce tomate ou aux champignons. Parsemer de fromage gruyère ou parmesan râpé avant de servir.

* Ne pas faire cuire toutes les boulettes de pommes de terre à la fois. Il est préférable de le faire en 2 ou 3 étapes.

Bananes frites

(Pâte à frire pour environ 6 bananes.)

Les bananes préparées de cette façon sont délicieuses servies avec du poulet ou des fruits de mer.

250 ml	(1 tasse) de farine tout usage
1 ml	(¼ c. à thé) de sel
30 ml	(2 c. à soupe) d'huile végétale
250 ml	(1 grosse tasse) d'eau froide
2	blancs d'oeufs
	bananes

Bien incorporer la farine, le sel, l'huile et l'eau. Réfrigérer 30 minutes sans couvrir.

Battre les blancs d'oeufs jusqu'à ce qu'ils soient très fermes et les incorporer à la pâte refroidie.

Peler des bananes et les couper sur la longueur et ensuite, sur la largeur, pour obtenir 4 morceaux.

Plonger chaque morceau dans la pâte, puis faire frire dans de l'huile d'arachide préchauffée à 180°C (350°F).

Retirer les bananes de l'huile lorsque la pâte devient dorée et croustillante.

Égoutter sur une feuille de papier essuie-tout. Servir.

Brocoli vapeur

(pour 4 personnes)

1	gros brocoli, lavé et coupé en morceaux de 2,5 cm (1 po)
15 ml	(1 c. à soupe) de beurre fondu
	jus de citron au goût

Faire cuire le brocoli à la vapeur pendant 6 minutes.

Assaisonner au goût. Arroser de jus de citron et de beurre fondu. Servir.

Épinards gratinés

(pour 4 personnes)

2	paquets d'épinards frais
15 ml	(1 c. à soupe) de beurre
1	gousse d'ail, écrasée et hachée
375 ml	(1½ tasse) de sauce blanche légère, chaude*
125 à 175 ml	(½ à ¾ tasse) de fromage cheddar râpé
	sel et poivre
	une pincée de muscade

Laver les épinards et retirer les tiges.
Faire cuire les épinards à la vapeur de 3 à 4 minutes. Puis, les faire refroidir sous l'eau froide. Égoutter.
Former des boules avec des épinards et presser fermement pour retirer l'excès d'eau.
Hacher finement.
Faire fondre le beurre dans une sauteuse.
Ajouter l'ail, les épinards, la muscade, le sel et le poivre. Couvrir et faire cuire à feu moyen de 3 à 4 minutes.
Incorporer la sauce blanche; faire mijoter de 3 à 4 minutes. Rectifier l'assaisonnement.
Partager le mélange entre 4 plats à coquille St-Jacques huilés ou à défaut, un plat à gratin. Parsemer de fromage râpé. Faire cuire au four à gril (broil) jusqu'à ce que le fromage devienne doré.

* Sauce blanche légère, voir p. 41

Aubergine farcie

(pour 4 personnes)

4	aubergines de grosseur moyenne
30 ml	(2 c. à soupe) d'huile de maïs
1	oignon, coupé en dés
2	tomates pelées et coupées en dés)
2	gousses d'ail, écrasées et hachées
15 ml	(1 c. à soupe) de persil frais haché
1 ml	(¼ c. à thé) de basilic
1 ml	(¼ c. à thé) de menthe fraîche hachée
250 ml	(1 tasse) de riz à longs grains, cuit
375 ml	(1½ tasse) de restes d'agneau cuit, hachés
50 ml	(¼ tasse) de chapelure épicée
	une pincée de poivre de Cayenne
	sel et poivre

Préchauffer le four à 180°C (350°F).
Couper chaque aubergine en deux sur la longueur. À l'aide d'un couteau d'office, faire des incisions entrecroisées et profondes sur la chair de l'aubergine.
Badigeonner la chair d'aubergine d'huile et placer le tout dans un plat à rôtir huilé. Faire cuire au four pendant 40 minutes.
Lorsque les aubergines sont cuites, les retirer du four. Délicatement, retirer la chair des aubergines en laissant une couche de chair de 0,65 cm (¼ po) dans la pelure. Mettre les pelures évidées de côté.
Hacher la chair.
Faire chauffer l'huile dans une sauteuse à feu vif. Ajouter les oignons; couvrir et faire cuire à feu moyen pendant quelques minutes. Remuer fréquemment.
Ajouter les tomates; continuer la cuisson jusqu'à ce que la plus grande partie du liquide soit évaporée.
Ajouter l'ail, le persil, le poivre de Cayenne, le basilic, la menthe et la chair des aubergines. Saler, poivrer.
Faire cuire à feu moyen jusqu'à ce que la chair d'aubergine devienne transparente.
Ajouter le riz et l'agneau.
Farcir les pelures évidées avec le mélange.
Parsemer de chapelure. Transférer le tout dans un plat à gratin.
Faire cuire 30 minutes au four.

Carottes avec sauce hollandaise

(pour 4 personnes)

5	carottes, pelées et coupées en petits bâtonnets
15 ml	(1 c. à soupe) de sucre
1	feuille de menthe
1	recette de sauce hollandaise*
	jus de citron
	sel et poivre blanc du moulin

Préchauffer le four à 200°C (400°F).
Verser 750 ml (3 tasses) d'eau dans une casserole. Saler et arroser de jus de citron; amener à ébullition.
Ajouter les carottes, le sucre et la feuille de menthe; couvrir et faire cuire de 10 à 12 minutes.
Dès que les carottes sont cuites, les égout-

Carottes avec sauce hollandaise

ter et les placer dans un plat à gratin. Couvrir le tout de sauce hollandaise.

Faire cuire au four à gril (broil) pendant 2 minutes. Servir.

* Sauce hollandaise, voir p. 50

Pommes de terre frites

(pour 4 personnes)

5 à 6	*pommes de terre, lavées*
	sel
	huile d'arachide pour la friture, préchauffée à 180°C (350°F).

À l'aide d'un trancheur à légumes, couper les pommes de terre aussi mince que possible.

Pommes de terre frites

Faire tremper les pommes de terre dans l'eau froide, les égoutter et les assécher sur du papier essuie-tout.

Plonger les pommes de terre dans l'huile chaude, quelques-unes à la fois, et les faire frire pendant quelques minutes.

Égoutter les pommes de terre frites et les mettre dans un bol. Saler et servir.

Pommes de terre surprise

(pour 4 personnes)

12	*petites pommes de terre, lavées*
45 ml	*(3 c. à soupe) de beurre*

Pommes de terre surprise

24	**champignons frais, nettoyés et émincés**
2	**échalotes sèches, hachées**
1	**paquet de petites crevettes**
15 ml	**(1 c. à soupe) de persil frais haché**
125 ml	**(½ tasse) de fromage mozzarella râpé**
	sel et poivre

Préchauffer le four à 200°C (400°F).
Faire cuire les pommes de terre au four.
Dès que les pommes de terre sont cuites, les

retirer du four. À l'aide d'un couteau d'office, retirer 0,65 cm (¼ po) du dessus de chaque pomme de terre.

Délicatement, retirer la moitié de la chair des pommes de terre avec une cuillère. Mettre de côté les pommes de terre évidées. Laisser refroidir.

Faire chauffer le beurre dans une poêle à frire, à feu moyen. Ajouter les champignons, les échalotes et les crevettes. Saler, poivrer; faire cuire 3 à 4 minutes.

Ajouter le persil et le fromage; bien mélanger et faire cuire 2 minutes. Assaisonner au goût.

Farcir les pommes de terre avec le mélange.
Parsemer de fromage râpé.
Faire cuire au four à gril (broil) pendant 3
minutes. Servir.

Pommes de terre farcies au fromage

(pour 6 personnes)

6	*pommes de terre au four*
45 ml	*(3 c. à soupe) de beurre*
1	*oeuf battu*
50 ml	*(¼ tasse) de crème à 35%*
125 ml	*(½ tasse) de fromage gruyère ou cheddar râpé*
	une pincée de muscade
	sel et poivre

Percer les pommes de terre avec une fourchette et les faire cuire au four. Mettre de
côté.
Préchauffer le four à gril (broil).
Retirer une tranche de 0,65 cm (¼ po)
d'épaisseur du dessus de chaque pomme de
terre.
À l'aide d'une cuillère, retirer la plus grande
partie de la chair. Passer la chair dans un
moulin à légumes ou à travers une passoire.
Mettre la purée de pommes de terre dans un
bol. Incorporer le beurre, le sel, le poivre,
la muscade, l'oeuf et la crème. Bien
mélanger.
Placer le mélange dans un sac à pâtisserie
muni d'une douille étoilée. Farcir les 6 pommes de terre évidées. Parsemer de fromage
râpé.
Transférer les pommes de terre farcies dans
un plat à gratin beurré. Faire brunir au four
pendant quelques minutes.

Champignons à la provençale

(pour 4 personnes)

45 ml	*(3 c. à soupe) de beurre*
250 g	*(½ livre) de champignons frais, nettoyés et émincés*
1	*échalote sèche, finement haché*
1	*gousse d'ail, écrasée et hachée)*
15 ml	*(1 c. à soupe) de persil frais haché*
	sel et poivre du moulin

Faire chauffer le beurre dans une sauteuse
à feu vif. Ajouter les champignons; faire

Pommes de terre farcies au fromage

cuire, sans couvrir, 5 minutes à feu moyen. Remuer occasionnellement.

Ajouter l'échalotte, l'ail et le persil. Saler, poivrer.

Continuer la cuisson pendant 3 minutes, en remuant de temps en temps.

Tomates épicées
(pour 4 personnes)

30 ml	(2 c. à soupe) de sucre brun
2 ml	(½ c. à thé) de paprika
45 ml	(3 c. à soupe) d'huile de maïs
4	tomates, coupées en tranches de 2,5 cm (1 po) d'épaisseur
50 ml	(¼ tasse) d'oignons verts hachés
	une pincée de clou de girofle moulu
	sel et poivre

Bien mélanger le sucre brun, le clou de girofle, le paprika, le sel et le poivre.

Faire chauffer l'huile dans une sauteuse. Ajouter les tomates et les faire cuire 5 minutes.

Ajouter les oignons verts. Saupoudrer les tomates avec la moitié du mélange de sucre. Retourner les tomates et continuer la cuisson pendant 5 minutes.

Ajouter le reste du mélange de sucre et retourner les tomates à nouveau. Faire cuire 2 minutes.

Servir immédiatement.

Won ton frits

250 g	(½ livre) de porc maigre, haché
1	oeuf battu
5 ml	(1 c. à thé) de monosodium glutamate
5 ml	(1 c. à thé) d'eau
1 ml	(¼ c. à thé) d'épices mélangées
40	enveloppes de Won ton*
	une ou deux gouttes d'huile de sésame
	sel et poivre

Huile d'arachide pour la friture, préchauffée à 180°F (350°F).

Bien incorporer le porc, l'oeuf, l'eau et les assaisonnements.

Placer 2 ml (½ c. à thé) du mélange dans un coin de chaque enveloppe de Won ton. Rouler en diagonale.

Faire frire les won ton dans l'huile chaude jusqu'à ce qu'ils deviennent de couleur or. Servir chaud avec une sauce aux prunes ou aux cerises.

* Les enveloppes won ton se trouvent dans les magasins d'alimentation chinois et dans un bon nombre de super-marchés.

Flageolets au beurre
(pour 4 personnes)

500 g	(1 livre) de flageolets secs
75 ml	(5 c. à soupe) de beurre
1	oignon finement haché
1	clou de girofle
1	feuille de laurier
15 ml	(1 c. à soupe) de persil frais haché
15 ml	(1 c. à soupe) de ciboulette fraîche hachée
	une pincée de thym
	sel et poivre

Mettre les flageolets dans une casserole et les recouvrir d'eau froide. L'eau doit dépasser les flageolets de 5 cm (2 po). Laisser tremper 12 heures.

Égoutter les flageolets et les recouvrir à nouveau avec la même quantité. Mettre de côté.

Faire chauffer 30 ml (2 c. à soupe) de beurre dans une petite sauteuse. Ajouter les oignons et les faire cuire 2 minutes à feu moyen.

Ajouter les oignons, le clou de girofle, le thym et la feuille de laurier à la casserole contenant les flageolets. Saler, poivrer.

Placer la casserole à feu vif. Amener le liquide à ébullition et faire cuire 1½ heure à feu doux ou jusqu'à ce que les flageolets soient cuits.

Incorporer le reste du beurre, le persil et la ciboulette.

Endives braisées
(pour 4 personnes)

12	grosses endives, bien lavées
60 ml	(4 c. à soupe) de beurre
250 ml	(1 tasse) de bouillon de poulet, chaud,*
30 ml	(2 c. à soupe) d'amandes émiettées
	jus de 1 citron
	sel et poivre blanc

Préchauffer le four à 180°C (350°F).

Mettre les endives dans une casserole contenant de l'eau bouillante salée. Couvrir et faire cuire 8 minutes à feu vif.

Laisser refroidir les endives sous l'eau froide pendant 4 minutes.

Bien égoutter les endives et les placer dans un plat à gratin beurré. Placer 45 ml (3 c. à soupe) de petits morceaux de beurre sur les endives. Arroser de jus de citron. Ajouter le bouillon de poulet. Assaisonner au goût.

Recouvrir le plat d'un papier d'aluminium; faire cuire 30 minutes au four.

Transférer les endives dans un plat de service chaud. Mettre de côté.

Placer le plat à gratin à feu vif et faire réduire le liquide de cuisson des ⅔. Verser le liquide sur les endives.

Faire chauffer le reste du beurre dans une sauteuse à feu moyen. Ajouter les amandes et les faire dorer. Remuer fréquemment.

Disposer les amandes sur les endives. Servir.

* Bouillon de poulet, voir p. 33-34

Technique: Endives braisées

1 Placer les endives dans une casserole contenant de l'eau bouillante salée; couvrir et faire cuire 8 minutes.

2 Faire refroidir les endives à l'eau froide.

3 Placer les endives dans un plat beurré allant au four.

4 Placer des petits morceaux de beurre sur les endives, les arroser de jus de citron et de bouillon de poulet.

5 Transférer les endives dans un plat à service chaud.

Crêpes aux asperges

(pour 4 personnes)

750 ml	*(3 tasses) d'eau*
500 g	*(1 livre) d'asperges fraîches*
4	*crêpes*
375 ml	*(1½ tasse) de sauce blanche, chaude**
	jus de citron
	une pincée de muscade
	une pincée de paprika
	sel et poivre

Préchauffer le four à 180°C (350°F).
Verser l'eau dans une casserole. Saler et arroser de jus de citron; amener à ébullition.
Peler et retirer le pied des asperges. Placer les asperges dans l'eau bouillante; couvrir et faire cuire de 10 à 12 minutes.

Dès que les asperges sont cuites, les égoutter et les assécher.

Partager les asperges entre les 4 crêpes. Rouler chaque crêpe. Placer toutes les crêpes dans un plat à gratin beurré. Verser la sauce blanche sur les crêpes. Saupoudrer de muscade. Faire cuire 10 minutes au four. Saupoudrer de paprika. Servir.

* Sauce blanche, voir p. 40

Légumes chauds marinés

(pour 4 à 6 personnes)

1	*piment jaune doux, coupé en gros cubes*

2	grosses pommes de terre, pelées et coupées en gros cubes
1	branche de céleri, coupée en gros cubes
1	piment rouge ou vert, coupé en gros cubes
24	boutons de champignons frais, nettoyés
30 ml	(2 c. à soupe) d'échalotes sèches hachées
15 ml	(1 c. à soupe) de moutarde de Dijon
45 ml	(3 c. à soupe) de vinaigre de vin
90 ml	(6 c. à soupe) d'huile d'olive
15 ml	(1 c. à soupe) de persil frais haché
	jus de citron
	sel et poivre

Faire cuire les pommes de terre de 8 à 9 minutes dans l'eau bouillante salée. Ajouter le reste des légumes; continuer la cuisson pendant 7 minutes.

Dès que les légumes sont cuits, bien les égoutter et les mettre dans un bol. Ajouter la moutarde et le reste des ingrédients. Saler, poivrer. Laisser refroidir.

Servir avec des cornichons et du pain grillé.

Courgettes à l'italienne

(pour 4 personnes)

2	*courgettes de grosseur moyenne, bien lavées*
	sel et poivre
	huile d'arachide pour la friture, préchauffée à 180°C (350°F).

Couper les courgettes en deux, sur la longueur. Puis, recouper les courgettes en tranches de 1,2 cm (½ po) d'épaisseur.

Plonger le tout dans l'huile chaude jusqu'à ce que les courgettes deviennent d'une couleur or.

Bien égoutter sur du papier essuie-tout. Saler, poivrer. Servir.

Pommes de terre au gratin

(pour 4 personnes)

4	*grosses pommes de terre, brossées*
1	*jaune d'oeuf*
45 ml	*(3 c. à soupe) de lait ou de crème*
175 ml	*(¾ tasse) de fromage gruyère ou mozzarella, râpé*
30 ml	*(2 c. à soupe) de beurre fondu*
	une pincée de muscade
	sel et poivre blanc

Faire cuire les pommes de terre dans l'eau bouillante salée.

Égoutter les pommes de terre et les placer dans une casserole à feu moyen. Assécher les pommes de terre pendant quelques minutes.

Retirer la casserole du feu et laisser refroidir les pommes de terre pendant 15 minutes. Peler et mettre les pommes de terre en purée dans un bol.

Bien battre le jaune d'oeuf et la crème ensemble. Incorporer le mélange aux pommes de terre. Saler, poivrer et saupoudrer de muscade. Incorporer 125 ml (½ tasse) de fromage râpé.

Mettre le mélange de pommes de terre dans un plat à gratin beurré. Parsemer du reste du fromage râpé. Arroser de beurre fondu.

Placer le tout au four à gril (broil) et faire dorer les pommes de terre et le fromage. Servir.

Pommes de terre au gratin

Crêpe aux épinards

(pour 4 personnes)

4	*paquets d'épinards frais, lavés et parés*
30 ml	*(2 c. à soupe) de beurre*
½	*gousse d'ail, écrasée et hachée*
1 ml	*(¼ c. à thé) de muscade*
750 ml	*(3 tasses) de sauce blanche légère, chaude**
8	*crêpes*
50 ml	*(¼ tasse) de chapelure épicée*
	jus de citron
	beurre fondu
	sel et poivre

Préchauffer le four à 200°C (400°F).

Mettre les épinards dans une grande casserole. Saler et arroser de jus de citron. Ajouter 250 ml (1 tasse) d'eau; couvrir et faire cuire 4 à 5 minutes. Rafraîchir les épinards sous l'eau froide.

Bien égoutter les épinards et les presser entre la paume des mains pour en retirer l'excès d'eau.

Hacher les épinards finement et les mettre de côté.

Faire chauffer le beurre dans une poêle à frire. Ajouter l'ail et les épinards. Saupoudrer de muscade; couvrir et faire cuire 3 minutes.

Incorporer la sauce blanche. Bien assaisonner et faire mijoter 2 à 3 minutes.

Farcir les crêpes avec le mélange, rouler et placer dans un plat à gratin beurré. Garnir avec un peu de sauce et d'épinards. Parsemer de chapelure et arroser de beurre fondu.

Faire cuire de 8 à 10 minutes au four. Servir.

* *Sauce blanche légère, voir p. 41*

Ratatouille

Ratatouille

(pour 4 personnes)

4	*tomates*
50 ml	*(¹/₂ tasse) d'huile de maïs*
1	*petite aubergine, pelée et tranchée*
2	*oignons, pelés et émincés*
4	*petites courgettes, émincées*
2	*gousses d'ail, écrasées et hachées*
15 ml	*(1 c. à soupe) de persil frais haché*
	une pincée de basilic
	quelques grains de coriandre
	sel et poivre

Préchauffer le four à 180°C (350°F).
Blanchir les tomates 1 minute dans l'eau bouillante. Refroidir les tomates sous l'eau froide, les peler et les hacher.
Faire chauffer la moitié de l'huile dans une grande sauteuse allant au four. Ajouter les tranches d'aubergine; faire cuire de 12 à 15 minutes à feu doux. Transférer le tout dans un bol. Faire chauffer le reste de l'huile dans la même sauteuse. Ajouter les oignons et les courgettes; faire cuire de 6 à 7 minutes à feu moyen. Remuer fréquemment.
Ajouter les tomates, l'ail, le sel, le poivre, le basilic et les grains de coriandre.
Ajouter les tranches d'aubergine et couvrir.
Faire cuire 30 minutes au four.
Garnir de persil haché. Servir.

Rondelles d'oignons frits

(pour 4 personnes)

1	gros oignon d'Espagne
250 ml	(1 tasse) de farine tout usage
2	blancs d'oeufs
	sel
	poivre blanc
	huile d'arachide pour la friture, chauffée à 180 °C (350 °F).

Couper l'oignon en rondelles de 0,65 cm (¼ po) d'épaisseur.

Bien incorporer la farine, le sel et le poivre.

Fouetter les blancs d'oeufs jusqu'à ce qu'ils forment des pics.

Tremper chaque rondelle d'oignon dans les blancs d'oeufs, puis dans la farine.

Faire cuire les oignons, quelques-uns à la fois, dans l'huile chaude, jusqu'à ce qu'ils soient dorés.

Égoutter les rondelles d'oignon sur du papier essuie-tout. Saler, poivrer. Servir.

Tomates farcies

(pour 4 personnes)

8	tomates de grosseur moyenne
45 ml	(3 c. à soupe) d'huile de maïs
1	oignon finement haché
250 g	(½ livre) de champignons frais, finement hachés
1 ml	(¼ c. à thé) de cumin

Rondelles d'oignons frits

375 ml	**(1 ½ tasse) de riz à longs grains cuit**
60 ml	**(4 c. à soupe) de crème à 35 %**
50 ml	**(¼ tasse) de fromage parmesan râpé sel et poivre**

Préchauffer le four à 190°C (375°F).

Retirer 0,65 cm (¼ po) du dessus de chaque tomate et mettre de côté.

À l'aide d'une cuillère, retirer la chair des tomates tout en laissant 0,65 (¼ po) d'épaisseur à la pelure.

Saler, poivrer l'intérieur des tomates. Mettre de côté.

Hacher grossièrement la chair des tomates. Faire chauffer l'huile dans une sauteuse à feu vif. Ajouter les oignons; faire cuire de 3 à 4 minutes.

Ajouter les champignons. Saler, poivrer et continuer la cuisson pendant 2 minutes. Ajouter le cumin, la chair des tomates et le riz. Saler, poivrer. Faire cuire de 3 à 4 minutes à feu vif.

Retirer la sauteuse du feu et incorporer la crème. Placer le mélange de tomates dans les tomates évidées. Assaisonner au goût. Placer les tomates farcies dans un plat à gratin juste assez grand pour les contenir. Parsemer de fromage râpé. Replacer le dessus sur chaque tomate.

Faire cuire au four à 200°C (400°F) pendant 15 minutes.

Légumes à la mexicaine

(pour 10 personnes)

500 ml	*(2 tasses) de blé d'Inde en grains, congelé*
375 ml	*(1½ tasse) de pois verts, décongelés*
1	*petite courgette, coupée en dés*
1	*petit concombre, coupé en dés*
1	*piment vert, épépiné et coupé en dés*
1	*petit oignon, coupé en dés*
1	*piment rouge, épépiné et coupé en dés*
45 ml	*(3 c. à soupe) d'huile de maïs*
2	*gousses d'ail, écrasées et hachées*
45 ml	*(3 c. à soupe) de persil frais haché*
	sel et poivre

Mettre le blé d'Inde dans une marmitte à étuver et faire cuire 2 minutes.

Ajouter les pois, les dés de courgette, de concombre et de piment; faire cuire de 5 à 6 minutes à la vapeur. Mettre de côté.

Faire chauffer l'huile dans une sauteuse. Ajouter l'ail; faire cuire 4 à 5 minutes. Jeter l'ail.

Mettre les oignons dans la sauteuse et faire cuire quelques minutes. Ajouter tous les légumes et faire cuire quelques minutes. Saler, poivrer. Garnir de persil haché. Servir immédiatement.

Tomates panées

(pour 4 personnes)

2	*oeufs frais*
50 ml	**(¼ tasse) d'huile de maïs**
4	*tomates de grosseur moyenne*

250 ml   **(1 tasse) de chapelure épicée
sel et poivre**

Bien mélanger les oeufs et l'huile dans un bol.

Couper chaque tomate en trois tranches.

Saler, poivrer les tomates et les tremper dans le mélange d'oeufs. Enrober de chapelure.

Faire chauffer 30 ml (2 c. à soupe) d'huile dans une sauteuse. Ajouter les tomates panées, 5 à 6 fois à la fois, et les faire cuire jusqu'à ce qu'elle deviennent d'un brun doré.

Ajouter plus d'huile si nécessaire.

Pommes de terre duchesse

(pour 4 personnes)

4	*grosses pommes de terre, lavées et brossées*
2	*jaunes d'oeufs*
45 ml	*(3 c. à soupe) de lait sel et poivre blanc une pincée de muscade*

Préchauffer le four à gril (broil).
Faire cuire les pommes de terre dans une casserole remplie au ¾ d'eau bouillante salée.
Dès que les pommes de terre sont cuites, les égoutter et les placer dans une casserole, faire sécher quelques minutes à feu vif.
Retirer la casserole du feu et laisser refroidir les pommes de terre pendant 15 minutes. Peler et passer les pommes de terre dans un moulin à légumes.
Battre les jaunes d'oeufs et le lait et incorporer le mélange aux pommes de terre. Saler, poivrer; saupoudrer de muscade.
Placer la purée de pommes de terre dans un sac à pâtisserie muni d'une douille étoilée et faire les formes désirées dans un plat à gratin beurré.
Faire brunir au four à gril (broil), à 15 cm (6 po) de l'élément supérieur. Servir.

Piments farcis

(pour 4 personnes)

4	*gros piments verts*
20 ml	*(1½ c. à soupe) d'huile de maïs*
6	*tranches de bacon, hachées*
1	*oignon finement haché*
2	*gousses d'ail, écrasées et hachées*
3	*tomates, pelées et hachées*
2 ml	*(½ c. à thé) d'origan*
2	*tranches de pain blanc, la croûte retirée, trempées dans 125 ml (½ tasse) de lait, puis hachées*
500 g	*(1 livre) de petites crevettes du Labrador, décongelées et égouttées jus de ½ citron sel et poivre*

Préchauffer le four à 190°C (375°F).
Couper le dessus de chaque piment. Retirer la fibre blanche et les pépins. Bien laver.

Mettre les piments dans une casserole contenant de l'eau bouillante salée et citronnée. Couvrir et faire mijoter 5 minutes.
Bien égoutter et placer les piments dans un plat à gratin beurré. Mettre de côté.
Faire chauffer 5 ml (1 c. à thé) d'huile dans une casserole. Ajouter le bacon; faire cuire 4 minutes.
Ajouter les oignons, l'ail, les tomates et l'origan. Saler, poivrer. Faire cuire de 5 à 6 minutes.
Ajouter le pain; bien mélanger. Retirer le mélange du feu. Mettre de côté.
Faire chauffer le reste de l'huile dans une casserole. Ajouter les crevettes et les faire cuire 1 minute. Saler, poivrer.
Ajouter le mélange de tomates; bien remuer.
Remplir les piments avec le mélange.
Faire cuire 15 minutes au four.
Servir avec une sauce tomate.

Oignons farcis

(pour 4 personnes)

4	*oignons d'Espagne, de grosseur moyenne*
20 ml	*(1½ c. à soupe) d'huile de maïs*
6	*tranches de bacon, hachées*
375 g	*(¾ livre) de chair de saucisse**
2	*gousses d'ail, écrasées et hachées*
250 g	*(½ livre) de champignons frais, nettoyés et hachés*
2	*branches de céleri, hachées*
5 ml	*(1 c. à thé) de persil frais haché*
2 ml	*(½ c. à thé) d'estragon*
1	*boîte de tomates en conserve, de 454 ml (16 oz), égouttées et hachées*
125 ml	*(½ tasse) de bouillon de poulet, chaud** sel et poivre*

Préchauffer le four à 190°C (375°F).
Peler les oignons. Retirer une mince tranche du dessus de chaque oignon. Jeter les tranches.
Placer les oignons dans une casserole contenant 5 cm (2 po) d'eau bouillante salée.
Faire cuire 25 minutes à feu moyennement bas.
Égoutter et faire refroidir les oignons sous l'eau froide pendant 5 minutes.
À l'aide d'un petit couteau d'office, évider

le centre de chaque oignon, environ 0,65 cm (¼ po) du bord. Hacher et mettre de côté. Placer les oignons évidés dans un plat à gratin beurré. Mettre de côté.

Faire chauffer 5 ml (1 c. à thé) d'huile dans une sauteuse à feu vif. Ajouter le bacon; faire cuire de 4 à 5 minutes. Ajouter la chair de saucisse et l'ail. Saler, poivrer; faire cuire 7 minutes. Bien mélanger et mettre de côté. Faire chauffer le reste de l'huile dans une sauteuse. Ajouter les oignons hachés, les champignons, le céleri, le persil, l'estragon et les tomates. Remuer; saler, poivrer et faire cuire 8 minutes.

Ajouter le mélange de viande; mélanger et rectifier l'assaisonnement.

Remplir les oignons du mélange. Verser le bouillon de poulet dans le plat à gratin. Placer les oignons farcis dans le liquide. Faire cuire 20 minutes au four. Servir.

NOTE: On peut aussi utiliser des saucisses de porc frais en retirant au préalable leur enveloppe.

** Bouillon de poulet, voir p. 33-34

Pommes de terre à la parisienne

(pour 4 personnes)

6	**grosses pommes de terre, pelées et lavées**
60 ml	**(4 c. à soupe) de beurre**
15 ml	**(1 c. à soupe) de persil frais haché**
	sel et poivre

Tailler des boules dans les pommes de terre en utilisant une cuillère à légumes ronde. Plonger les boules de pommes de terre dans l'eau froide. Laisser reposer 10 minutes. Assécher le tout sur du papier essuie-tout. Faire chauffer le beurre dans une sauteuse à feu moyen. Ajouter les boules de pommes de terre; faire cuire, sans couvrir, à feu moyen. Remuer fréquemment.

Dès que les pommes de terre sont cuites et d'un brun doré, les saler et les poivrer. Garnir de persil haché. Servir.

Technique: Pommes de terre à la parisienne

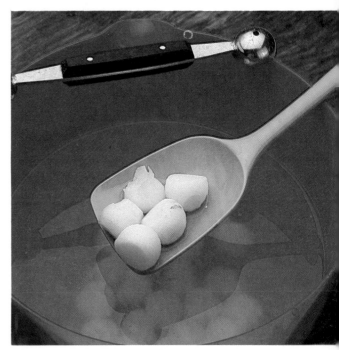

1 Faire tremper les pommes de terre pendant 10 minutes dans l'eau froide. Assécher sur du papier essuie-tout.

2 Faire chauffer le beurre dans une sauteuse à feu moyen. Ajouter les pommes de terre et faire cuire.

161

Tomates farcies aux champignons

(pour 4 personnes)

4	grosses tomates, lavées
45 ml	(3 c. à soupe) d'huile de maïs
15 ml	(1 c. à soupe) de persil frais haché
15 ml	(1 c. à soupe) de ciboulette hachée
2	gousses d'ail, écrasées et hachées
125 ml	(½ tasse) de fromage cheddar râpé sel et poivre

250 g	(½ livre) de champignons frais, nettoyés et hachés

Préchauffer le four à 190°C (375°F).

Couper une tranche de 1,2 cm (½ po) d'épaisseur du dessus de chaque tomate. Retirer la chair à l'intérieur des tomates en laissant 0,65 cm (¼ po) d'épaisseur.

Saler, poivrer la cavité de chaque tomate. Mettre de côté.

Hacher grossièrement la chair des tomates. Faire chauffer 15 ml (1 c. à soupe) d'huile dans une sauteuse à feu vif. Ajouter la chair de tomates, les épices et l'ail. Saler, poivrer. Faire cuire à feu vif pour faire évaporer le liquide. Remuer fréquemment.

Faire réchauffer le reste de l'huile dans une sauteuse. Ajouter les champignons et les

faire cuire de 2 à 3 minutes à feu vif.
Ajouter le mélange de tomates. Rectifier
l'assaisonnement; mélanger le tout. Farcir
les tomates évidées avec le mélange.
Placer les tomates farcies dans un plat à rôtir
juste assez grand pour les contenir.
Parsemer de fromage râpé. Faire cuire 20
minutes au four.

Pommes de terre à la lyonnaise

(pour 4 personnes)

| 4 | *pommes de terre, bouillies, refroidies et coupées en tranches de 1,2 cm (¹/₂ po) d'épaisseur* |

Pommes de terre à la lyonnaise

15 ml	*(1 c. à soupe) de beurre*
30 ml	*(2 c. à soupe) d'huile végétale*
1	*gros oignon, émincé*
15 ml	*(1 c. à soupe) de persil frais haché*
	sel et poivre

Faire chauffer le beurre et l'huile dans une
sauteuse à feu vif. Ajouter les pommes de
terre et les faire brunir, sur un côté, à feu
moyen.
Retourner les pommes de terre. Ajouter les
oignons; continuer la cuisson de 5 à 6
minutes.
Saler, poivrer. Parsemer de persil. Servir.

Riz pilaf

(pour 4 personnes)

250 ml	(1 tasse) de riz à longs grains
15 ml	(1 c. à soupe) de beurre
15 ml	(1 c. à soupe) d'oignons finement hachés
375 ml	(1½ tasse) de bouillon de poulet, chaud*
2 ml	(½ c. à thé) de cerfeuil
1	feuille de laurier
	une pincée de thym
	sel et poivre du moulin

Préchauffer le four à 180°C (350°F).
Verser le riz dans une passoire et bien le rincer sous l'eau froide pendant quelques minutes. Égoutter et mettre de côté.
Faire fondre le beurre dans une casserole allant au four. Ajouter les oignons; faire cuire 2 à 3 minutes en remuant fréquemment.
Ajouter le riz; faire cuire de 2 à 3 minutes en remuant fréquemment. Ne pas faire brunir.
Ajouter le bouillon de poulet et les épices. Saler, poivrer. Amener à ébullition à feu vif. Couvrir et faire cuire 18 minutes au four.
Remuer le riz avant de servir.

Bouillon de poulet, voir p. 33-34

Riz au safran

(pour 4 personnes)
Servir avec un poisson ou des fruits de mer.

75 ml	(5 c. à soupe) de beurre
1	gros oignon rouge, émincé
250 ml	(1 tasse) de riz à longs grains, lavé et égoutté
500 ml	(2 tasses) de bouillon de poulet, chaud*
1	feuille de laurier
5 ml	(1 c. à thé) de safran
60 ml	(4 c. à soupe) de fromage parmesan râpé
	sel et poivre

Préchauffer le four à 160°C (325°F).
Faire chauffer le beurre dans une casserole allant au four, à feu moyen. Ajouter les oignons; faire cuire de 2 à 3 minutes. Ajouter le riz. Saler, poivrer et continuer la cuisson de 3 à 4 minutes ou jusqu'à ce que le riz ait complètement absorbé le beurre.
Incorporer le bouillon de poulet. Ajouter la feuille de laurier. Couvrir et faire cuire 25 minutes au four.
5 minutes avant la fin de la cuisson, ajouter le safran.
Dès que le riz est cuit, incorporer le fromage et le reste du beurre avec une fourchette.

Bouillon de poulet, voir p. 33-34

Riz à l'égyptienne

(pour 6 personnes)

250 ml	(1 tasse) de riz à longs grains
15 ml	(1 c. à soupe) de beurre
15 ml	(1 c. à soupe) d'oignons finement hachés
375 ml	(1½ tasse) de bouillon de poulet, chaud
2 ml	(½ c. à thé) de cerfeuil
30 ml	(2 c. à soupe) d'huile végétale
75 ml	(⅓ tasse) de foies de volaille, hachés
75 ml	(⅓ tasse) de jambon cuit haché
75 ml	(⅓ tasse) de champignons frais émincés
	une pincée de thym
	feuille de laurier
	sel et poivre

Préchauffer le four à 180°C (350°F).
Verser le riz dans une passoire et le rincer sous l'eau froide. Égoutter et mettre de côté.
Faire fondre le beurre, à feu moyen, dans une casserole allant au four. Ajouter les oignons; faire cuire de 2 à 3 minutes en remuant fréquemment.
Ajouter le riz; faire cuire de 2 à 3 minutes. Remuer fréquemment.

Incorporer le bouillon de poulet et les épices. Saler, poivrer. Amener à ébullition à feu vif. Couvrir et faire cuire 10 minutes au four.
Entre-temps, faire chauffer l'huile dans une sauteuse à feu vif. Ajouter les foies et le jambon. Faire cuire de 2 à 3 minutes à feu moyen.
Ajouter les champignons; faire cuire de 2 à 3 minutes. Saler, poivrer et retirer du feu.
Verser le contenu sur le riz; mélanger le tout. Couvrir et faire cuire 8 minutes au four.

Bouillon de poulet, voir p. 33-34

Riz

Riz blanc

(pour 4 personnes)

250 ml	(1 tasse) de riz à longs grains
1,2 l	(5 tasses) d'eau
2 ml	(½ c. à thé) de sel
1	feuille de laurier
30 ml	(2 c. à soupe) de beurre
15 ml	(1 c. à soupe) de persil frais haché
	sel et poivre blanc

Préchauffer le four à 180°C (350°F).
Laver et égoutter le riz.
Verser l'eau dans une casserole. Saler. Ajouter la feuille de laurier et amener à ébullition à feu vif.
Ajouter le riz; couvrir et faire bouillir pendant 15 minutes. Égoutter le riz et le placer dans un moule beurré allant au four. Couvrir d'un papier d'aluminium et faire cuire 20 minutes au four.
Retirer du four. Incorporer le beurre avec une fourchette. Assaisonner au goût.
Garnir de persil ou de légumes. Servir.

Riz à la grecque

(pour 6 personnes)

2	saucisses de porc frais
250 ml	(1 tasse) de riz à longs grains
15 ml	(1 c. à soupe) de beurre
15 ml	(1 c. à soupe) d'oignons hachés
375 ml	(1½ tasse) de bouillon de poulet, chaud*
2 ml	(½ c. à thé) de cerfeuil
1	feuille de laurier
15 ml	(1 c. à soupe) d'huile végétale
	une pincée de thym
	sel et poivre

Préchauffer le four à 180°C (350°F).
Mettre les saucisses dans une casserole remplie au ¾ d'eau bouillante. Faire cuire 5 minutes à feu vif. Égoutter et mettre de côté.
Verser le riz dans une passoire et le rincer sous l'eau froide. Égoutter et mettre de côté.
Faire fondre le beurre dans une casserole allant au four. Ajouter les oignons; faire cuire de 2 à 3 minutes. Remuer fréquemment. Ajouter le riz; faire cuire de 2 à 3 minutes en remuant fréquemment. Incorpo-

Riz blanc

rer le bouillon de poulet et les épices. Saler, poivrer. Amener à ébullition à feu vif. Couvrir et faire cuire 10 minutes au four.
Couper les saucisses en morceaux de 1,2 cm (½ po). Faire chauffer l'huile dans une sauteuse à feu vif. Ajouter les saucisses; faire cuire de 3 à 4 minutes à feu moyen. Incorporer les saucisses au riz; couvrir et continuer la cuisson de 8 à 10 minutes.

* Bouillon de poulet, voir p. 33-34

Riz aux légumes

(pour 4 personnes)

Accompagne bien les shish kebabs.

60 ml	(4 c. à soupe) de beurre
1	petit oignon haché
250 ml	(1 tasse) de riz à longs grains, lavé et égoutté
375 ml	(1½ tasse) de bouillon de poulet, chaud*
1	feuille de laurier
½	laitue, lavée et hachée
1	piment rouge, coupé en dés
125 ml	(½ tasse) de pois congelés
5 ml	(1 c. à thé) de persil frais haché
	sel et poivre

* Bouillon de poulet, voir p. 33-34

Préchauffer le four à 180°C (350°F).

À feu moyen, faire chauffer la moitié du beurre dans une casserole allant au four. Ajouter les oignons; faire cuire de 2 à 3 minutes.

Incorporer le riz; faire cuire 2 minutes. Assaisonner au goût.

Incorporer le bouillon de poulet et la feuille de laurier. Couvrir et faire cuire 16 minutes au four.

5 minutes avant la fin de la cuisson du riz, faire chauffer le reste du beurre dans une sauteuse à feu vif. Ajouter la laitue, les piments et les pois. Assaisonner, remuer et faire cuire 4 minutes.

Ajouter le persil. Incorporer les légumes au riz. Continuer la cuisson 1 minute avant de servir.

Riz à l'italienne

(pour 4 personnes)

75 ml	(5 c. à soupe) de beurre
1	gros oignon rouge, émincé
250 ml	(1 tasse) de riz à longs grains, lavé et égoutté
500 ml	(2 tasses) de bouillon de poulet, chaud*
1	feuille de laurier
125 ml	(½ tasse) de champignons frais, nettoyés et émincés
45 ml	(3 c. à soupe) de pâte de tomates
60 ml	(4 c. à soupe) de fromage parmesan râpé
	sel et poivre

Préchauffer le four à 160°C (325°F).

Faire chauffer 60 ml (4 c. à soupe) de beurre, à feu moyen, dans une casserole allant au four.

Ajouter les oignons; faire cuire de 2 à 3 minutes. Ajouter le riz. Assaisonner au goût. Continuer la cuisson de 3 à 4 minutes ou jusqu'à ce que le riz ait absorbé complètement le beurre.

Incorporer le bouillon de poulet. Ajouter la feuille de laurier et couvrir; faire cuire 25 minutes au four.

8 minutes avant la fin de la cuisson du riz, faire chauffer le reste du beurre dans une sauteuse. Ajouter les champignons; faire cuire de 2 à 3 minutes à feu vif.

Incorporer la pâte de tomates et les champignons au riz. Continuer la cuisson au four pendant 5 minutes.

Dès que le riz est cuit, le retirer du four. Incorporer le fromage avec une fourchette. Servir.

Bouillon de poulet, voir p. 33-34

Risotto

(pour 4 personnes)

75 ml	(5 c. à soupe) de beurre
1	gros oignon rouge, émincé
250 l	(1 tasse) de riz à longs grains, lavé et égoutté
500 ml	(2 tasses) de bouillon de poulet, chaud*
1	feuille de laurier
60 ml	(4 c. à soupe) de fromage parmesan râpé
	sel et poivre

Préchauffer le four à 180°C (350°F).

Faire chauffer le beurre dans une casserole allant au four. Ajouter les oignons; faire cuire de 2 à 3 minutes.

Ajouter le riz. Assaisonner au goût; faire cuire de 3 à 4 minutes ou jusqu'à ce que le riz ait absorbé le beurre.

Incorporer le bouillon de poulet et la feuille de laurier. Rectifier l'assaisonnement. Couvrir et faire cuire 18 minutes au four.

Dès que le riz est cuit, le retirer du four. Incorporer le fromage et le reste du beurre avec une fourchette. Servir.

Bouillon de poulet, voir p. 33-34

Riz au fromage

(pour 4 personnes)

750 ml	(3 tasses) de riz à longs grains cuit, chaud	*
50 ml	(¼ tasse) de fromage gruyère râpé*	
	sel	

Préchauffer le four à 180°C (350°F).

Bien mélanger le riz et le fromage jusqu'à ce que le fromage fonde. Assaisonner au goût.

Disposer le riz dans un plat à gratin. Faire cuire 10 minutes au four. Servir.

On peut utiliser les fromages suivants: cheddar, emmenthal, etc.

Riz aux fruits de mer

(pour 4 personnes)

30 ml	(2 c. à soupe) d'huile végétale
1	oignon, finement haché
½	branche de céleri, coupée en dés
250 ml	(1 tasse) de riz à longs grains, lavé et égoutté
375 ml	(1½ tasse) de bouillon de poulet, chaud*
250 g	(½ livre) de crevettes, décortiquées
250 g	(½ livre) de pétoncles
90 g	(3 oz) de chair de crabe
1	gousse d'ail, écrasée et hachée
1	courgette, émincée
125 g	(¼ livre) de champignons frais, nettoyés et émincés
15 ml	(1 c. à soupe) de sauce soya
	jus de citron
	sel et poivre

Préchauffer le four à 180°C (350°F).

Faire chauffer 15 ml (1 c. à soupe) d'huile dans une casserole. Ajouter les oignons et

Riz aux fruits de mer

le céleri; couvrir et faire cuire 2 minutes. Ajouter le riz; mélanger et faire cuire 2 minutes. Saler, poivrer.

Incorporer le bouillon de poulet; couvrir et fair cuire 18 minutes au four.

5 à 6 minutes avant la fin de la cuisson, faire chauffer le reste de l'huile dans une poêle à frire. Ajouter les fruits de mer et l'ail; faire cuire de 2 à 3 minutes à feu vif.

Ajouter les courgettes, les champignons et la sauce soya; faire cuire 2 minutes. Incorporer les fruits de mer et les légumes au riz. Finir la cuisson au four.

Arroser de jus de citron. Servir avec des tranches de citron.

* *Bouillon de poulet, voir p. 33-34*

Chapitre V
Poissons et crustacés

Filet de doré grillé avec beurre à l'échalote

(pour 4 personnes)

4	*filets de doré*
30 ml	*(2 c. à soupe) d'huile végétale*
60 ml	*(4 c. à soupe) de beurre à l'échalote*
	jus de citron
	sel
	poivre du moulin

Préchauffer le four à gril (broil).

Laver les filets sous l'eau froide et les assécher avec du papier essuie-tout.

Badigeonner les filets d'huile. Saler, poivrer.

Placer les filets dans un plat à rôtir.

Placer le tout au four, à 15 cm (6 po) de l'élément supérieur. Faire cuire 7 minutes de chaque côté tout en badigeonnant occasionnellement d'huile.

Retirer le plat à rôtir du four. Saler, poivrer les filets et les arroser de jus de citron.

Placer 15 ml (1 c. à soupe) de beurre à l'échalote sur chaque filet. Faire griller au four quelques minutes pour faire fondre le beurre.

Turbot gratiné

(pour 4 personnes)

1 kg	*(2 livres) de filets de turbot*
375 ml	*(1½ tasse) de court-bouillon* *
15 ml	*(1 c. à soupe) de beurre*
1	*échalote sèche, finement hachée*
15 ml	*(1 c. à soupe) de persil frais haché*
250 g	*(½ livre) de champignons frais, nettoyés et émincés*
75 ml	*(5 c. à soupe) de vin blanc sec*
375 ml	*(1½ tasse) de sauce blanche, chaude* **
1 ml	*(¼ c. à thé) de fenouil*
250 ml	*(1 tasse) de fromage parmesan râpé*
	sel et poivre

Beurrer une sauteuse et y placer les filets de poisson. Ajouter le court-bouillon. Saler, poivrer. Couvrir avec une feuille de papier ciré beurrée.

Amener à ébullition à feu vif. Retourner les filets. Retirer immédiatement la sauteuse du feu. Laisser mijoter le poisson dans le liquide chaud pendant 2 minutes.

Transférer les filets de poisson dans un plat à gratin. Mettre de côté.

Faire chauffer le beurre dans une casserole. Ajouter les échalotes et le persil; faire cuire 1 minute.

Ajouter les champignons. Saler, poivrer; faire cuire de 3 à 4 minutes à feu moyen.

Incorporer le vin et le faire réduire des ⅔.

Incorporer la sauce blanche et le fenouil. Rectifier l'assaisonnement.

Napper les filets de turbot de sauce. Parsemer de fromage râpé. Faire cuire au four à gril (broil) de 3 à 4 minutes. Servir.

* *Court-bouillon, voir p. 33*
** *Sauce blanche, voir p. 40*

Brocheton aux câpres

(pour 4 personnes)

4	*filets de brocheton de 250 g (½ livre) chacun*
250 ml	*(1 tasse) de lait*
1 ml	*(¼ c. à thé) de sel*
250 ml	*(1 tasse) de farine*
45 ml	*(3 c. à soupe) de beurre*
15 ml	*(1 c. à soupe) d'huile d'olive*
30 ml	*(2 c. à soupe) de câpres*
15 ml	*(1 c. à soupe) de persil frais, finement haché*
	jus de ½ citron
	sel et poivre

Préchauffer le four à 180°C (350°F).

Laver les filets de poisson à l'eau froide et les assécher sur du papier essuie-tout.

Mélanger le lait et le sel dans un bol.

Tremper les filets de poisson dans le lait salé et les enrober de farine. Secouer pour retirer l'excès de farine.

Mettre les filets de poisson de côté sur une feuille de papier ciré.

Faire chauffer 30 ml (2 c. à soupe) de beurre et l'huile dans une sauteuse allant au four.

Ajouter les filets de poisson; faire cuire, sans couvrir, 4 à 5 minutes de chaque côté, à feu moyen ou jusqu'à ce que la chair soit ferme au toucher.

Transférer les filets sur un plat de service chaud.

Jeter le gras qui se trouve dans la sauteuse. Faire brunir le reste du beurre dans la sauteuse.

Ajouter le jus de citron, les câpres et le persil. Verser la sauce sur les filets. Servir immédiatement.

Saumon poché et sauce mousseline

(pour 4 personnes)

4	*tranches de saumon, de 2,5 cm (1 po) d'épaisseur*
250 ml	*(1 tasse) de sauce mousseline**
	court-bouillon**
	sel et poivre du moulin

Disposer les tranches de saumon dans le fond d'un plat à rôtir ou sur la grille d'une poissonnière. Placer la grille dans le fond de la poissonnière.

Recouvrir le saumon de court-bouillon. Couvrir et amener à mijoter à feu moyen. Laisser mijoter de 15 à 20 minutes.

Transférer les tranches de saumon sur un plat de service chaud. Servir avec la sauce mousseline.

* *Sauce mousseline, voir p. 47*
** *Court-bouillon, voir p. 33*

Saumon estival

(pour 4 à 6 personnes)

50 ml	*(¼ tasse) d'huile de maïs*
1	*morceau de saumon de 1,4 kg (3 livres)**

Saumon poché et sauce mousseline

50 ml	**(¼ tasse) de beurre**
5 ml	**(1 c. à thé) de persil frais haché**
	jus de 1 citron
	sel et poivre

Mélanger l'huile et le jus de ½ citron dans un bol. Mettre de côté.

Saler, poivrer le saumon et le badigeonner généreusement du mélange d'huile.

Placer le morceau de poisson sur la grille du barbecue, la peau touchant la grille. Placer la grille sur la position basse du barbecue. Faire saisir le poisson, puis le retourner. Saisir de nouveau. Badigeonner généreusement le poisson. Élever la grille de 8 cm (3 po).

Continuer la cuisson du poisson jusqu'à ce que la chair se détache avec une fourchette. Entre-temps, placer une petite casserole sur la grille du barbecue et y faire fondre le beurre. Ajouter le reste du jus de citron et le persil. Saler, poivrer.

Couper le saumon. Verser la sauce sur les tranches. Servir.

* Demandez au poissonnier de fendre le morceau de saumon le long de l'épine dorsale.

173

Morue au gratin

(pour 4 personnes)

1 kg	*(2 livres) de filet de morue*
500 ml	*(2 tasses) de sauce blanche épaisse, chaude**
125 ml	*(½ tasse) de fromage gruyère râpé*
	*court-bouillon***
	une pincée de poivre de Cayenne
	sel
	poivre blanc du moulin

Préchauffer le four à gril (broil).

Laver la morue sous l'eau froide.

Placer la morue dans une sauteuse beurrée. Saler, poivrer. Couvrir de court-bouillon. Couvrir la sauteuse avec un papier d'aluminium beurré. Presser le papier sur la surface du liquide.

Amener à ébullition. Faire cuire à feu doux pendant 30 minutes ou compter 15 minutes par livre.

Entre-temps, faire chauffer 30 à 45 ml (2 à 3 c. à soupe) de court-bouillon dans une casserole. Faire réduire 1 minute à feu vif. Ajouter la sauce blanche, remuer et assaisonner de sel, de poivre blanc et de poivre de Cayenne. Retirer la casserole du feu.

Transférer la morue dans un plat à gratin beurré. Verser la sauce sur le poisson. Parsemer de fromage râpé.

Faire cuire au four à gril (broil), à 15 cm (6 po) de l'élément supérieur, pendant 6 à 7 minutes.

* Sauce blanche épaisse, voir p. 41
** Court-bouillon, voir p. 33

Moules à la crème
(pour 4 personnes)

2.3 k	(5 livres) de moules fraîches en coquille, bien brossées et lavées
45 ml	(3 c. à soupe) de beurre
30 ml	(2 c. à soupe) d'échalotes sèches hachées
250 ml	(1 tasse) de vin blanc sec
2 ml	(½ c. à thé) de cerfeuil
250 ml	(1 tasse) de crème à 35%
5 ml	(1 c. à thé) de persil frais haché
30 ml	(2 c. à soupe) de beurre manié* sel poivre du moulin une pincée de thym

Mettre les moules, le beurre, les échalotes, le vin, le sel, le poivre, le thym et le cerfeuil dans une grande casserole. Couvrir et faire cuire à feu vif jusqu'à ce que les moules ouvrent.

Retirer les moules de la casserole et conserver le liquide de cuisson.

Dans une petite casserole, verser le liquide de cuisson. Ajouter la crème et le persil. Faire réduire le liquide à feu vif, de 6 à 8 minutes. Rectifier l'assaisonnement.

Retirer les moules de leur coquille et les placer dans un plat de service chaud.

Épaissir la sauce avec le beurre manié.

Verser la sauce sur les moules. Servir.

Beurre manié, voir p. 14

Truite cuite dans le papier

(pour 4 personnes)

45 ml	(3 c. à soupe) de beurre
1	oignon émincé
2	échalotes sèches, finement hachées
1	carotte, pelée et émincée
1 ml	(¼ c. à thé) de thym
1	feuille de laurier
50 ml	(¼ tasse) de vin blanc sec
60 ml	(4 c. à soupe) d'eau
1	branche de persil
1	truite de 1,4 kg (3 livres), nettoyée
	quartiers de citron
	sel et poivre du moulin
	jus de ½ citron
	quelques graines de fenouil

Préchauffer le four à 180°C (350°F). Faire chauffer le beurre dans une casserole à feu vif. Ajouter les oignons, les échalotes, les carottes et les herbes. Faire cuire, sans couvrir, 4 minutes à feu moyen.

Saler, poivrer. Ajouter le vin, l'eau, le jus de citron et la branche de persil. Amener à ébullition et faire mijoter 5 minutes à feu moyen.

Retirer la casserole du feu. Mettre de côté. Laver la truite sous l'eau froide et l'assécher sur du papier essuie-tout.

Placer la truite au centre d'une grande feuille de papier d'aluminium. Envelopper la truite en pliant le papier dans la longueur. Ne pas trop serrer. Plier une extrémité pour former une poche.

Verser le contenu de la casserole dans la «poche» puis sceller le tout en repliant l'autre extrémité.

Placer le tout dans un plat à rôtir. Faire cuire 45 minutes au four ou compter 15 minutes par livre.

Retirer la truite du four. Ouvrir une extrémité du papier et verser le liquide dans un bol. Mettre de côté.

Défaire le papier et placer la truite sur un plat de service chaud. Verser le liquide de cuisson sur la truite. Garnir de légumes. Décorer de quartiers de citron. Servir.

Filet de perche aux champignons
(pour 4 personnes)

8	*filets de perche de 125 g (¹⁄₄ livre) chacun*
1	*oeuf*
250 ml	*(1 tasse) de lait*
1 ml	*(¹⁄₄ c. à thé) de sel*
250 ml	*(1 tasse) de farine*
45 ml	*(3 c. à soupe) de beurre clarifié* ou d'huile végétale*
15 ml	*(1 c. à soupe) de beurre*
250 g	*(¹⁄₂ livre) de champignons frais, nettoyés et émincés*
15 ml	*(1 c. à soupe) de persil frais haché*
	jus de ¹⁄₂ citron

Laver les filets de perche sous l'eau froide et les égoutter sur du papier essuie-tout.

Battre légèrement l'oeuf dans un bol. Ajouter le lait et le sel; bien mélanger.

Tremper les filets dans le mélange d'oeuf, puis les enrober de farine. Secouer légèrement pour retirer l'excès de farine.

Mettre de côté sur une feuille de papier ciré. Faire chauffer le beurre clarifié dans une sauteuse à feu vif. Ajouter les filets et faire cuire, sans couvrir, 4 minutes de chaque côté. Saler, poivrer.

Transférer les filets de poisson sur un plat de service chaud.

Jeter l'excès de gras qui se trouve dans la sauteuse. Faire chauffer le reste du beurre dans la sauteuse à feu vif. Ajouter les champignons; faire cuire 5 minutes à feu moyen en remuant occasionnellement.

Ajouter le jus de citron. Assaisonner au goût. Verser le tout sur les filets. Servir immédiatement.

* *Beurre clarifié, voir p. 13*

Saumon au four

(pour 4 à 6 personnes)

1	saumon de 1 à 1,4 kg (2 à 3 livres), coupé au centre
60 ml	(4 c. à soupe) de beurre
2 ml	(½ c. à thé) de fenouil
5	branches de persil
2	feuilles de laurier
50 ml	(¼ tasse) d'eau
	jus de 2 citrons
	sel et poivre

Préchauffer le four à 200°C (400°F).
Nettoyer et laver le poisson sous l'eau froide. Bien l'assécher.
Remplir la cavité du saumon de 30 ml (2 c. à soupe) de beurre, de fenouil, de persil, de feuilles de laurier, de sel, de poivre et du jus de 1 citron.
Ficeler le poisson et le placer dans du papier d'aluminium.
Placer le reste du beurre sur le poisson et l'arroser de jus de citron et d'eau. Saler, poivrer.
Bien sceller le saumon dans le papier d'aluminium. Placer le tout dans un plat à rôtir. Faire cuire au four en comptant de 17 à 20 minutes par livre.
Dès que le saumon est cuit, le retirer du papier et le placer sur un plat de service chaud. Arroser le tout du liquide de cuisson.
Garnir de persil et de tranches de citron. Servir immédiatement.

Brochettes de moules

(pour 4 personnes)

16	moules
16	champignons frais, nettoyés
16	tomates miniatures
3	piments verts, coupés en morceaux de 4 cm (1½ po)
125 ml	(½ tasse) d'huile de maïs
2	gousses d'ail, écrasées et hachées
15 ml	(1 c. à soupe) de persil frais haché
	jus de 1 citron
	chapelure épicée
	poivre

Sur des brochettes enfiler, en alternant, moules, champignons, tomates et piments. Placer les brochettes dans un plat à rôtir en acier inoxydable.
Mélanger l'huile, l'ail, le persil, le poivre et le jus de citron dans un bol. Verser le tout sur les brochettes.
Couvrir avec un papier ciré et réfrigérer 1 heure. Retourner les brochettes de temps en temps.
Rouler les brochettes dans la chapelure.
Placer les brochettes sur la grille chaude huilée du barbecue à la plus basse position. Saisir des deux côtés. Élever la grille de 8 cm (3 po) et continuer la cuisson de 2 à 3 minutes.

Flétan poché avec sauce aux champignons

(pour 4 personnes)

4	tranches de flétan, de 2,5 cm (½ po) d'épaisseur court-bouillon* sel et poivre du moulin

LA SAUCE:

30 ml	(2 c. à soupe) de beurre
1	échalote sèche, finement hachée
250 g	(½ livre) de champignons frais, nettoyés et émincés
250 ml	(1 tasse) de sauce blanche légère, chaude**
30 ml	(2 c. à soupe) de court-bouillon, chaud sel et poivre du moulin

Placer le poisson dans le fond d'un plat à rôtir. Si vous avez une poissonnière, placer le poisson sur la grille et mettre la grille dans le fond de la poissonnière.
Couvrir le poisson de court-bouillon. Couvrir le plat et amener à mijoter à feu moyen. Laisser mijoter de 15 à 20 minutes.
Entre-temps, faire fondre 30 ml (2 c. à soupe) de beurre dans une casserole à feu vif. Ajouter les échalotes; faire cuire 1 minute sans couvrir.
Ajouter les champignons; continuer la cuisson de 3 à 4 minutes. Remuer occasionnellement.

Incorporer la sauce blanche et 30 ml (2 c. à soupe) de court-bouillon. Assaisonner au goût.

Transférer le flétan sur un plat de service chaud. Assaisonner au goût. Napper le poisson de sauce. Servir

* *Court-bouillon, voir p. 33*
** *Sauce blanche légère, voir p. 41*

Technique: Flétan poché avec sauce aux champignons

1 Placer le flétan dans le fond d'un plat à rôtir. Couvrir de court-bouillon et faire cuire.

2 Faire fondre le beurre dans une casserole. Ajouter les échalotes; faire cuire 1 minute.

3 Ajouter les champignons; continuer la cuisson de 3 à 4 minutes. Remuer occasionnellement.

4 Incorporer la sauce blanche et 30 ml (2 c. à soupe) de court-bouillon. Assaisonner au goût.

5 Transférer le flétan sur un plat de service chaud. Assaisonner et napper le tout de sauce. Servir.

Saumon poché au court-bouillon

(pour 4 personnes)

4	*tranches de saumon, de 2,5 cm (1 po) d'épaisseur*
45 ml	*(3 c. à soupe) de beurre*
15 ml	*(1 c. à soupe) de persil frais haché*
	court-bouillon*
	jus de ½ citron
	sel et poivre du moulin

Placer le poisson dans le fond d'un plat à rôtir ou placer le poisson sur la grille d'une poissonnière et descendre la grille dans le fond de la poissonnière.

Couvrir le saumon de court-bouillon. Couvrir le plat et amener à mijoter à feu moyen. Faire mijoter de 15 à 20 minutes.

Transférer le saumon sur un plat de service chaud. Saler, poivrer.

Verser 30 ml (2 c. à soupe) de court-bouillon dans une petite casserole. Faire réduire 1 minute à feu vif. Incorporer le beurre et retirer du feu.

Ajouter le jus de citron et le persil; bien mélanger. Verser la sauce sur le saumon. Servir.

* *Court-bouillon, voir p. 33*

Truite amandine

(pour 4 personnes)

4	truites de lac, nettoyées, de 284 g (10 oz) chacune
1	oeuf
250 ml	(1 tasse) de lait
1 ml	(¼ c. à thé) de sel
250 ml	(1 tasse) de farine
45 ml	(3 c. à soupe) de beurre clarifié* ou d'huile végétale
15 ml	(1 c. à soupe) de persil frais haché
	jus de ½ citron
	sel et poivre

15 ml	(1 c. à soupe) de beurre
30 ml	(2 c. à soupe) d'amandes émincées

Préchauffer le four à 180°C (350°F).

Laver les truites sous l'eau froide et les assécher sur du papier essuie-tout. Saler, poivrer l'intérieur de chaque truite.

Battre légèrement l'oeuf dans un grand bol. Ajouter le lait et le sel; mélanger de nouveau.

Plonger les truites dans le lait salé et les enrober de farine. Secouer pour retirer l'excès de farine. Mettre de côté sur une feuille de papier ciré.

Faire chauffer le beurre clarifié dans une

181

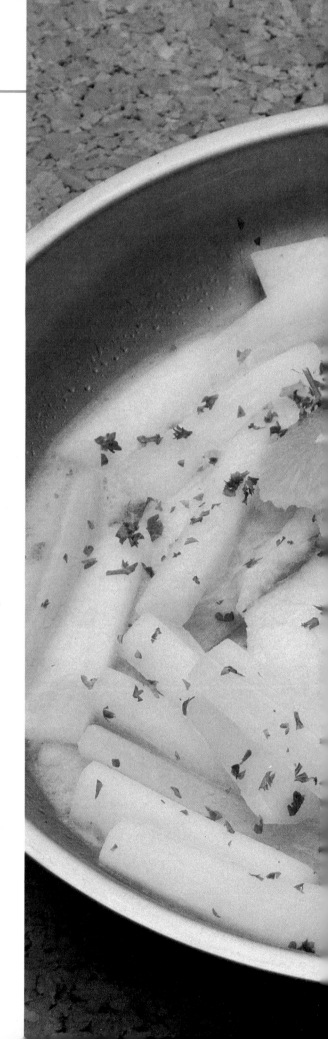

sauteuse à feu vif. Ajouter les truites et les faire cuire, sans couvrir de 4 à 5 minutes de chaque côté. Saler, poivrer.

Transférer les truites sur un plat de service chaud.

Jeter l'excès de gras qui se trouve dans la sauteuse. Faire brunir le reste du beurre dans la sauteuse pendant 1 minute à feu moyen.

Ajouter les amandes; faire cuire 1 minute.

Ajouter le jus de citron et le persil.

Verser la sauce sur les truites. Servir.

* Beurre clarifié, voir p. 13

Filet de sole nouvelle cuisine

(pour 4 personnes)

15 ml	*(1 c. à soupe) de beurre*
1	*branche de céleri, émincée*
1	*concombre, pelé et émincé*
750 g	*(1½ livre) filets de sole*
30 ml	*(2 c. à soupe) de vin blanc*
	ou vermouth sec
	jus de ½ citron
	sel et poivre

Faire chauffer le beurre dans une casserole à feu moyen. Ajouter le céleri et les concombres.

Couvrir et faire cuire à feu vif jusqu'à ce que la vapeur apparaisse. Puis, continuer la cuisson pendant 5 minutes à feu doux.

Disposer les filets de sole dans un plat à gratin beurré, juste assez grand pour les contenir. Arroser de jus de citron et de vin. Saler, poivrer.

Dès que les légumes sont cuits, les placer sur les filets. Saler, poivrer.

Couvrir le plat à gratin d'un papier ciré. Le papier doit toucher la surface des ingrédients.

Faire cuire le tout à feu doux de 4 à 5 minutes. Dès que le poisson est cuit, servir.

Filet de sole nouvelle cuisine

Morue à l'espagnole

(pour 4 personnes)

30 ml	*(2 c. à soupe) de beurre*
1	*piment vert, épépiné et émincé*
250 g	*(½ livre) de champignons frais, nettoyés et émincés*
2 ml	*(½ c. à thé) d'estragon*
2 ml	*(½ c. à thé) de cerfeuil*
8	*quartiers de tomates*
1	*feuille de laurier*
1 kg	*(2 livres) de morue*
125 ml	*(½ tasse) de vin blanc ou de vermouth sec*
250 ml	*(1 tasse) d'eau*
15 ml	*(1 c. à soupe) de persil frais haché*
	une pincée de thym
	quelques graines de fenouil
	jus de ½ citron
	sel
	poivre du moulin

Préchauffer le four à 180°C (350°F).

Faire chauffer le beurre dans une sauteuse à feu vif. Ajouter les piments, les champignons, le thym, l'estragon, le cerfeuil et le fenouil.

Faire cuire, sans couvrir, pendant 4 minutes à feu moyen.

Remuer occasionnellement. Ajouter les tomates, la feuille de laurier et continuer la cuisson pendant 1 minute. Assaisonner au goût et retirer du feu.

Laver la morue sous l'eau froide et l'assécher sur du papier essuie-tout.

Saler, poivrer la morue et la placer dans un plat à gratin beurré. Verser le mélange de tomates sur le poisson.

Ajouter le vin et l'eau. Rectifier l'assaisonnement. Couvrir le plat avec un papier d'aluminium. Faire cuire 30 minutes au four.

Transférer la morue sur un plat de service chaud.

Placer le plat à gratin sur l'élément, à feu vif et faire réduire la sauce de 3 à 4 minutes. Incorporer le jus de citron. Jeter la feuille de laurier.

Verser la sauce sur le poisson. Garnir de persil haché. Servir.

Technique: Morue à l'espagnole

1 Faire fondre le beurre dans une sauteuse. Ajouter les piments, les champignons et les épices; faire cuire 4 minutes en remuant occasionnellement.

2 Ajouter les tomates et la feuille de laurier; continuer la cuisson 1 minute.

3 Placer la morue dans un plat à gratin beurré. Verser le mélange de tomates sur le poisson.

Perche gratinée

(pour 4 personnes)

30 ml	*(2 c. à soupe) d'huile de maïs*
250 g	*(½ livre) de champignons frais, nettoyés et finement hachés*
15 ml	*(1 c. à soupe) de persil frais haché*
750 g	*(1½ livre) de filets de perche*
125 ml	*(½ tasse) de chapelure*
	jus de citron
	sel et poivre
	beurre

Préchauffer le four à gril (broil).

Faire chauffer l'huile dans une sauteuse. Ajouter les champignons; faire cuire 2 à 3 minutes. Saler, poivrer et ajouter le persil. Beurrer un plat à gratin.

Saler, poivrer les filets de perche et les placer dans le plat. Étendre les champignons sur le poisson. Parsemer le tout de chapelure. Arroser de jus de citron et quelques gouttes d'huile.

Faire cuire au milieu du four de 10 à 12 minutes.

Coquille St-Jacques

(pour 4 personnes)

500 g	(1 livre) de pétoncles
2	échalotes sèches, finement hachées
50 ml	(¼ tasse) de vin blanc sec
50 ml	(¼ tasse) d'eau
250 ml	(1 tasse) de sauce blanche épaisse, chaude*
30 ml	(2 c. à soupe) de crème à 10%
50 ml	(¼ tasse) de fromage gruyère râpé
	une pincée de poivre de Cayenne
	sel
	poivre blanc du moulin

Préchauffer le four à gril (broil).

Dans une sauteuse, mettre les pétoncles, les échalotes, le vin et l'eau. Saler, poivrer. Couvrir avec un papier ciré beurré. Le papier doit toucher la surface des ingrédients. Amener à ébullition à feu vif. Puis, faire mijoter 5 minutes à feu moyen.

Retirer les pétoncles de la sauteuse et les placer dans un plat chaud. Mettre de côté.

Faire réduire le liquide de cuisson des ⅔ à feu vif. Incorporer la sauce. Saler, poivrer et saupoudrer de poivre de Cayenne; faire mijoter, sans couvrir de 8 à 10 minutes à feu moyen. Ajouter les pétoncles et la crème; bien mélanger. Verser le mélange dans 4 plats à coquille St-Jacques.

Parsemer de fromage râpé. Faire cuire au four à gril (broil), de 15 à 20 cm (6 à 8 po) de l'élément supérieur, de 8 à 10 minutes. Servir.

Sauce blanche épaisse, voir p. 41

Coquille de langoustines

(pour 4 personnes)

375 ml	(1½ tasse) d'eau
5 ml	(1 c. à thé) de vinaigre
20	langoustines de grosseur moyenne
125 ml	(½ tasse) de mayonnaise
5 ml	(1 c. à thé) de curry
5 ml	(1 c. à thé) de persil frais haché
4	quartiers de citron

Coquille St-Jacques

Poissons et crustacés

Coquille de langoustines

jus de ¹/₄ de citron
sel
poivre du moulin

Dans une casserole de grosseur moyenne, mettre l'eau froide, le vinaigre et les langoustines. Saler et amener à ébullition à feu vif.

Retirer la casserole du feu. Faire refroidir les langoustines sous l'eau froide pendant 4 minutes.

À l'aide de ciseaux de cuisine, couper la courbe intérieure de la coquille et retirer la chair de la langoustine.

Dans un bol à mélanger, incorporer les langoustines, la mayonnaise, le curry, le jus de citron et le persil. Rectifier l'assaisonnement.

Placer le mélange dans des plats en coquille. Garnir de quartiers de citron.

NOTE: On peut servir les langoustines dans des bols à salade individuels.

Homard bouilli

1	*homard vivant*
1	*recette de court-bouillon* *

Plonger le homard vivant dans une grande casserole remplie aux ³/₄ de court-bouillon bouillant.

Homard bouilli

Le temps de cuisson est le suivant:
16 minutes pour un homard de 500 g (1 livre)
19 minutes pour un homard de 750 g (1½ livre)

NOTE: Si vous faites cuire plus d'un homard, ils devraient être mis un à la fois dans le liquide bouillant.

* Court-bouillon, voir p. 33

Technique: Cuisson des crevettes

IL Y A DEUX FAÇONS DE FAIRE CUIRE LES CREVETTES:

1 Nettoyer les crevettes à l'eau froide. Les plonger dans une casserole remplie d'eau bouillante salée* et 15 ml (1 c. à soupe) de vinaigre.
Amener le liquide à ébullition à feu vif. Dès que le liquide atteint le point d'ébullition, les crevettes sont cuites.
Placer les crevettes immédiatement sous l'eau froide pendant 4 minutes.

2 Laver les crevettes sous l'eau froide et les plonger dans une casserole remplie d'eau bouillante salée et 15 ml (1 c. à soupe) de vinaigre.
Faire mijoter 3 minutes.
Placer les crevettes immédiatement sous l'eau froide pendant 4 minutes.
Si vous désirez conserver les crevettes au réfrigérateur, ne pas les décortiquer. Avant d'utiliser les crevettes cuites, les décortiquer et retirer la veine noire. Pour retirer la veine noire: faire une incision le long du dos de la crevette et retirer la veine. Laver à l'eau froide.

* Ou court-bouillon, voir p. 33

Cuisses de grenouille à la provençale

(pour 4 personnes)

1.1 k	*(2 1/2 livres) de cuisses de grenouille de grosseur moyenne*
375 ml	*(1 1/2 tasse) de lait*
250 ml	*(1 tasse) de farine*
60 ml	*(4 c. à soupe) de beurre*
15 ml	*(1 c. à soupe) d'huile végétale*
3	*gousses d'ail, écrasées et hachées*
5 ml	*(1 c. à thé) de persil frais haché*
	jus de 1/2 citron
	sel et poivre

Laver les cuisses de grenouille sous l'eau froide. Plier la cuisse de grenouille le long de la jointure et glisser la partie charnue de la cuisse entre l'os et le ligament opposés.

Bien incorporer le lait et 1 ml (1/4 c. à thé) de sel dans un bol. Poivrer. Faire tremper les cuisses dans le mélange pendant 1 heure. Rouler les cuisses dans la farine et retirer l'excès de farine. Placer les cuisses sur une feuille de papier ciré. Mettre de côté.
Préchauffer le four à 180°C (350°F).
Faire chauffer 30 ml (2 c. à soupe) de beurre et 15 ml (1 c. à soupe) d'huile dans une sauteuse à feu moyen. Ajouter les cuisses et les faire cuire au four, de 7 à 8 minutes pour une peau croustillante.
Pour une peau moins croustillante, les faire cuire de 4 à 5 minutes.
Lorsque les cuisses sont cuites, les transférer dans un plat de service chaud. Saler, poivrer.
Jeter l'excès de gras qui se trouve dans la sauteuse. Faire chauffer le reste du beurre dans la sauteuse à feu moyen. Ajouter l'ail et le persil; poivrer.
Faire mijoter de 1 à 2 minutes. Incorporer le jus de citron. Verser la sauce sur les cuisses de grenouille. Servir.

Cuisses de grenouille à la provençale

Fruits de mer à la nage
(pour 4 personnes)

15 ml	(1 c. à soupe) de beurre
250 g	(½ livre) de pétoncles, dégelés
250 g	(½ livre) de crevettes
250 g	(½ livre) de champignons frais, nettoyés et coupés en 4
15 ml	(1 c. à soupe) d'échalotes sèches hachées
5 ml	(1 c. à thé) d'herbes mélangées beurre manié* OU: 10 ml (2 c. à thé) de fécule de maïs délayée dans 15 ml (1 c. à soupe) d'eau froide
375 ml	(1½ tasse) de vin blanc sec
250 ml	(1 tasse) d'eau sel et poivre jus de ¼ de citron

Beurrer une sauteuse profonde et y mettre les pétoncles, les crevettes, les champignons, les échalotes, les herbes, le jus de citron, le vin et l'eau. Saler, poivrer.

Couvrir avec un papier ciré beurré. Amener à ébullition; faire cuire 2 minutes. Retirer du feu.

Laisser reposer 3 minutes. Puis, retirer les pétoncles, les crevettes et les champignons. Remettre la sauteuse sur l'élément à feu vif. Amener le liquide à ébullition. Faire réduire le liquide jusqu'à ce qu'il ne reste que 375 ml (1½ tasse) dans la sauteuse.

Incorporer le beurre manié au liquide bouillonnant avec un fouet.

Brochettes de fruits de mer

Retirer la sauteuse du feu. Incorporer les pétoncles, les crevettes et les champignons. Saler, poivrer. Arroser de jus de citron. Servir.

* 30 ml (2 c. à soupe) de beurre mélangé à 15 ml (1 c. à soupe) de farine.

* *Beurre manié, voir p. 14*

Brochettes de fruits de mer
(pour 4 personnes)

4	**brochettes de bois**
4	**tomates miniatures**
4	**oignons verts, coupés en bâtonnets**
1	**piment vert, coupé en cubes**
2	**filets de perche, coupés en cubes**
12	**crevettes**
12	**pétoncles**
2	**tranches d'ananas, coupées en cubes**
30 ml	**(2 c. à soupe) d'huile**
15 ml	**(1 c. à soupe) de sauce soya**
	jus de ½ citron
	sel et poivre

Préchauffer le four à 200°C (400°F).

Sur des brochettes, enfiler, en alternant, légumes, poisson, fruits de mer et ananas. Mettre de côté.

Dans un bol, bien incorporer l'huile, le citron et la sauce soya.

Badigeonner les brochettes avec le mélange. Saler, poivrer.

Placer les brochettes dans un plat à rôtir. Mettre au four, à 15 cm (6 po) de l'élément supérieur, et faire cuire à gril (broil), 3 minutes sur chaque côté.

Badigeonner les brochettes pendant la cuisson. Servir avec du riz et une sauce chutney.

193

Filet de sole aux noix

Filet de sole aux noix

(pour 4 personnes)

2	*oeufs battus*
50 ml	*(¹/₄ tasse) de lait*
125 ml	*(¹/₂ tasse) d'amandes effilées*
125 ml	*(¹/₂ tasse) de noix finement hachées*
4	*filets de sole*
30 ml	*(2 c. à soupe) de beurre*
15 ml	*(1 c. à soupe) d'huile végétale*
	jus de citron
	sel et poivre

Préchauffer le four à 190°C (375°F).

Verser les oeufs battus dans un bol. Ajouter le lait; mélanger le tout.

Étendre les amandes et les noix sur une assiette et bien les mélanger.

Saler, poivrer les filets de sole, les tremper dans le mélange d'oeufs et les rouler dans le mélange de noix.

Faire chauffer le beurre et l'huile dans une grande poêle à frire à feu moyen. Ajouter le poisson; faire cuire 3 minutes de chaque côté.

Placer au four et continuer la cuisson de 3 à 4 minutes.

Arroser de jus de citron. Servir avec des légumes.

Sole à la bretonne

(pour 4 personnes)

8	*filets de sole, de 125 g (4 oz) chacun*
375 ml	*(1¹/₂ tasse) de lait*

Sole à la bretonne

2	*oeufs*
375 ml	*(1 1/2 tasse) de farine*
90 ml	*(6 c. à soupe) de beurre*
250 g	*(1/2 livre) de champignons, nettoyés et coupés en 4*
375 g	*(3/4 livre) de crevettes décortiquées, sans veine, et finement hachées*
15 ml	*(1 c. à soupe) de câpres*
15 ml	*(1 c. à soupe) de persil frais haché*
	jus de 1/2 citron
	sel
	poivre du moulin

Laver les filets de sole à l'eau froide et les assécher sur du papier essuie-tout.

Dans un bol à mélanger, bien incorporer le lait et les oeufs avec un fouet.

Saler, poivrer les filets, les tremper dans le mélange d'oeufs et les rouler dans la farine. Secouer l'excès de farine.

Faire chauffer 60 ml (4 c. à soupe) de beurre dans une sauteuse à feu vif. Ajouter les filets; faire cuire, sans couvrir, 5 minutes de chaque côté, à feu moyen.

Saler, poivrer les filets et les transférer dans un plat de service chaud.

Jeter l'excès de gras qui se trouve dans la sauteuse. Faire chauffer le reste du beurre dans la sauteuse. Ajouter les champignons; faire cuire, sans couvrir, 2 minutes à feu moyen. Remuer occasionnellement.

Ajouter les crevettes; faire cuire 2 minutes en remuant à l'occasion. Saler, poivrer. Ajouter les câpres, le persil et le jus de citron. Verser sur les filets de sole. Servir.

Poissons et crustacés

Homard Newburg

(pour 4 personnes)

2	homards cuits, de 750 g (1½ livre) chacun*
15 ml	(1 c. à soupe) de beurre
1	échalote sèche, finement hachée
6	champignons frais, nettoyés et coupés en quatre
75 ml	(⅓ tasse) de vin de Madère sec OU: de cognac
125 ml	(½ tasse) de court-bouillon chaud**
250 ml	(1 tasse) de crème à 35%
30 ml	(2 c. à soupe) de beurre manié***
1	jaune d'oeuf
15 ml	(1 c. à soupe) de crème à 35%
	paprika
	sel
	poivre du moulin

Retirer la chair de la queue, des pinces et du corps du homard. Mettre de côté les intestins et le corail.

Couper la chair du homard en biais, en morceaux de 2 cm (¾ po).

Faire fondre le beurre dans une sauteuse à feu vif. Ajoutr le homard et les échalotes. Saupoudrer de paprika. Faire cuire, sans couvrir, 3 minutes à feu moyen tout en remuant fréquemment. Transférer le homard dans un plat chaud.

* Plonger les homards vivants, un à la fois, dans une marmite remplie d'eau bouillante salée. Faire cuire 19 minutes et refroidir sous l'eau froide.

LA SAUCE:

Remettre la sauteuse sur l'élément à feu vif. Ajouter les champignons et faire cuire 4 minutes sans couvrir tout en remuant constamment.

Incorporer le vin et amener à ébullition à feu vif. Faire réduire le vin pendant 2 minutes. Incorporer le court-bouillon; faire réduire de 3 à 4 minutes.

Ajouter 250 ml (1 tasse) de crème et amener à ébullition. Prolonger la cuisson de 3 à 4 minutes.

Incorporer le beurre manié avec un fouet.

Ajouter le homard et le jus du homard à la sauce. Rectifier l'assaisonnement.

Bien incorporer le jaune d'oeuf et le reste de la crème dans un petit bol. Ajouter les intestins et le corail; bien mélanger et incorporer à la sauce.

Servir le homard Newburg sur un lit de riz.

** *Court-bouillon, voir p. 33*
*** *Beurre manié, voir p. 14*

Pain de saumon

(pour 4 personnes)

Servir avec une sauce aux oeufs ou au fenouil et aux câpres.

45 ml	(3 c. à soupe) de beurre
4	oignons verts, hachés
1	gousse d'ail, écrasée et hachée
625 ml	(2½ tasses) de champignons frais, nettoyés et émincés
30 ml	(2 c. à soupe) de farine
125 ml	(½ tasse) de court-bouillon ou de bouillon de poulet chaud*
500 ml	(2 tasses) de saumon cuit, défait en flocons
250 ml	(1 tasse) de riz à longs grains, cuit
3	oeufs durs tranchés
2	jaunes d'oeufs
	sel et poivre

Préchauffer le four à 160°C (325°F).

Beurrer généreusement un moule à pain de 1 l (4 tasses) avec 15 ml (1 c. à soupe) de beurre. Mettre de côté.

Faire chauffer 30 ml (2 c. à soupe) de beurre dans une sauteuse. Ajouter les oignons verts et l'ail. Bien mélanger. Ajouter les champignons; faire cuire 4 minutes à feu vif. Assaisonner au goût.

Retirer la sauteuse du feu et transférer les ingrédients dans un grand bol. Ajouter la farine; mélanger. Incorporer le bouillon de poulet. Remuer le tout.

Incorporer le saumon, le riz et les oeufs durs. Incorporer les jaunes d'oeufs, un à la fois, en mélangeant bien. Rectifier l'assaisonnement.

Verser le mélange dans le moule beurré. Placer le moule dans un plat à rôtir contenant de l'eau chaude. Faire cuire le tout au milieu du four pendant 1 heure 15 minutes.

* *Bouillon de poulet, voir p. 33-34*

Homard Newburg

Brochettes de pétoncles

Brochettes de pétoncles

(pour 4 personnes)

2	tiges de brocoli, coupées en morceaux de 2,5 cm (1 po)
2	grosses carottes, pelées et tranchées
125 g	(¼ livre) de gros pétoncles
45 ml	(3 c. à soupe) d'eau
25	gros champignons, nettoyés
45 ml	(3 c. à soupe) de beurre à l'ail*
	jus de ½ citron
	sel et poivre

Faire blanchir les brocoli et les carottes dans l'eau bouillante salée pendant 4 minutes. Égoutter et mettre de côté.

Mettre les pétoncles dans une sauteuse beurrée. Ajouter l'eau et le jus de citron. Saler, poivrer. Couvrir avec une feuille de papier ciré, placée directement sur les ingrédients. Faire cuire 2 minutes à feu moyen.

Retirer les pétoncles. Jeter le liquide.

Enfiler, en alternant, sur des brochettes: brocoli, carotte, pétoncle et champignon. Répéter pour utiliser tous les ingrédients. Saler, poivrer les brochettes et les badigeonner de beurre à l'ail.

Filets de morue grillés

Placer les brochettes sur le barbecue ou un plat à rôtir peu profond; faire cuire 2 minutes de chaque côté.
Servir avec des quartiers de citron.

* *Beurre à l'ail, voir p. 16*

Filets de morue grillés

(pour 4 personnes)

60 ml	**(4 c. à soupe) d'huile de maïs**
5 ml	**(1 c. à thé) de paprika**
4	**filets de morue, de 198 g (7 oz) chacun**

jus de 1 citron
sel et poivre

Bien mélanger l'huile, le jus de citron et le paprika dans un petit bol.
Préchauffer le four à gril (broil).
Disposer le poisson dans un plat à gratin.
Badigeonner le poisson du mélange d'huile. Saler, poivrer.
Faire cuire au four 6 minutes d'un côté.
Puis, retourner les filets et continuer la cuisson pendant 4 minutes.
Transférer les filets de morue sur un plat de service chaud. Servir avec une sauce au beurre de limette.

199

Homard au persil

(pour 1 personne)

1	*homard cuit, de 750 g (1½ livre)**
6	*tranches de beurre à l'ail, de 0,65 cm (¼ po) d'épaisseur***
5 ml	*(1 c. à thé) de persil frais haché*
90 ml	*(6 c. à soupe) de chapelure jus de ½ citron sel poivre du moulin*

Préchauffer le four à gril (broil).

Couper le homard en deux, dans la longueur, et le placer dans un plat à gratin.

Mettre 3 tranches de beurre à l'ail sur chaque moitié de homard. Saler, poivrer et parsemer de persil.

Arroser le tout de jus de citron et parsemer de chapelure.

Faire cuire au four à gril (broil) pendant 10 minutes, à 15 cm (6 po) de l'élément supérieur.

Garnir de persil et de quartiers de citron. Servir.

* Si possible, lorsque vous achetez le homard, demandez au poissonnier de le faire bouillir pendant 7 minutes.

OU: Plonger le homard vivant dans une casserole remplie d'eau bouillante salée; faire cuire 7 minutes. Retirer et laisser refroidir.

** Beurre à l'ail, voir p. 16

Pattes de crabe à l'ail

(pour 4 personnes)

1.8 kg	*(4 livres) de pattes de crabe d'Alaska*
250 g	*(½ livre) de beurre à l'ail, à la température de la pièce* quartiers de citron*

Préchauffer le four à 190°C (375°F).

Briser la carapace des pattes de crabe à tous les 5 cm (2 po).

Remplir un sac à pâtisserie de beurre à l'ail. Forcer le beurre à l'intérieur de chaque carapace.

Disposer les pattes de crabe dans un plat à gratin. Faire cuire 15 minutes au four.

Servir avec des quartiers de citron.

* Beurre à l'ail, voir p. 16

Homard au persil

Saumon poché aux légumes

Saumon poché aux légumes

(pour 4 personnes)

4	*steaks de saumon*
1	*branche de céleri, émincée*
1	*feuille de laurier*
3	*branches de persil*
2	*carottes pelées et coupées en julienne*
1	*courgette, coupée en julienne*
30 ml	*(2 c. à soupe) de beurre*
15 ml	*(1 c. à soupe) de persil haché*
	jus de 1½ citron
	sel et poivre

Placer les steaks de saumon dans un plat à rôtir et les recouvrir d'eau froide. Saler et arroser de jus de citron. Ajouter le céleri, la feuille de laurier et les branches de persil. Amener à ébullition et retirer du feu. Laisser le saumon mijoter dans le liquide chaud pendant 15 minutes.

Mettre les carottes et les courgettes dans une petite casserole. Ajouter 250 ml (1 tasse) d'eau. Saler; couvrir et faire cuire 3 minutes à feu doux. Égoutter.

Mettre le beurre, le persil et le jus de citron dans une petite casserole. Faire chauffer jusqu'à ce que le beurre soit complètement fondu.

Disposer les steaks de saumon dans un plat de service. Garnir de légumes. Verser le beurre fondu sur le saumon. Servir.

Crevettes aux tomates
(pour 4 personnes)

30 ml	*(2 c. à soupe) d'huile de maïs*
250 g	*(¹/₂ livre) de crevettes de Matane, dégelées*
500 ml	*(2 tasses) de tomates en conserve, égouttées et hachées*
2	*gousses d'ail, écrasées et hachées*

Crevettes aux tomates

50 ml	*(¹/₄ tasse) de fromage parmesan râpé sel et poivre*

Faire chauffer la moitié de l'huile dans une sauteuse. Ajouter les crevettes; faire cuire 1 minute. Mettre de côté.

Faire chauffer le reste de l'huile dans la même sauteuse. Ajouter les tomates et l'ail. Saler, poivrer.

Faire évaporer le liquide à feu vif. Remuer fréquemment.

Remettre les crevettes dans la sauteuse.

Verser le mélange sur des nouilles cuites.

Parsemer de fromage râpé. Servir.

Crevettes au gingembre

(pour 3 à 4 personnes)

500 g	*(1 livre) de crevettes crues, décortiquées et la veine noire retirée*
10 ml	*(2 c. à thé) de fécule de maïs*
1	*blanc d'oeuf*
10 ml	*(2 c. à thé) de sherry sec*
5 ml	*(1 c. à thé) de sel*
30 ml	*(2 c. à soupe) d'huile de maïs*
1	*oignon vert, coupé en morceaux de 5 cm (2 po)*
3	*tranches de racine de gingembre, coupées finement*
500 g	*(1 livre) de petits pois verts, dégelés*
	poivre blanc

Enrober légèrement les crevettes de fécule de maïs. Ajouter l'oeuf, le sherry et le sel; bien mélanger.

Faire chauffer une sauteuse à feu vif pendant 30 secondes. Ajouter l'huile pour recouvrir complètement le fond.

Ajouter les oignons verts et les racines de gingembre. Faire frire 30 secondes en mélangeant constamment. Ajouter les crevettes; faire cuire 2 minutes ou jusqu'à ce qu'elles deviennent roses.

Ajouter les pois; faire cuire 3 minutes. Saler, poivrer. Servir immédiatement.

Poisson à la grande friture

(pour 4 personnes)

6	*filets de poisson, lavés, asséchés et coupés en lanières de 1,2 cm (½ po) de largeur*
375 ml	*(1½ tasse) de farine*
3	*oeufs*
250 ml	*(1 tasse) de lait*
5 ml	*(1 c. à thé) d'huile végétale*
500 ml	*(2 tasses) de chapelure*
	sel et poivre blanc

Huile d'arachide pour la friture, chauffée à 180°C (350°F).

Saler, poivrer les morceaux de poisson et les enrober de farine.

Mettre les oeufs dans un bol. Ajouter le lait;

Crevettes au gingembre

bien mélanger. Ajouter l'huile végétale; mélanger de nouveau.

Plonger les morceaux de poisson dans le mélange de lait et les rouler dans la chapelure.

Poisson à la grande friture

Faire cuire dans l'huile chaude pendant 3 minutes. Égoutter et servir avec des pommes de terre frites.

Langoustines gratinées

(pour 4 personnes)

32	*langoustines, de grosseur moyenne*
125 ml	*(¹/₂ tasse) de beurre à l'ail, à la température de la pièce**
125 ml	*(¹/₂ tasse) de chapelure jus de 1 citron sel et poivre blanc*

Préchauffer le four à 200°C (400°F).
Laver les langoustines à l'eau froide.

Couper chaque langoustine le long du dos, aux ³/₄ de son épaisseur. Retirer la veine noire. Ouvrir les langoustines.

Placer les langoustines, l'écaille à plat, dans le fond d'un plat à gratin beurré. Saler, poivrer. Arroser de jus de citron.

Placer 2 ml (¹/₂ c. à thé) de beurre sur chaque langoustine. Saupoudrer de chapelure. Faire cuire au four à gril (broil), de 8 à 10 minutes, à 15 cm (6 po) de l'élément supérieur. Servir.

* Beurre à l'ail, voir p. 16

Pain de poisson du débutant

(pour 4 personnes)

Ce pain de poisson est excellent, servi avec une sauce hollandaise ou aux oeufs.

45 ml	(3 c. à soupe) de beurre
45 ml	(3 c. à soupe) de chapelure
60 ml	(4 c. à soupe) de crème à 35%
3	tranches de pain, sans croûte
1	oignon, finement haché
5	filets d'anchois
2	échalotes sèches, finement hachées
625 ml	(2½ tasses) de filet de sole, hachés
1	cornichon haché
3	jaunes d'oeufs
3	blancs d'oeufs
	jus de ½ citron
	une pincée de poivre de Cayenne
	une pincée de fenouil
	sel et poivre

Préchauffer le four à 180°C (350°F).
Beurrer généreusement un moule à pain de 1 l (4 tasses). Parsemer le fond du plat de chapelure. Mettre de côté.
Verser la crème dans un bol et y faire tremper le pain de 10 à 15 minutes.
Faire chauffer le beurre dans une sauteuse. Ajouter les oignons, les filets d'anchois et les échalotes; faire cuire de 3 à 4 minutes à feu moyen. Verser le tout dans un bol.
Ajouter le pain et le reste des ingrédients, à l'exception des oeufs. Battre les ingrédients avec un batteur électrique pendant 4 minutes ou jusqu'à ce que les ingrédients soient bien incorporés.
Ajouter les jaunes d'oeufs, un à la fois, en continuant de battre pendant quelques minutes.
Dans un autre bol, monter les blancs d'oeufs en neige ferme. Incorporer le tout au mélange.
Verser le mélange dans le moule beurré. Placer le moule dans un plat à rôtir contenant de l'eau chaude. Placer au milieu du four. Faire cuire 1 heure 15 minutes.

NOTE: Si le dessus du pain de poisson est ferme au toucher, il est cuit.

* *Sauce hollandaise, voir p. 50*

Homard à la Lincoln

(pour 4 personnes)

2	homards de 750 g (1½ livre) chacun, cuits
45 ml	(3 c. à soupe) de beurre
2	échalotes sèches hachées
250 g	(½ livre) de champignons frais, nettoyés et émincés
1	gousse d'ail, écrasée et hachée
2 ml	(½ c. à thé) d'estragon
375 ml	(1½ tasse) de sauce blanche légère, chaude*
5 ml	(1 c. à thé) de moutarde en poudre
50 ml	(¼ tasse) de fromage mozzarella, râpé
	quelques gouttes de sauce Worcestershire
	branches de persil frais
	quartiers de citron
	sel et poivre

Préchauffer le four à gril (broil).
Retirer la chair de la queue et des pinces du homard. Couper le homard en deux, dans la longueur. Retirer la chair. Bien gratter les carapaces pour retirer tout l'intérieur.
Conserver le liquide, les intestins et le corail. Faire griller les carapaces au four, à 15 cm (6 po) de l'élément supérieur, de 5 à 6 minutes. Mettre de côté.
Faire chauffer le beurre dans une sauteuse à feu vif. Ajouter les champignons, les échalotes, l'ail et l'estragon. Faire cuire 4 minutes à feu moyen en remuant fréquemment.
Incorporer la sauce blanche, le jus des homards, les intestins et le corail. Saler, poivrer. Ajouter la sauce Worcestershire et la moutarde. Bien remuer.
Placer les carapaces vides dans un plat à gratin beurré. Placer le mélange de homard dans les carapaces.** Parsemer de fromage râpé.
Placer le tout au four, à 15 cm (6 po) de l'élément supérieur. Faire cuire à gril (broil) pendant 6 minutes.
Garnir de persil et de citron.

** On peut placer le mélange directement dans le plat à gratin, si désiré.

* *Sauce blanche légère, voir p. 41*

Homard à la Lincoln

Filet de sole aux champignons

(pour 4 personnes)

4	*filets de sole*
250 ml	*(1 tasse) de farine*
30 ml	*(2 c. à soupe) de beurre fondu*
30 ml	*(2 c. à soupe) d'huile*
250 g	*(½ livre) de champignons frais, nettoyés et émincés*
30 ml	*(2 c. à soupe) d'échalotes sèches hachées*
15 ml	*(1 c. à soupe) de persil frais haché*

sel et poivre
jus de citron

Saler, poivrer et enfariner les filets de sole. Faire chauffer le beurre dans une poêle à frire. Ajouter le poisson; faire cuire, à feu moyen, 2 minutes de chaque côté. Garder chaud dans un four à 70°C (150°F).

Verser l'huile dans la poêle à frire. Ajouter les champignons et les échalotes. Saler, poivrer; faire cuire de 3 à 4 minutes.

Ajouter le persil haché. Arroser de jus de citron. Verser le tout sur les filets de poisson. Servir.

Crevettes à la provençale

Crevettes à la provençale

(pour 4 personnes)

30 ml	(2 c. à soupe) d'huile végétale
1	boîte de tomates de 796 ml (28 oz), égouttées et grossièrement hachées
2	gousses d'ail, écrasées et hachées
2 ml	(½ c. à thé) d'estragon
2 ml	(½ c. à thé) d'origan
30 ml	(2 c. à soupe) de beurre
1 kg	(2 livres) de crevettes cuites, décortiquées et la veine noire retirée
15 ml	(1 c. à soupe) de persil frais haché sel et poivre

Faire chauffer l'huile dans une casserole à feu vif. Ajouter les tomates, l'ail, l'estragon et l'origan. Faire cuire de 9 à 10 minutes à feu moyen tout en remuant occasionnellement. Saler, poivrer.

Faire chauffer le beurre dans une sauteuse à feu vif. Ajouter les crevettes; faire cuire 2 minutes en remuant fréquemment.

Incorporer la sauce aux tomates. Rectifier l'assaisonnement.

Garnir de persil haché. Servir.

Chapitre VI

Volailles et gibiers
Viandes et abattis

Cuisses de poulet à la friture

(pour 4 personnes)

4	cuisses de poulet, sans peau
250 ml	(1 tasse) de farine
50 ml	(¼ tasse) de crème à 10%
3	oeufs battus
500 ml	(2 tasses) de chapelure
30 ml	(2 c. à soupe) d'huile de maïs
	quelques gouttes de sauce Tabasco
	sel et poivre

Préchauffer le four à 190°C (375°F).

Saler, poivrer et enfariner les cuisses de poulet.

Incorporer la crème aux oeufs battus. Arroser de sauce Tabasco. Tremper les cuisses de poulet dans le mélange et les enrober de chapelure.

Faire chauffer l'huile dans une sauteuse. Ajouter les cuisses de poulet; faire cuire 3 à 4 minutes de chaque côté. Puis continuer la cuisson au four de 10 à 12 minutes.

Servir avec une sauce barbecue.

Poulet au bacon

(pour 6 personnes)

1	poulet de 1,4 kg (3 livres), coupé en 8 morceaux
250 g	(½ livre) de bacon, coupé en dés
36	olives dénoyautées
7	filets d'anchois, asséchés et coupés en dés
15 ml	(1 c. à soupe) de câpres
5 ml	(1 c. à thé) de persil frais haché
250 ml	(1 tasse) de vin blanc sec
250 ml	(1 tasse) de bouillon de poulet, chaud*
	sel et poivre

Laver les morceaux de poulet sous l'eau froide et les assécher sur du papier essuie-tout. Saler, poivrer.

Faire cuire le bacon dans une sauteuse à feu moyen jusqu'à ce qu'il devienne croustillant. Retirer et mettre de côté.

Placer les morceaux de poulet dans le gras de bacon et faire brunir des 2 côtés. Couvrir et faire cuire 40 minutes à feu doux.

Cuisses de poulet à la friture

Ajouter les olives, les filets d'anchois, les câpres, le persil et le bacon. Faire cuire 1 à 2 minutes.

Incorporer le vin et le faire réduire de moitié à feu vif.

Transférer le poulet et tout le contenu de la sauteuse dans un plat de service chaud. Verser le bouillon de poulet dans la sauteuse; faire cuire de 3 à 4 minutes. Verser le tout sur le poulet. Garnir de persil. Servir.

* Bouillon de poulet, voir p. 33-34

Poulet rôti

(pour 4 personnes)

1	poulet de 1,4 kg (3 livres
60 ml	(4 c. à soupe) de beurre, à la température de la pièce
30 ml	(2 c. à soupe) de carottes en dés
30 ml	(2 c. à soupe) d'oignons en dés
15 ml	(1 c. à soupe) de céleri, coupé en dés
2 ml	(½ c. à thé) de cerfeuil
2 ml	(½ c. à thé) de persil frais haché
375 ml	(1½ tasse) de bouillon de poulet chaud
	sel et poivre

Préchauffer le four à 200°C (400°F).

Laver le poulet sous l'eau froide. Bien l'essuyer à l'intérieur et l'extérieur avec du papier essuie-tout. Saler, poivrer la cavité du poulet.

Placer 15 ml (1 c. à soupe) de beurre dans la cavité et ficeler le poulet. Étendre le reste du beurre sur la peau du poulet. Saler, poivrer.

Placer le poulet dans un plat à rôtir. Faire cuire de 15 à 20 minutes au four, à 200°C (400°F).

Réduire le four à 180°C (350°F) et continuer la cuisson de 60 à 70 minutes. Badigeonner occasionnellement.

Dès que le poulet est cuit, le transférer dans un plat de service chaud.

Mettre tous les légumes, le cerfeuil et le persil dans le plat à rôtir. Faire cuire 3 minutes à feu moyen. Incorporer le bouillon de poulet. Saler, poivrer.

Verser le tout dans une casserole. Amener à ébullition à feu vif et faire bouillir de 4 à 5 minutes.

Écumer pour retirer le gras.

Servir la sauce avec le poulet.

* Bouillon de poulet, voir p. 33-34

Canard à l'orange

(pour 2 personnes)

1	canard de 1,4 kg (3 livres)
7	oranges
2	citrons
30 ml	(2 c. à soupe) de carottes en dés
30 ml	(2 c. à soupe) d'oignons en dés
15 ml	(1 c. à soupe) de céleri en dés
1 ml	(¼ c. à thé) de basilic
500 ml	(2 tasses) de vin rouge sec
500 ml	(2 tasses) de sauce brune légère, chaude*
125 ml	(½ tasse) de sucre
45 ml	(3 c. à soupe) de vinaigre blanc
125 ml	(½ tasse) de Curaçao
5 ml	(1 c. à thé) de fécule de maïs
1	feuille de laurier
	une pincée de thym
	sel
	poivre du moulin

Préchauffer le four à 220°C (425°F).

Enlever l'excès de gras du canard. Laver le canard sous l'eau froide. Bien assécher l'extérieur et l'intérieur avec du papier essuie-tout.

Frotter l'extérieur du canard avec 4 moitiés d'oranges. Saler, poivrer la cavité.

Couper 1 orange et 1 citron en quartiers et les placer à l'intérieur du canard. Ficeler le canard.

Placer le canard dans un plat à rôtir et le faire brunir au four 30 minutes à 220°C (425°F).

Verser le jus de 1 orange sur le canard. Réduire le four à 180°C (350°F) et continuer la cuisson pendant 1 heure 30 minutes. Percer la cuisse du canard avec une fourchette et si aucune trace de sang n'est apparente, le canard est cuit.

Placer le canard sur un plat de service chaud.

Jeter les ⅔ du gras qui se trouve dans le plat à rôtir. Placer le plat sur l'élément à feu moyen. Ajouter les légumes et les épices; faire cuire 5 minutes sans couvrir.

Incorporer le vin et faire réduire des ⅔ à feu vif. Incorporer la sauce brune. Saler, poivrer. Amener à ébullition et faire cuire 2 minutes à feu doux.

Dans une autre casserole, faire chauffer le sucre et le vinaigre à feu vif. Amener à ébullition, puis faire cuire à feu moyen. Dès que le mélange devient brun foncé, retirer la casserole du feu.

Ajouter le jus de 2 oranges. Remettre la casserole sur l'élément. Lorsque le mélange devient liquide, le verser dans la sauce brune. Passer la sauce à la passoire.

Délayer la fécule de maïs dans le Curaçao. Incorporer le mélange à la sauce.

Retirer le zeste de 1 orange et de 1 citron. Faire blanchir les zestes dans une casserole remplie d'eau bouillante, de 3 à 4 minutes. Égoutter sur du papier essuie-tout.

Découper le canard et disposer les morceaux sur un plat de service chaud.

Verser le jus du canard dans la sauce, remuer et verser la sauce sur le canard. Garnir de zestes.

* Sauce brune légère, voir p. 42

Vol-au-vent au poulet

(pour 4 à 6 personnes)

1	poulet de 1,4 kg (3 livres), poché avec:
2	branches de céleri
1	poireau, émincé
1 ml	(¼ c. à thé) de thym
2 ml	(½ c. à thé) de cerfeuil
1 ml	(¼ c. à thé) de basilic
1	clou
2	branches de persil frais
60 ml	(4 c. à soupe) de beurre
45 ml	(3 c. à soupe) de farine
500 ml	(2 tasses) de bouillon de poulet chaud*
250 g	(½ livre) de champignons frais, nettoyés et coupés en quartiers
1	oignon, coupé en quartiers
1	petite boîte de piments rouges en conserve, égouttés et coupés en dés
5 ml	(1 c. à thé) de persil frais haché
45 ml	(3 c. à soupe) de crème à 35%
	sel et poivre

Laver le poulet sous l'eau froide.

Placer le poulet et les ingrédients à pocher dans une grande casserole. Couvrir d'eau froide. Saler, poivrer.

Amener le liquide à ébullition; puis faire

Vol-au-vent au poulet

cuire 1 heure à feu doux. Écumer le liquide de temps en temps.

Retirer le poulet et le laisser refroidir. Retirer la peau, le désosser et le couper en cubes. Mettre de côté.

Faire chauffer 45 ml (3 c. à soupe) de beurre dans une casserole à feu moyen. Ajouter la farine; faire cuire 3 minutes tout en mélangeant constamment avec un fouet de cuisine.

Incorporer le bouillon de poulet graduellement. Saler, poivrer. Faire cuire 8 minutes à feu doux.

Faire chauffer le reste du beurre dans une sauteuse. Ajouter les oignons et les champignons; faire cuire 2 minutes. Saler, poivrer.

Ajouter les piments rouges et le persil. Rectifier l'assaisonnement.

Transférer le mélange de champignons dans la casserole contenant la sauce. Incorporer les cubes de poulet et la crème.

Servir sur des vol-au-vent chauds, du pain grillé ou du riz blanc.

NOTE: Ne pas jeter le liquide ayant servi à pocher le poulet, il peut être utilisé dans la préparation des soupes et des sauces.

* *Bouillon de poulet, voir p. 33-34*

Poulet aux noix d'acajou

(pour 4 personnes)

2	*grosses poitrines de poulet*
30 ml	*(2 c. à soupe) d'huile de maïs*
250 ml	*(1 tasse) de céleri émincé*
2	*feuilles de chou chinois, émincées*
250 ml	*(1 tasse) de noix d'acajou*
1 ml	*(¼ c. à thé) d'estragon*
2 ml	*(½ c. à thé) de cerfeuil*
250 ml	*(1 tasse) de bouillon de poulet, chaud**
30 ml	*(2 c. à soupe) d'eau froide*
5 ml	*(1 c. à thé) de fécule de maïs*
	sel et poivre

Désosser et retirer la peau des poitrines de poulet. Laver les poitrines sous l'eau froide et les émincer.

Faire chauffer l'huile dans une sauteuse à feu vif. Ajouter le poulet; faire cuire de 3 à 4 minutes. Saler, poivrer.

Transférer le poulet sur un plat de service chaud.

Mettre le céleri et le chou dans la sauteuse; faire cuire 4 minutes. Saler, poivrer. Ajouter les noix d'acajou et les épices; continuer la cuisson pendant 1 minute.

Ajouter le bouillon de poulet et amener à ébullition.

Délayer la fécule de maïs dans l'eau froide. Incorporer le mélange au bouillon; faire mijoter quelques minutes.

Retirer la sauteuse du feu et y mettre le poulet. Rectifier l'assaisonnement.

Servir immédiatement.

Bouillon de poulet, voir p. 33-34

Poitrine de poulet Marguerite

(pour 4 personnes)

2	**poitrines de poulet entières, coupées en deux**
125 ml	**(¹/₂ tasse) d'huile de maïs**
5 ml	**(1 c. à thé) de cerfeuil**
1	**gousse d'ail, écrasée et hachée**
	jus de 1 citron
	sel et poivre

Retirer le gras et la peau des poitrines de poulet. Placer les poitrines dans un plat à gratin.

Poitrine de poulet Marguerite

Mélanger le reste des ingrédients dans un bol. Verser le tout sur les poitrines et couvrir avec une feuille de papier ciré huilée. Réfrigérer de 2 à 3 heures. Badigeonner occasionnellement.

Préchauffer le four à gril (broil).

Badigeonner un petit plat à rôtir avec un peu de marinade. Placer le tout au four, de 20 à 25 cm (8 à 10 po) de l'élément supérieur. Dès que la marinade est chaude, ajouter les poitrines de poulet en plaçant la chair vers le haut.

Faire cuire à gril (broil) pendant 40 minutes tout en badigeonnant très souvent de marinade. Le poulet ne doit pas sécher.

NOTE: Durant la cuisson, laisser la porte du four entrouverte.

Canard au vin rouge

(pour 4 personnes)
Première partie: LA MARINADE

1	*canard de 2,3 à 2,7 kg (5 à 6 livres)*
1	*carotte, pelée et émincée*
1	*oignon haché*
1	*gousse d'ail, écrasée et hachée*
2	*échalotes sèches, finement hachées*
2	*feuilles de laurier*
1 ml	*(¼ c. à thé) de thym*
5 ml	*(1 c. à thé) de persil frais haché*

125 ml	*(½ tasse) de vin rouge sec*
45 ml	*(3 c. à soupe) d'huile de maïs*
	sel et poivre

Laver le canard et l'assécher avec un papier essuie-tout. Couper le canard en quatre et retirer la peau.

Placer les morceaux de canard dans un grand plat. Ajouter les légumes, l'ail, les échalotes et les épices. Ajouter l'huile et le vin. Couvrir avec un papier ciré et réfrigérer 24 heures.

Le jour suivant, retirer le canard de la marinade et l'assécher. Mettre de côté.

Technique: Canard au vin rouge

1 Laver et assécher le canard. Couper en quatre et retirer la peau.

2 Placer les morceaux de canard dans un grand plat. Ajouter les légumes, l'ail, les échalotes et les épices.

5 Ajouter les oignons; continuer la cuisson.

6 Entre-temps, verser la marinade dans une passoire et verser le liquide dans une casserole. Faire réduire de moitié à feu vif.

Deuxième partie: LA CUISSON

45 ml	*(3 c. à soupe) de beurre*
1	*oignon finement haché*
45 ml	*(3 c. à soupe) de farine*
1	*feuille de laurier*
1 ml	*(¼ c. à thé) de thym*
1 ml	*(¼ c. à thé) de sarriette*
15 ml	*(1 c. à soupe) de fécule de maïs*
30 ml	*(2 c. à soupe) d'eau froide*

Préchauffer le four à 180°C (350°F).
Faire fondre le beurre dans une casserole allant au four, à feu vif. Ajouter les morceaux de canard et faire saisir 5 minutes. Saler, poivrer.

Ajouter les oignons; continuer la cuisson de 4 à 5 minutes à feu moyen. Tourner le canard de temps en temps.

Entre-temps, verser la marinade dans une passoire et transférer le liquide dans une casserole. Faire réduire de moitié à feu vif. Écumer la marinade pendant la cuisson.

Saupoudrer la farine sur les morceaux de canard. Tourner le canard jusqu'à ce que la farine adhère à la casserole.

Incorporer la marinade et le reste des épices; bien remuer. Couvrir et faire cuire de 40 à 50 minutes au four.

Transférer le canard sur un plat de service chaud. Remettre la casserole sur l'élément à feu moyen.

Délayer la fécule de maïs dans l'eau froide. Incorporer le mélange à la sauce. Faire cuire 2 minutes à feu moyen.

Verser la sauce sur le canard. Servir.

3 Ajouter l'huile et le vin. Couvrir avec un papier ciré et réfrigérer 24 heures.

4 Retirer le canard de la marinade et faire sauter dans le beurre chaud.

7 Saupoudrer la farine sur les morceaux de canard; continuer la cuisson.

8 Incorporer la marinade et le reste des épices. Couvrir et faire cuire au four.

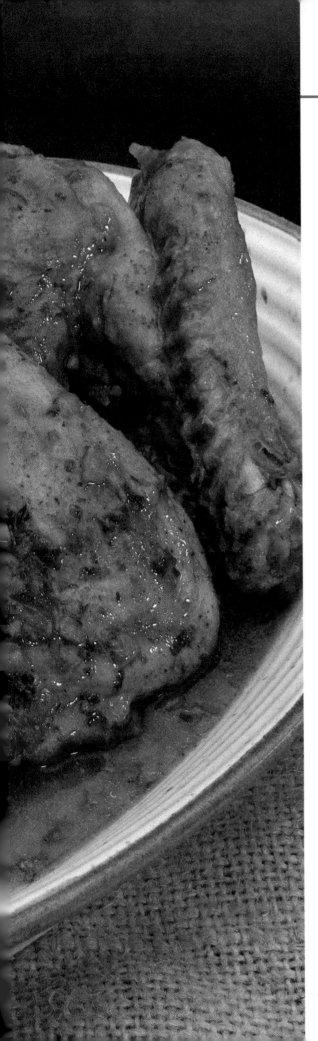

Lapin rôti

(pour 6 personnes)

1	*lapin domestique, de 1,8 kg (4 livres)*
125 ml	*(½ tasse) de moutarde de Dijon*
90 ml	*(6 c. à soupe) de beurre*
30 ml	*(2 c. à soupe) de farine*
375 ml	*(1½ tasse) de bouillon de poulet, chaud**
30 ml	*(2 c. à soupe) de vinaigre de vin*
1	*feuille de laurier*
30 ml	*(2 c. à soupe) d'estragon frais haché sel et poivre*

Préchauffer le four à 190°C (375°F).

Laver le lapin sous l'eau froide, puis l'assécher avec un papier essuie-tout.

Saler, poivrer le lapin. Badigeonner l'extérieur et l'intérieur avec de la moutarde.

Faire chauffer 45 ml (3 c. à soupe) de beurre dans une cocotte ou une casserole allant au four, à feu vif. Ajouter le lapin et faire brunir sur tous les côtés.

Puis, faire cuire sans couvrir, au four, pendant 60 minutes.

Entre-temps, préparer la sauce. Faire chauffer le reste du beurre dans une casserole. Ajouter la farine; faire cuire de 2 à 3 minutes à feu doux tout en remuant constamment. Incorporer le bouillon de poulet graduellement. Ajouter le vinaigre, la feuille de laurier et l'estragon. Saler, poivrer. Faire mijoter 10 minutes en remuant occasionnellement.

15 minutes avant la fin de la cuisson du lapin, verser la sauce sur le lapin et continuer la cuisson sans couvrir.

Pour vérifier si le lapin est cuit, insérer une aiguille à brider ou une fourchette à l'intérieur de la cuisse; si aucun liquide n'est apparent, le lapin est cuit.

Placer le lapin sur un plat de service chaud. Passer la sauce dans une saucière. Rectifier l'assaisonnement. Servir.

* Bouillon de poulet, voir p. 33-34

Canard au vin rouge

Coq au Vin

Coq au vin

(pour 4 personnes)

1	poulet de 1,4 kg (3 livres), coupé en 8 morceaux
250 ml	(1 tasse) de farine
45 ml	(3 c. à soupe) de beurre clarifié*
90 g	(3 oz) de porc maigre, coupé en dés
60 ml	(4 c. à soupe) de cognac (facultatif)
2	échalotes sèches, finement hachées
2	gousses d'ail, écrasées et hachées
250 ml	(1 tasse) de vin rouge ou blanc sec
375 ml	(1½ tasse) de sauce brune légère, chaude**
15 ml	(1 c. à soupe) de beurre
15	petits oignons blancs, pelés
250 g	(½ livre) de champignons frais, nettoyés et coupés en 4
15 ml	(1 c. à soupe) de persil frais haché
1	bouquet garni, constitué de:
1 ml	(¼ c. à thé) de thym
1	feuille de laurier
1 ml	(¼ c. à thé) de romarin
1 ml	(¼ c. à thé) de basilic
2 ml	(½ c. à thé) de cerfeuil
	persil frais haché
	céleri
	sel et poivre

Préchauffer le four à 180°C (350°F).
Laver les morceaux de poulet sous l'eau froide et les assécher avec du papier essuie-tout. Rouler le poulet dans la farine et secouer légèrement pour en retirer l'excès.
Faire chauffer le beurre clarifié dans une casserole à feu vif. Ajouter le poulet et le porc; faire cuire 8 minutes de chaque côté. Saler, poivrer.
Ajouter le cognac; faire chauffer et flamber.
Ajouter les échalotes et l'ail; faire cuire 1 minute à feu moyen.
Ajouter le vin et faire réduire de moitié à feu vif.
Incorporer la sauce brune. Ajouter le bouquet garni. Saler, poivrer. Amener à ébullition; couvrir et faire cuire 25 minutes au four.

Faire chauffer 15 ml (1 c. à soupe) de beurre dans une poêle à feu vif. Ajouter les oignons; faire cuire 2 minutes à feu moyen. Remuer de temps en temps. Ajouter les champi-

Canard mariné

(pour 4 personnes)

1	canard, coupé en 4 morceaux
150 ml	(5 oz) de brandy
250 ml	(1 tasse) de vin rouge sec
1	petit oignon, émincé
2 ml	(½ c. à thé) de thym
1	feuille de laurier
15 ml	(1 c. à soupe) de persil frais haché
45 ml	(3 c. à soupe) d'huile de maïs
45 ml	(3 c. à soupe) de farine
30 ml	(2 c. à soupe) de beurre
250 g	(½ livre) de champignons frais, nettoyés et coupés en 2
	sel et poivre

Retirer l'excès de gras du canard. Placer le canard dans un bol en acier inoxydable. Saler, poivrer.
Verser le vin et le brandy sur le canard. Ajouter les oignons, le thym, la feuille de laurier et le persil.
Couvrir le canard avec du papier ciré et réfrigérer 12 heures.
Préchauffer le four à 180°C (350°F).
Retirer les morceaux de canard de la marinade et les assécher sur du papier essuie-tout.
Faire chauffer l'huile dans une casserole allant au four. Ajouter les morceaux de canard et les faire brunir uniformément.
Saupoudrer le canard de farine; continuer la cuisson de 6 à 8 minutes. Retourner les morceaux souvent.
Verser la marinade dans une casserole et l'amener à ébullition à feu vif. Dès que la marinade commence à bouillir, l'incorporer aux ingrédients de la casserole. Saler, poivrer. Couvrir et faire cuire 1 heure au four.
Faire chauffer le beurre dans une sauteuse. Ajouter les champignons; faire sauter 5 minutes à feu vif. Saler, poivrer. Verser le tout dans la casserole.
Couvrir et continuer la cuisson au four pendant 15 minutes. Servir.

Volailles et gibiers

Technique: Coq au Vin

1 Couper le poulet en 8 morceaux.

2 Rouler le poulet dans la farine et le secouer pour en retirer l'excès.

5 Ajouter les échalotes et l'ail. Saler, poivrer.

6 Ajouter le vin; continuer la cuisson.

gnons; faire mijoter 5 minutes. Saler, poivrer.
Verser les oignons et les champignons dans la casserole. Rectifier l'assaisonnement. Couvrir et faire cuire 15 minutes au four. Jeter le bouquet garni avant de servir.

3 Faire sauter le poulet dans le beurre chaud.

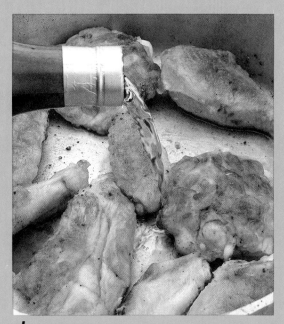

4 Ajouter le cognac, chauffer et flamber.

7 Ajouter la sauce brune; couvrir et faire cuire au four.

8 Ajouter les oignons et les champignons sautés.

Parsemer de persil haché. Servir directement de la casserole.

* *Beurre clarifié, voir p. 13*
** *Sauce brune légère, voir p. 42*

Poulet au porto

(pour 4 personnes)

1	poulet de 1,4 kg (3 livres
75 ml	(5 c. à soupe) de beurre doux
50 ml	(¼ tasse) de cognac
125 ml	(½ tasse) de porto
375 ml	(1½ tasse) de crème à 35%
5 ml	(1 c. à thé) d'estragon
5 ml	(1 c. à thé) de beurre manié*
15 ml	(1 c. à soupe) de persil frais haché
	sel et poivre

Préchauffer le four à 150°C (300°F).
Laver le poulet sous l'eau froide et l'assécher avec du papier essuie-tout.
Saler, poivrer la cavité et l'extérieur du poulet.
Faire chauffer le beurre, à feu doux, dans une casserole allant au four. Ajouter le poulet; couvrir et faire cuire 1½ heure dans le four.
Dès que le poulet est cuit, le placer sur une planche à dépecer. Retirer le gras et conserver le jus du poulet.
Placer la casserole sur l'élément de la cuisinière. Incorporer le cognac au jus de cuisson et flamber.
Ajouter le porto et faire réduire 2 minutes à feu vif. Incorporer la crème et l'estragon. Assaisonner au goût. Amener à ébullition; faire cuire 2 minutes. Incorporer le beurre manié avec un fouet.
Découper le poulet et le placer sur un plat de service chaud. Verser la sauce sur le poulet. Parsemer de persil haché. Servir.

Beurre manié, voir p. 14

Poulet aux pommes

(pour 4 personnes)

1	poulet de 1,4 kg (3 livres) coupé en 8 morceaux
30 ml	(2 c. à soupe) d'huile de maïs
1 ml	(¼ c. à thé) d'estragon
1 ml	(¼ c. à thé) de basilic
115 ml	(½ tasse) de bouillon de poulet, chaud*
375 ml	(1½ tasse) de petits oignons blancs, pelés
15 ml	(1 c. à soupe) de beurre
2	pommes, pelées, évidées et coupées en deux
	farine assaisonnée
	sel et poivre du moulin

Préchauffer le four à 180°C (350°F).
Retirer l'excès de gras et la peau du poulet.
Enrober légèrement les morceaux de poulet de farine.
Faire chauffer l'huile dans une casserole allant au four. Ajouter les morceaux de poulet; faire brunir sur tous les côtés.
Parsemer d'épices et saler, poivrer. Incorporer le bouillon de poulet. Couvrir et faire cuire 45 minutes au four.
Entre-temps, faire cuire les oignons à la vapeur de 4 à 5 minutes. Mettre de côté.
Faire chauffer le beurre dans une petite sauteuse. Ajouter les pommes et le faire cuire 4 à 5 minutes.
10 minutes avant la fin de la cuisson du poulet, incorporer les oignons et les pommes à la casserole. Continuer la cuisson. Servir.

Bouillon de poulet, voir p. 33-34

Poulet aux légumes

(pour 4 personnes)

1	poulet de 1,4 kg (3 livres), coupé en 8 morceaux
250 ml	(1 tasse) de farine
45 ml	(3 c. à soupe) de beurre clarifié*
1	oignon, coupé en cubes
1	piment vert, coupé en cubes
1	gousse d'ail, écrasée et hachée
4	tomates pelées et coupées en quartiers
	une pincée de thym
	sel et poivre

Laver le poulet sous l'eau froide et l'assécher sur du papier essuie-tout.
Rouler les morceaux de poulet dans la farine et les secouer pour en retirer l'excès. Saler, poivrer.
Faire chauffer le beurre dans une sauteuse à feu vif. Ajouter le poulet et faire brunir 8 minutes de chaque côté.
Incorporer le reste des ingrédients. Saler, poivrer. Couvrir et faire cuire 30 minutes à feu doux. Remuer à l'occasion.

Beurre clarifié, voir p. 13

Poulet aux légumes

Poulet à l'ananas

(pour 4 personnes)

1	poulet de 1,4 kg (3 livres), coupé en 8 morceaux
125 ml	(½ tasse) d'huile de maïs
250 ml	(1 tasse) d'ananas coupés en cubes OU: 375 ml (½ tasse) d'ananas en conserve
45 ml	(3 c. à soupe) de rhum
1	oignon finement haché
3	tomates pelées et coupées en quartiers jus de 1 limette sel et poivre du moulin

Mettre les morceaux de poulet dans un bol. Mélanger 60 ml (6 c. à soupe) d'huile et le jus de limette. Poivrer et verser sur le poulet.

Couvrir le bol d'une feuille de papier ciré et réfrigérer 1 heure. Badigeonner de temps en temps le poulet avec la marinade.

Préchauffer le four à 180°C (350°F).

Mettre les ananas en purée dans un moulin à légumes ou un blender. Mettre de côté.

Faire chauffer le reste de l'huile dans une casserole allant au four. Ajouter les morceaux de poulet, 2 ou 3 à la fois et les faire brunir.

Mettre tous les morceaux de poulet dans la casserole. Ajouter le rhum et flamber. Retirer le poulet de la casserole et mettre de côté.

Faire cuire les oignons dans la casserole jusqu'à ce qu'ils deviennent transparents. Ajouter les tomates; faire cuire 2 minutes. Ajouter la purée d'ananas.

Remettre le poulet dans la casserole. Saler, poivrer. Couvrir et faire cuire au four pendant 40 minutes.

Pour une sauce plus épaisse: Délayer 15 ml (1 c. à soupe) de fécule de maïs dans 30 ml (2 c. à soupe) d'eau froide. Incorporer le mélange à la sauce avec un fouet.

Poulet à l'ananas

Casserole de cornouailles

Poulet aux aubergines

(pour 4 personnes)

1	poulet de 1,4 kg (3 livres), coupé en 8 morceaux
30 ml	(2 c. à soupe) de beurre
1	feuille de laurier
15 ml	(1 c. à soupe) de persil frais haché
15 ml	(1 c. à soupe) de ciboulette hachée
2	gousses d'ail, écrasées et hachées
250 ml	(1 tasse) de bouillon de poulet, chaud*
1	aubergine, pelée et émincée
45 ml	(3 c. à soupe) d'huile de maïs
1	boîte de tomates de 454 ml (16 oz), égouttées et hachées
50 ml	(¼ tasse) de fromage gruyère râpé
	une pincée de thym
	sel et poivre

Préchauffer le four à 180°C (350°F).

PREMIÈRE PARTIE: LE POULET

Laver le poulet à l'eau froide. Saler, poivrer. Faire chauffer le beurre dans une casserole à feu vif. Ajouter le poulet; faire brunir 8 minutes de chaque côté. Ajouter la feuille de laurier et le thym.

Couvrir et faire cuire 40 minutes à feu doux ou dans le four pendant 45 minutes.

Transférer le poulet sur un plat de service chaud. Remettre la casserole sur l'élément à feu vif. Ajouter le reste des épices et l'ail. Faire cuire 1 minute.

Incorporer le bouillon de poulet; faire cuire 3 minutes. Rectifier l'assaisonnement. Verser la sauce sur le poulet.

* Bouillon de poulet, voir p. 33-34

DEUXIÈME PARTIE: L'AUBERGINE

Faire chauffer l'huile dans une sauteuse à feu vif. Ajouter les aubergines. Saler, poivrer. Couvrir et faire cuire 30 minutes à feu doux.

Incorporer les tomates; faire cuire 20 minutes à feu moyen. Rectifier l'assaisonnement. Parsemer de fromage, remuer et servir avec le poulet.

Poulet du sud

(pour 4 personnes)

1	poulet de 1,4 kg (3 livres), coupé en 8 morceaux
3	oeufs
15 ml	(1 c. à soupe) d'huile végétale
375 ml	(1½ tasse) de farine
375 ml	(1½ tasse) de chapelure
2	bananes
	sel et poivre

Huile d'arachide pour la friture, chauffée à 160°C (325°F).

Préchauffer le four à 200°C (400°F).

Laver le poulet à l'eau froide et l'assécher sur du papier essuie-tout.

Battre les oeufs et l'huile végétale dans un bol.

Saler, poivrer les morceaux de poulet et les rouler dans la farine. Les tremper dans les oeufs battus et les enrober de chapelure. Plonger le poulet dans la friture jusqu'à ce qu'il devienne d'un brun doré. Égoutter le poulet sur du papier essuie-tout et le placer dans un plat à rôtir. Faire cuire au four de 8 à 10 minutes.

Peler les bananes et les couper en deux dans la longueur. Rouler les bananes dans la farine, les tremper dans les oeufs et les enrober de chapelure.

Faire cuire les bananes dans la friture.

Placer le poulet sur un plat de service chaud. Garnir de bananes. Servir.

Casserole de cornouailles

(pour 4 personnes)

125 g	(¼ livre) de bacon coupé en dés
4	poules de cornouailles, dégelées
4	carottes, coupées en morceaux de 2,5 cm (1 po)
25	petits oignons pelés
1	feuille de laurier
375 ml	(1½ tasse) de bouillon de poulet chaud
15 ml	(1 c. à soupe) de persil frais haché
	une pincée d'herbes
	sel et poivre

Préchauffer le four à 180°C (350°F).
Faire cuire le bacon, à feu moyen, pendant 5 minutes dans une casserole allant au four. Retirer le bacon. Mettre de côté. Placer les poules dans la casserole et les saisir pour les faire brunir. Saler, poivrer. Couvrir et faire cuire 1 heure au four.

Entre-temps, faire blanchir les carottes et les oignons dans l'eau bouillante salée pendant 5 minutes.

Mettre le bacon, les oignons, les carottes et la feuille de laurier dans la casserole contenant les poules et continuer la cuisson.

Dès que les poules sont cuites, les transférer sur un plat de service chaud. Placer les légumes tout autour.

Mettre la casserole sur l'élément à feu vif. Ajouter le bouillon de poulet et le reste des épices. Faire réduire le liquide de moitié. Rectifier l'assaisonnement.

Servir la sauce avec les poules de cornouailles.

* Bouillon de poulet, voir p. 33-34

Faisan à l'impériale

(pour 4 personnes)

2	*faisans*
60 ml	*(4 c. à soupe) d'huile de maïs*
125 ml	*(1/2 tasse) de carottes émincées*
125 ml	*(1/2 tasse) d'oignons émincés*
125 ml	*(1/2 tasse) de céleri émincé*
3	*clous de girofle*
250 ml	*(1 tasse) de vin blanc sec*
45 ml	*(3 c. à soupe) de vinaigre de vin*
2	*tranches de citron*
1 ml	*(1/4 c. à thé) de thym*
2 ml	*(1/2 c. à thé) de persil finement haché*
1 ml	*(1/4 à thé) de sarriette*
500 ml	*(2 tasses) de bouillon de poulet chaud**
	sel et poivre

Préchauffer le four à 150°C (300°F).
Bien nettoyer les faisans et les mettre de côté.

Faire chauffer 30 ml (2 c. à soupe) d'huile dans une grande casserole à feu vif. Ajouter tous les légumes. Saler, poivrer; faire mijoter 10 minutes.

Ajouter les épices, le vin, le vinaigre, le citron et le bouillon de poulet. Mélanger et

faire cuire 12 minutes à feu doux.
Faire chauffer le reste de l'huile dans une casserole allant au four. Ajouter les faisans et les faire brunir à feu vif sur tous les côtés. Saler, poivrer.

Verser le mélange de légumes dans la casserole. Rectifier l'assaisonnement. Sceller hermétiquement la casserole.**

Faire cuire au four pour environ 1 heure 30 minutes.

NOTE: Les faisans sont cuits lorsque la chair se détache facilement des os.

Retirer les faisans du four. Servir immédiatement.

** Pour sceller la casserole:
Délayer 45 ml (3 c. à soupe) de farine dans une petite quantité d'eau pour obtenir une substance pâteuse. Étendre cette pâte autour du rebord de la casserole et remettre en place le couvercle. Durant la cuisson, la pâte se raffermira et scellera la casserole.

* Bouillon de poulet, voir p. 33-34

Poulet à l'arlésienne

(pour 4 personnes)

1	*poulet de 1,4 kg (3 livres), coupé en 8 morceaux*
250 ml	*(1 tasse) de farine*
30 ml	*(2 c. à soupe) d'huile végétale*
1	*oignon, pelé et émincé*
1	*gousse d'ail, écrasée et hachée*
2 ml	*(1/2 c. à thé) d'estragon*
125 ml	*(1/2 tasse) de vin blanc sec*
3	*tomates, pelées et coupées en quartiers*
1/2	*aubergine, pelée et émincée*
	sel et poivre

Préchauffer le four à 180°C (350°F).
Laver les morceaux de poulet sous l'eau froide et les assécher sur du papier essuie-tout. Saler, poivrer et rouler dans la farine. Secouer pour retirer l'excès de farine.

Faire chauffer l'huile dans une sauteuse à feu vif. Ajouter le poulet; faire cuire 8 minutes de chaque côté ou jusqu'à ce qu'il devienne d'un brun doré.

Ajouter les oignons, l'ail et l'estragon; faire cuire 2 minutes. Incorporer le vin et faire réduire le liquide de moitié à feu vif.

Ajouter les tomates et les aubergines. Saler, poivrer. Couvrir et faire cuire 45 minutes au four.

Technique: Casserole de cornouailles

1 Faire cuire le bacon dans une casserole allant au four pendant 5 minutes.

2 Retirer le bacon et le mettre de côté. Placer la poule dans la casserole et la faire saisir. Saler, poivrer.

3 Faire blanchir les oignons et les carottes dans l'eau bouillante salée pendant 5 minutes.

4 Ajouter le bacon, les oignons, les carottes et la feuille de laurier; continuer la cuisson.

5 Dès que les poules sont cuites, les placer dans un plat de service chaud. Garnir de légumes.

6 Placer la casserole à feu vif et ajouter le bouillon de poulet et le reste des épices.

Poule de cornouailles farcie

(pour 4 personnes)

30 ml	(2 c. à soupe) de beurre
1	oignon haché
1	échalote sèche hachée
125 g	(¼ livre) de champignons frais, nettoyés et hachés
375 ml	(1½ tasse) de riz à longs grains, cuit
15 ml	(1 c. à soupe) de persil frais haché
2 ml	(½ c. à thé) de sarriette
4	poules de cornouailles, dégelées, lavées et asséchées
30 ml	(2 c. à soupe) de beurre clarifié*
125 ml	(½ tasse) de vin blanc sec
250 ml	(1 tasse) de bouillon de poulet, chaud**
15 ml	(1 c. à soupe) de fécule de maïs
45 ml	(3 c. à soupe) d'eau froide sel et poivre jus de citron

Préchauffer le four à 190°C (375°F).
Faire chauffer le beurre dans une casserole à feu moyen. Ajouter les oignons et les échalotes; faire cuire 2 minutes.
Ajouter les champignons; saler, poivrer.
Ajouter le riz; bien mélanger.
Ajouter les épices; mélanger de nouveau.
Farcir les poules, les ficeler et les placer dans un plat à rôtir. Les badigeonner de beurre clarifié et les faire cuire au four pendant 45 minutes ou selon leur poids.
Transférer les poules de cornouailles dans un plat de service. Garder chaud.
Placer la poêle à frire sur l'élément et faire réduire le liquide de cuisson de moitié à feu vif. Ajouter le vin blanc; faire cuire 3 à 4 minutes.
Incorporer le bouillon de poulet; faire mijoter de 5 à 6 minutes. Arroser de jus de citron.
Délayer la fécule de maïs dans l'eau froide.
Incorporer le mélange à la sauce; amener à ébullition.
Verser la sauce sur les poules de cornouailles. Servir avec des haricots verts et des pommes de terre sautées.

* Beurre clarifié, voir p. 13
** Bouillon de poulet, voir p. 33-34

Poule de cornouailles farcie

Canard aux olives

Canard aux olives

(pour 4 personnes)

1	canard de 2.2 kg (5 livres)
1	oignon entier, pelé
1	branche de céleri
1	oignon finement haché
250 ml	(1 tasse) de vin rouge sec
500 ml	(2 tasses) de sauce brune*
15 ml	(1 c. à soupe) de pâte de tomate
250 ml	(1 tasse) d'olives vertes farcies
	jus de citron
	sel et poivre

Préchauffer le four à 200°C (425°F).

Laver et assécher le canard. Retirer l'excès de gras. Saler, poivrer l'intérieur du canard et y mettre l'oignon entier et la branche de céleri.

Ficeler et placer le canard dans un plat à rôtir. Percer la peau avec une aiguille pour permettre au gras de s'échapper pendant la cuisson.

Faire saisir au four pendant 45 minutes. Toutefois, à toutes les 15 minutes, retirer le gras dans le fond du plat.

Réduire le four à 180°C (350°F) et continuer la cuisson pendant 45 minutes. Arroser le canard de jus de citron pendant la cuisson. Saler, poivrer.

Dès que le canard est cuit, le retirer du four et le placer sur un plat de service chaud. Retirer les ¾ du gras qui se trouve dans le fond du plat à rôtir.

Placer le plat sur l'élément. Ajouter les oignons; faire cuire 3 à 4 minutes.

Ajouter le vin rouge; continuer la cuisson de 4 à 5 minutes.

Incorporer la sauce brune et la pâte de tomate; bien mélanger. Ajouter les olives; laisser mijoter de 7 à 8 minutes.

Servir la sauce avec le canard.

* Sauce brune, voir p. 42-43

Casserole de poulet

(pour 4 personnes)

250 ml	(1 tasse) de carottes coupées en bâtonnets
1	poulet de 1,4 kg (3 livres), coupé en 8 morceaux
250 ml	(1 tasse) de farine
45 ml	(3 c. à soupe) de beurre clarifié
1	échalote sèche finement hachée
250 g	(½ livre) de champignons frais, nettoyés et coupés en 4
15	petits oignons blancs, pelés
125 ml	(½ tasse) de bouillon de poulet chaud*
2 ml	(½ c. à thé) d'origan
	sel et poivre

Préchauffer le four à 180°C (350°F).

Faire blanchir les carottes dans l'eau bouillante salée pendant 7 minutes. Faire refroidir pendant 4 minutes sous l'eau froide. Égoutter et mettre de côté.

Laver les morceaux de poulet sous l'eau froide et les assécher sur du papier essuie-tout. Saler, poivrer. Rouler le poulet dans la farine. Secouer légèrement pour retirer l'excès.

Faire chauffer le beurre clarifié dans une sauteuse à feu vif. Ajouter les morceaux de poulet; faire cuire 8 minutes de chaque côté à feu moyen, ou jusqu'à ce qu'ils deviennent d'un brun doré.

Ajouter les légumes; faire cuire de 1 à 2 minutes.

Placer les légumes et le poulet dans une casserole allant au four. Ajouter le bouillon de poulet et l'origan. Saler, poivrer; couvrir et faire cuire 45 minutes.

Rectifier l'assaisonnement et servir directement de la casserole.

* Bouillon de poulet, voir p. 33-34

Poulet Kiev

(pour 4 personnes)

2	grosses poitrines de poulet
3	(½ tasse) de beurre à l'ail*
3	oeufs
15 ml	(1 c. à soupe) d'huile végétale
250 ml	(1 tasse) de farine
500 ml	(2 tasses) de chapelure
	sel et poivre

Huile d'arachide pour la friture, chauffée à 160°C (325°F).

Désosser et retirer la peau des poitrines. Bien laver les poitrines sous l'eau froide. Trancher les poitrines en deux, dans la longueur.

Une par une, placer chaque morceau de poulet entre deux feuilles de papier ciré et les aplatir avec un maillet.

Saler, poivrer. Placer 15 ml (1 c. à soupe) de beurre à l'ail à une extrémité de chaque morceau de poulet. Rouler le morceau autour du beurre à l'ail, tout en pliant le bord vers le milieu.

Retenir à l'aide d'un cure-dent.

Battre les oeufs et l'huile dans un bol. Rouler les rouleaux de poulet, un à la fois, dans la farine, les tremper dans les oeufs et les enrober de chapelure.

Faire cuire dans la friture jusqu'à ce qu'ils deviennent d'un brun doré.

Servir avec une sauce tomate.

* Beurre à l'ail, voir p. 16

Canard au poivre vert

(pour 4 personnes)

1	*canard de 2,2 kg (5 livres)*
30 ml	*(2 c. à soupe) de beurre clarifié**
2	*oignons, finement hachés*
1	*carotte, pelée et coupée en dés*
¹/₂	*branche de céleri, coupée en dés*
250 ml	*(1 tasse) de vin blanc sec*
500 ml	*(2 tasses) de sauce brune chaude***
45 ml	*(3 c. à soupe) de poivre vert*
125 ml	*(¹/₂ tasse) de crème à 35 %*
	jus de citron
	sel et poivre

Préchauffer le four à 200°C (400°F).

Retirer l'excès de gras du canard.

Couper le canard en quatre pour obtenir 2 poitrines et 2 cuisses. Saler, poivrer.

Faire chauffer le beurre clarifié dans une sauteuse. Ajouter le canard; faire saisir de 7 à 8 minutes de chaque côté. Arroser de jus de citron.

Ajouter les oignons, les carottes et le céleri. Faire cuire 45 minutes au four. Badigeonner le canard pendant la cuisson.

Retirer du four. Ajouter le vin; continuer la cuisson, au four, de 7 à 8 minutes.

Ajouter la sauce brune; faire cuire de 10 à 12 minutes au four.

Dès que le canard est cuit, le retirer du four et le transférer dans un plat de service chaud.

Passer la sauce dans une passoire. Verser la sauce dans la sauteuse.

Écraser le poivre vert dans la crème. Incorporer le mélange à la sauce. Arroser de jus de citron.

Remettre les morceaux de canard dans la sauce; faire mijoter de 7 à 8 minutes. Servir.

* Beurre clarifié, voir p. 13
** Sauce brune, voir p. 42-43

Canard au poivre vert

Flanc de boeuf farci
(pour 4 personnes)

2	*flancs de boeuf de 500 g (1 livre) chacun*
250 ml	*(1 tasse) de farce 1**
15 ml	*(1 c. à soupe) d'huile végétale*
40 ml	*(2½ c. à soupe) de beurre*
30 ml	*(2 c. à soupe) de carottes hachées*
30 ml	*(2 c. à soupe) d'oignons hachés*
15 ml	*(1 c. à soupe) de céleri haché*
1	*feuille de laurier*
1 ml	*(¼ c. à thé) de basilic*
1	*gousse d'ail, écrasée et hachée*
45 ml	*(3 c. à soupe) de farine*
375 ml	*(1½ tasse) de bouillon de boeuf, chaud***
375 ml	*(1½ tasse) de tomates en conserve, égouttées et grossièrement hachées une pincée de thym sel et poivre*

Préchauffer le four à 180°C (350°F).
Couper les flancs en deux, dans la longueur. Arrêter la fente à 0,65 cm (¼ po) de l'extrémité. Ouvrir les flancs et les placer à plat. Aplatir avec un maillet ou un couperet.
Saler, poivrer et remplir chaque flanc avec la moitié de la farce. Rouler et ficeler.
Faire chauffer 15 ml (1 c. à soupe) d'huile dans une sauteuse à feu vif. Ajouter les flancs et les faire brunir sur tous les côtés.
Placer les flancs dans une casserole allant au four. Saler, poivrer. Mettre de côté.
Faire fondre 30 ml (2 c. à soupe) de beurre dans la sauteuse. Ajouter les carottes, les oignons, le céleri, les épices et l'ail. Faire cuire de 4 à 5 minutes à feu moyen en remuant de temps en temps.
Ajouter la farine; faire cuire 6 minutes à feu doux tout en remuant constamment.
Retirer la sauteuse du feu. Incorporer 250 ml (1 tasse) du bouillon de boeuf; remuer avec une cuillère en bois.
Remettre la sauteuse à feu doux. Incorporer le reste du bouillon; remuer et amener à ébullition.
Dans une autre sauteuse, faire chauffer le reste du beurre à feu vif. Ajouter les tomates; faire cuire de 1 à 2 minutes en remuant fréquemment.
Verser les tomates sur les flancs. Ajouter la

Brochettes de boeuf

sauce. Assaisonner au goût; couvrir et faire cuire 1 heure 30 minutes au four.
Passer la sauce à la passoire avant de servir.

* Farce 1, voir p. 20
** Bouillon de boeuf, voir p. 34

Brochettes de boeuf
(pour 4 personnes)

1	*filet de boeuf de 750 g (1½ livre), coupé en cubes de 4 cm (1½ po)*
1	*oignon, coupé en cubes de 2,5 cm (1 po)*
8	*tranches de bacon, coupées en 3*
20	*têtes de champignons frais, nettoyées*
30 ml	*(2 c. à soupe) de beurre à l'ail* marinade au choix** sel et poivre*

Placer le boeuf dans un bol et le recouvrir de marinade. Couvrir avec un papier ciré et réfrigérer 12 heures.
Sur des brochettes enfiler, en alternant, boeuf, oignon, bacon et champignon.
Saler, poivrer les brochettes. Placer le tout au four, à 15 cm (6 po) de l'élément supérieur et faire cuire à gril (broil):

4 minutes pour saignant
12 minutes pour bien cuit

Badigeonner les brochettes de marinade de temps en temps.

Lorsque les brochettes sont presque cuites, étendre 5 ml (1 c. à thé) de beurre à l'ail sur chacune. Continuer la cuisson au four. Servir avec un riz.

* Beurre à l'ail, voir p. 16
** Marinade, voir p. 26

Filet de boeuf aux légumes

(pour 4 personnes)

45 ml	(3 c. à soupe) de beurre
500 g	(1 livre) de filet de boeuf, émincé en biais
1	petit oignon, émincé
1	piment vert, épépiné et émincé
1	gousse d'ail, écrasée et hachée
500 g	(1 livre) de champignons frais, nettoyés et émincés
2	châtaignes d'eau, émincées
8	quartiers de tomates
	sel
	poivre du moulin

Faire chauffer le beurre dans une sauteuse à feu vif. Ajouter le boeuf; faire cuire 3 minutes sans couvrir. Remuer fréquemment.

Transférer le boeuf sur un plat de service chaud.

Mettre les oignons, les piments et l'ail dans la sauteuse; faire cuire 2 minutes sans couvrir.

Ajouter les champignons; continuer la cuisson pendant 2 minutes en remuant fréquemment.

Ajouter les châtaignes d'eau et les tomates; faire cuire 1 minute. Saler, poivrer.

Remettre la viande et le jus dans la sauteuse; réchauffer quelques secondes. Rectifier l'assaisonnement.

Disposer le boeuf et les légumes sur du riz. Servir immédiatement.

Entrecôte au cognac

(pour 4 personnes)

20 ml	(1½ c. à soupe) de grains de poivre, écrasés
4	entrecôtes de 375 g (¾ livre)
45 ml	(3 c. à soupe) de beurre clarifié*
45 ml	(3 c. à soupe) de cognac
30 ml	(2 c. à soupe) de beurre
2	échalotes sèches hachées
	sel

Presser le poivre écrasé sur les entrecôtes.

Faire chauffer le beurre clarifié dans une sauteuse à feu vif. Ajouter les entrecôtes; faire cuire à feu moyen selon le goût:

5 minutes de chaque côté pour médium-saignant

6 minutes de chaque côté pour médium

7 minutes de chaque côté pour bien cuit

Retirer la sauteuse du feu et laisser reposer pendant quelques minutes. Ajouter le cognac et flamber. Transférer les entrecôtes sur un plat de service chaud. Mettre de côté. Saler.

Faire chauffer le reste du beurre dans la sauteuse. Ajouter les échalotes; faire cuire 1 minute à feu moyen. Verser sur les entrecôtes. Servir.

* Beurre clarifié, voir p. 13

Boeuf Stroganoff

(pour 4 personnes)

90 ml	(6 c. à soupe) de beurre clarifié*
2	petits oignons, émincés
250 g	(½ livre) de champignons frais, nettoyés et émincés
5 ml	(1 c. à thé) de paprika
3 ml	(¾ c. à thé) de pâte de tomate
60 ml	(4 c. à soupe) de sauce brune légère, chaude**
125 ml	(½ tasse) de crème sure
15 ml	(1 c. à soupe) de persil frais haché
750 g	(1½ livre) de boeuf dans la ronde, émincé en biais
	une pincée de poivre de Cayenne
	jus de ½ citron
	sel et poivre

Faire chauffer la moitié du beurre dans une sauteuse à feu vif. Ajouter les oignons; couvrir et faire cuire 8 à 10 minutes à feu doux tout en remuant occasionnellement.

Ajouter les champignons; faire cuire 5 minutes sans couvrir tout en remuant occasionnellement.

Incorporer le paprika, la sauce brune, la pâte de tomate et la crème sure. Assaisonner au goût.

Retirer la sauteuse du feu. Mettre de côté.

Faire chauffer le reste du beurre dans une sauteuse à feu vif. Ajouter le boeuf; faire sauter 3 minutes à feu vif.

Saler, poivrer le boeuf et l'incorporer à la sauce. Arroser de jus de citron et saupoudrer de poivre de Cayenne.

Servir sur des nouilles au beurre. Garnir de persil.

* *Beurre clarifié, voir p. 13*
** *Sauce brune légère, voir p. 42*

Steak à la chinoise

(pour 2 personnes)

2	*entrecôtes ou filets mignons de 250 g (¹/₂ livre)*
45 ml	*(3 c. à soupe) de beurre*
1	*petit oignon, émincé*
¹/₂	*piment vert, épépiné et émincé*
12	*champignons frais, nettoyés et émincés*
1	*gousse d'ail, écrasée et hachée*
1	*tomate en quartiers*
15 ml	*(1 c. à soupe) de sauce soya sel*

poivre du moulin

Émincer les entrecôtes en biais.

Faire chauffer 30 ml (2 c. à soupe) de beurre dans une sauteuse à feu vif. Ajouter les morceaux de viande; faire cuire, à feu moyen, 3 minutes de chaque côté.

Saler, poivrer et transférer la viande sur un plat de service chaud.

Faire chauffer le reste du beurre dans la sauteuse; ajouter les oignons; faire cuire 1 minute.

Ajouter les piments verts; faire cuire 1 minute en remuant occasionnellement.

Ajouter les champignons et l'ail; faire cuire 3 minutes. Remuer occasionnellement.

Ajouter les tomates; continuer la cuisson 1 à 2 minutes. Saler, poivrer.

Incorporer la sauce soya. Remettre la viande et le jus dans la sauce. Servir sur du riz.

Entrecôte au poivre

(pour 2 personnes)

15 ml	(1 c. à soupe) de beurre clarifié*
15 ml	(1 c. à soupe) de grains de poivre, écrasés
2	entrecôtes de 284 g (10 oz)
45 ml	(3 c. à soupe) de cognac
125 ml	(½ tasse) de sauce brune légère, chaude**
125 ml	(½ tasse) de crème à 35%
5 ml	(1 c. à thé) de persil frais haché
	sel
	poivre du moulin

Presser le poivre écrasé sur les entrecôtes. Faire chauffer le beurre dans une sauteuse à feu vif. Ajouter les entrecôtes; faire cuire à feu moyen:

5 minutes de chaque côté pour médium-saignant

6 minutes de chaque côté pour médium

7 minutes de chaque côté pour bien cuit

Retirer la sauteuse du feu et laisser reposer quelques minutes. Ajouter le cognac et flamber. Transférer les entrecôtes sur un plat de service chaud.

Verser la sauce brune dans la sauteuse. Amener à ébullition à feu vif. Réduire l'élément à feu moyen. Incorporer le crème et faire mijoter de 2 à 3 minutes. Assaisonner au goût.

Verser le jus des entrecôtes dans la sauce. Verser la sauce sur les entrecôtes. Garnir de persil. Servir.

* Beurre clarifié, voir p. 13
** Sauce brune légère, voir p. 42

Technique: Entrecôte au poivre

1 Presser le poivre écrasé sur les entrecôtes.

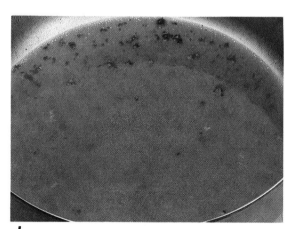

2 Faire sauter les entrecôtes dans une sauteuse à feu vif.

3 Ajouter le cognac et flamber.

4 Verser la sauce brune dans la sauteuse et amener à ébullition à feu vif.

5 Incorporer la crème; faire mijoter de 2 à 3 minutes. Assaisonner au goût.

Technique: Cuisson du rôti de boeuf

Plusieurs coupes de boeuf peuvent être rôties. Le rôti de côtes demeure le plus savoureux. Les côtes de cette coupe donnent une excellente saveur de boeuf. Cette coupe est assez coûteuse.

L'oeil de la ronde, la croupe et la pointe de surlonge peuvent être rôtis avec d'excellents résultats. L'absence de gras et d'os rend ces coupes de boeuf plus économiques que le rôti de côtes.

Votre boucher devrait laisser vieillir la coupe de boeuf de 2 à 3 semaines pour l'attendrir et la rendre plus savoureuse.

Après l'achat, le rôti devrait être enveloppé dans un papier ciré huilé. Durant l'été, une coupe de boeuf désossée enveloppée d'un papier ciré huilé se conservera 3 jours au réfrigérateur. Durant l'hiver, la même coupe se conservera 4 jours.

Les coupes de boeuf avec os se conserveront 5 jours, enveloppées dans du papier huilé et réfrigérées.

Rôti de boeuf
(pour 4 personnes)

1	*rôti de côtes de 2,7 kg (6 livres)*
	OU: rôti d'oeil dans la ronde de 1,4 kg (3 livres)
	OU: rôti de croupe de 1,8 kg (4 livres)
	OU: rôti de pointe de surlonge de 1,4 kg (3 livres)
1 ml	*(¼ c. à thé) de basilic*
1 ml	*(¼ c. à thé) de thym*
2 ml	*(½ c. à thé) de cerfeuil*
15 ml	*(1 c. à soupe) d'huile végétale*
30 ml	*(2 c. à soupe) de carottes finement haché*
30 ml	*(2 c. à soupe) d'oignons finement haché*
15 ml	*(1 c. à soupe) de céleri finement hach0*
375 ml	*(1½ tasse) de bouillon de boeuf chaud**
	feuille de laurier
	sel
	poivre du moulin

Préchauffer le four à 240°C (450°F).
Couper une mince lanière de boeuf en morceaux de 1,2 cm (½ po). Mélanger le basi-

lic, le thym et le cerfeuil dans un petit bol. Rouler les morceaux de boeuf dans les épices.

À l'aide d'un couteau d'office, faire des incisions d'une profondeur de 1,2 cm (½ po) dans le rôti et y insérer un petit morceau de boeuf épicé. S'il s'agit d'un rôti de côtes, insérer les morceaux entre les côtes. Pour une coupe de boeuf maigre, bien huiler le rôti avec de l'huile végétale avant la cuisson. Poivrer le rôti. Ne pas saler car la viande durcirait.

Faire chauffer 15 ml (1 c. à soupe) d'huile dans un plat à rôtir. Placer le plat au four et faire chauffer l'huile de 3 à 4 minutes. Placer le rôti dans le plat, le côté gras vers le haut. Cuire 45 minutes au four.

Réduire le four à 180°C (350°F). Saler le rôti. Durée totale de la cuisson, incluant le 30 minutes à 240°C (450°F):

> 18 minutes par 500 g (1 livre): saignant
> 20 minutes par 500 g (1 livre): médium-saignant
> 24 minutes par 500 g (1 livre): bien cuit

Badigeonner le rôti et jeter le gras à toutes les 15 minutes.

Dès que le rôti est cuit, le retirer et le placer sur une planche à dépecer. Laisser reposer pendant 15 minutes pour permettre aux jus de se redistribuer.

Entre-temps: retirer le gras du plat à rôtir en ne laissant que 30 ml (2 c. à soupe) dans le plat.

Mettre les carottes, les oignons, le céleri, les échalotes, les épices et la feuille de laurier dans le plat à rôtir. Faire cuire 5 à 6 minutes à feu vif.

Incorporer le bouillon de boeuf. Saler, poivrer. Verser le tout dans une casserole. Faire réduire la sauce de 4 à 5 minutes à feu vif. Passer le tout à la passoire.

Découper le rôti. Servir avec la sauce.

* Bouillon de boeuf, voir p. 34

Rôti de boeuf à la française
(pour 4 personnes)

45 ml	*(3 c. à soupe) de beurre (pour saisir le rôti)*
1	*rôti de boeuf de 5 côtes*
250 ml	*(1 tasse) de pommes de terre à la parisienne**
1	*paquet de têtes d'asperges*
2	*concombres, évidés et coupés en tranches de 1,2 cm (½ po)*
1	*oignon haché*

1	*branche de céleri, hachée*
4	*tomates en quartiers*
375 ml	*(1½ tasse) de bouillon de boeuf chaud****
125 ml	*(½ tasse) de vin blanc sec*
	sel et poivre

Préchauffer le four à 220°C (425°F).

Préparer et faire cuire le rôti en suivant la technique.

Faire blanchir tous les légumes, à l'exception des tomates, pendant 5 minutes dans l'eau bouillante salée. Égoutter et mettre de côté.

10 minutes avant la fin de la cuisson du rôti, ajouter les oignons et le céleri. Dès que le rôti est cuit, le transférer sur un plat de service.

Jeter la moitié du gras qui se trouve dans le plat à rôtir. Placer le plat à rôtir à feu vif et y mettre les légumes blanchis. Faire cuire 4 minutes.

Assaisonner au goût.

Ajouter le vin blanc sec; faire cuire 2 minutes.

Ajouter les tomates et le bouillon de boeuf; faire cuire de 3 à 4 minutes à feu moyen.

Égoutter les légumes et les placer autour du rôti.

Servir la sauce avec le rôti.

* Pour faire les pommes de terre à la parisienne: peler les pommes de terre et à l'aide d'une petite cuillère à légumes, former des boules.

* *Bouillon de boeuf, voir p. 34*

Boeuf bourguignon

(pour 4 personnes)

1,4 kg	(3 livres) de haut de côtes de boeuf
30 ml	(2 c. à soupe) d'huile végétale
15 ml	(1 c. à soupe) de beurre
1	feuille de laurier
2 ml	(½ c. à thé) de cerfeuil
1 ml	(¼ c. à thé) de thym
2 ml	(½ c. à thé) d'estragon
3	gousses d'ail, écrasées et hachées
2	échalotes sèches, finement hachées
60 ml	(4 c. à soupe) de farine
625 ml	(2½ tasses) de bouillon de boeuf chaud*
250 g	(½ livre) de porc salé, coupé en dés
250 g	(½ livre) de champignons frais, nettoyés et coupés en deux
15 ml	(1 c. à soupe) de persil frais haché
18	petits oignons blancs, pelés marinade au choix** sel et poivre

Parer et couper la viande en cubes de 4 cm (1½ po). Mettre la viande dans un bol et la recouvrir de marinade. Couvrir avec un papier ciré et réfrigérer 12 heures.
Préchauffer le four à 180°C (350°F).

Technique: Boeuf bourguignon

1 Recouvrir le boeuf de marinade et réfrigérer.

2 Faire brunir la viande à feu vif.

5 Incorporer la marinade. Saler, poivrer.

6 Faire sauter le porc de 3 à 4 minutes à feu vif. Ajouter les oignons; faire cuire 4 minutes à feu moyen.

Égoutter la viande sur du papier essuie-tout. Passer la marinade dans une passoire et la mettre dans une casserole. Faire réduire des ²/₃ à feu vif. Mettre de côté.

Faire chauffer l'huile et le beurre dans une casserole allant au four, à feu vif. Ajouter quelques morceaux de viande et les faire brunir à feu vif. Répéter la même opération pour le reste de la viande. Mettre toute la viande dans la casserole. Saler, poivrer. Ajouter les épices, l'ail et les échalotes; faire mijoter 1 minute à feu doux.

Ajouter la farine; faire cuire 4 à 5 minutes tout en remuant constamment.

Retirer la casserole du feu. Ajouter 250 ml (1 tasse) de bouillon de boeuf; bien mélanger avec une cuillère en bois.

Retourner la casserole sur l'élément à feu doux. Ajouter le reste du bouillon de boeuf, une tasse à la fois, tout en remuant constamment.

Incorporer la marinade. Saler, poivrer. Amener à ébullition à feu vif; couvrir et faire cuire 1 heure 15 minutes au four.

Faire sauter le porc de 3 à 4 minutes dans une sauteuse à feu vif. Ajouter les oignons; faire cuire 4 minutes à feu moyen. Ajouter les champignons; faire cuire 4 minutes. Saler, poivrer et incorporer à la casserole. Couvrir et continuer la cuisson au four pendant 30 minutes.

Garnir de persil haché. Servir directement de la casserole.

* Bouillon de boeuf, voir p. 34
** Marinade, voir p. 26

3 Ajouter les épices. Parsemer de farine et continuer la cuisson.

4 Ajouter le bouillon de boeuf.

7 Ajouter les champignons; faire cuire 4 minutes.

8 Incorporer les légumes à la casserole.

Flanc de boeuf roulé farci

(pour 10 personnes)

45 ml	(3 c. à soupe) de beurre
1	petit oignon finement haché
500 g	(1 livre) de champignons frais, nettoyés et hachés
2 ml	(½ c. à thé) de thym
5 ml	(1 c. à thé) de cerfeuil
2 ml	(½ c. à thé) de basilic
2	gousses d'ail, écrasées et hachées
30 ml	(2 c. à soupe) de ciboulette hachée
50 ml	(¼ tasse) de chapelure
1	oeuf battu
3	flancs de boeuf
20 ml	(1½ c. à soupe) d'huile sel et poivre une pincée de thym

Faire chauffer le beurre dans une sauteuse. Ajouter les oignons; faire cuire 2 minutes à feu moyen. Ajouter les champignons, les épices et l'ail; faire cuire de 7 à 8 minutes. Saler, poivrer.

Retirer la sauteuse du feu. Incorporer la chapelure et l'oeuf battu. Mettre de côté.

Trancher les flancs en deux, dans la longueur en arrêtant à 0,65 cm (¼ po) de l'extrémité. Ouvrir les flancs et les placer à plat sur le comptoir. Aplatir avec un maillet ou un couperet.

Saler, poivrer. Remplir chaque flanc avec ⅓ de la farce. Rouler et ficeler.

Faire chauffer l'huile dans une sauteuse et brunir les flancs sur tous les côtés. Saler, poivrer.

Disposer les flancs dans une grande casserole allant au four. Saler, poivrer.

LA SAUCE:

75 ml	(5 c. à soupe) de beurre
30 ml	(2 c. à soupe) de carottes finement hachées
30 ml	(2 c. à soupe) d'oignons finement hachés
15 ml	(1 c. à soupe) de céleri finement haché
1	feuille de laurier
1 ml	(¼ c. à thé) de basilic
1	gousse d'ail, écrasée et hachée
90 ml	(6 c. à soupe) de farine
1,5 l	(6 tasses) de bouillon de boeuf chaud*
375 ml	(1½ tasse) de tomates égouttées et hachées

Viandes et abattis

250 ml   (1 tasse) de vin rouge sec
30 ml   (2 c. à soupe) d'huile de
*   maïs*
*   sel et poivre*

Faire chauffer le beurre dans une sauteuse à feu vif. Ajouter les légumes, à l'exception des tomates. Ajouter les épices et l'ail; faire cuire de 4 à 5 minutes tout en remuant constamment.

Incorporer la farine; faire cuire 6 minutes en remuant constamment.

Incorporer le bouillon de boeuf. Saler, poivrer. Amener à ébullition. Verser la sauce sur les flancs de boeuf.

Faire réduire le vin des ¾ dans la sauteuse. Incorporer le vin à la sauce. Rectifier l'assaisonnement.

Faire sauter les tomates dans 30 ml (2 c. à soupe) d'huile de maïs et les incorporer à la sauce.

Couvrir et faire cuire 1 heure 30 minutes dans un four préchauffé à 180°C (350°F).

Trancher la viande et la disposer sur un plat de service chaud. Passer la sauce dans une passoire et la verser sur les flancs. Garnir de persil frais. Servir.

* Bouillon de boeuf, voir p. 34

1   Flanc de boeuf.

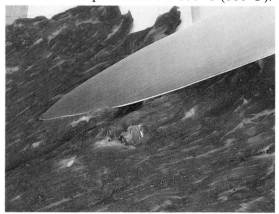

4   Trancher le flanc en deux dans la longueur, l'ouvrir et l'étendre. Aplatir le flanc avec un maillet.

5   Saler, poivrer et farcir.

8   Faire cuire les épices et les légumes, à l'exception des tomates, dans le beurre chaud.

9   Ajouter la farine; continuer la cuisson.

Technique: Flanc de boeuf roulé farci

2   Faire cuire les oignons et les champignons dans le beurre chaud.

3   Retirer du feu. Incorporer la chapelure et l'oeuf.

6   Rouler le flanc et le ficeler.

7   Faire chauffer l'huile dans une sauteuse. Faire brunir le flanc de tous les côtés. Saler, poivrer.

10   Incorporer le bouillon de boeuf. Saler, poivrer.

11   Faire réduire le vin des $3/4$.

Cervelle de veau aux câpres

(pour 4 personnes)

4	cervelles de veau de 227 g (8 oz) chacune, coupées en deux, nettoyées et blanchies*
40 ml	(2½ c. à soupe) beurre clarifié
30 ml	(2 c. à soupe) de beurre
15 ml	(1 c. à soupe) de câpres
15 ml	(1 c. à soupe) de persil frais haché
	jus de ½ citron
	sel et poivre

Saler, poivrer les cervelles.

Faire chauffer le beurre clarifié dans une sauteuse à feu vif. Ajouter les cervelles; faire cuire 4 minutes de chaque côté à feu moyen.

Transférer les cervelles dans un plat de service chaud.

Jeter le gras qui se trouve dans la sauteuse. Faire fondre le reste du beurre dans la sauteuse à feu moyen. Ajouter les câpres et le persil; faire cuire 1 minute.

Arroser de jus de citron et assaisonner au goût.

Verser la sauce sur les cervelles. Servir.

* Préparation de la cervelle de veau, voir p. 297.

Pâté de foies de poulet

(pour 4 à 6 personnes)

375 ml	*(1¹/₂ tasse) de foies de poulet*
125 ml	*(¹/₂ tasse) de beurre doux*
1	*oignon finement haché*
2	*gousses d'ail, écrasées et hachées*
15 ml	*(1 c. à soupe) de brandy ou de cognac*
50 ml	*(¹/₄ tasse) de beurre clarifié fondu**
	sel et poivre

Nettoyer les foies de poulet.
Faire chauffer 50 ml (¹/₄ tasse) de beurre doux dans une sauteuse. Ajouter les oignons et l'ail; couvrir et faire cuire de 5 à 6 minutes. Ajouter les foies de poulet.
Saler et poivrer; couvrir et faire cuire de 5 à 6 minutes à feu moyen.
Transférer le mélange dans un bol.
Incorporer le reste du beurre doux et le brandy. Rectifier l'assaisonnement.
À l'aide d'une cuillère, verser le mélange dans un plat de service ou des ramequins. Lisser la surface du pâté avec un couteau.
Verser le beurre clarifié sur le pâté. Réfrigérer jusqu'au moment de servir.
Servir à la température de la pièce.

* Beurre clarifié, voir p. 13

Brochettes de foies de poulet

(pour 4 personnes)

2	*piments verts*
1	*piment rouge*
1	*gros oignon*
20 ml	*(2¹/₂ c. à soupe) d'huile de maïs*
500 g	*(1 livre) de foies de poulet*
6	*tranches de bacon, coupées en deux et pliées en deux*
4	*tranches de beurre à l'ail**
	sel et poivre

Préchauffer le four à gril (broil).
Couper tous les légumes en cubes. Mettre de côté.
Faire chauffer l'huile dans une casserole à feu vif. Ajouter les foies de poulet. Saler, poivrer. Couvrir et faire cuire 4 minutes. Retirer les foies du feu.
Sur des brochettes enfiler, en alternant: foie de poulet, bacon, piment vert, oignon et piment rouge. Répéter pour remplir toutes les brochettes.
Badigeonner les brochettes de beurre. Saler, poivrer. Faire cuire au four à gril (broil), 4 minutes de chaque côté.
Placer une tranche de beurre à l'ail sur chaque brochette. Faire fondre au four à gril (broil).
Servir sur du riz blanc.

* Beurre à l'ail, voir p. 16

Veau aux cerises

(pour 6 personnes)

1	*épaule de veau de 1,4 à 1,8 kg (3 à 4 livres)*
60 ml	*(4 c. à soupe) d'huile de maïs*
125 ml	*(¹/₂ tasse) de vin blanc sec (facultatif)*
250 ml	*(1 tasse) de bouillon de poulet chaud**
250 g	*(¹/₂ livre) de cerises fraîches, dénoyautées*
15 ml	*(1 c. à soupe) de sucre*
	une pincée de cardamome
	une pincée de cannelle
	jus de 1 orange
	jus de ¹/₂ citron
	sel et poivre

Préchauffer le four à 200°C (400°F).
Badigeonner le rôti d'huile. Saler, poivrer. Badigeonner le fond d'un plat à rôtir avec le reste de l'huile. Placer le plat au four et faire chauffer. Dès que l'huile est chaude, placer le rôti dans le plat. Faire brunir 20 minutes au four.
Réduire le four à 180°C (350°F). Faire cuire de 20 à 25 minutes par 500 g (1 livre) ou au goût. Badigeonner occasionnellement avec le jus de cuisson.
20 minutes avant la fin de la cuisson du rôti: saupoudrer le rôti de cardamome et de cannelle. Arroser de jus d'orange et de citron. Dès que le rôti est cuit, le placer sur un plat de service. Placer le plat à rôtir sur deux éléments de la cuisinière à feu vif.
Verser le vin dans le plat et le faire réduire des ²/₃ à feu vif. Incorporer le bouillon de poulet, les cerises et le sucre. Faire réduire le liquide de moitié. Rectifier l'assaisonnement. Servir avec le rôti.

* Bouillon de poulet, voir p. 33-34

Hamburger Victor

(pour 4 personnes)

30 ml	(2 c. à soupe) d'huile
1	oignon haché
900 g	(2 livres) de boeuf maigre haché
1	oeuf entier
15 ml	(1 c. à soupe) de persil haché
2 ml	(½ c. à thé) de sauce Worcestershire
30 ml	(2 c. à soupe) de beurre
3	pommes de terre, pelées et émincées
1	oignon émincé
4	tranches de tomates sel et poivre

Faire chauffer 5 ml (1 c. à thé) d'huile dans une poêle à frire. Ajouter les oignons hachés; couvrir et faire cuire 3 minutes à feu doux. Verser les oignons dans un bol à mélanger. Ajouter la viande, l'oeuf, le persil et la sauce Worcestershire. Saler, poivrer; bien mélanger.

Former 4 hamburgers. Mettre de côté.

Faire chauffer le beurre dans une poêle à frire. Ajouter les pommes de terre. Saler, poivrer. Faire cuire de 15 à 18 minutes à feu moyen.

5 minutes avant la fin de la cuisson, ajouter les oignons émincés.

Faire chauffer le reste de l'huile dans une sauteuse. Ajouter les hamburgers; faire cuire 4 minutes de chaque côté.

Placer une tranche de tomate sur chaque hamburger; continuer la cuisson pendant 2 minutes.

Servir avec la garniture d'oignons et de pommes de terre.

Rognons de veau Madère

(pour 2 personnes)

3	rognons de veau, la peau et le gras retirés
30 ml	(2 c. à soupe) de beurre clarifié*
250 g	(½ livre) de champignons frais, nettoyés et coupés en 4
1	échalote sèche hachée
250 ml	(1 tasse) de sauce brune légère, chaude**
125 ml	(½ tasse) de vin de Madère
15 ml	(1 c. à soupe) de crème à 35 %
15 ml	(1 c. à soupe) de persil frais haché
	une pincée de poivre de Cayenne
	sel et poivre

Trancher les rognons.

Faire chauffer le beurre clarifié dans une sauteuse à feu vif. Ajouter les rognons; faire cuire de 3 à 4 minutes de chaque côté. Saler, poivrer et transférer dans un plat de service chaud.

Faire sauter les champignons et les échalotes 4 minutes à feu vif. Remuer fréquemment. Ajouter la sauce brune et le vin. Amener à ébullition; faire mijoter quelques minutes à feu moyen.

Assaisonner la sauce de sel, de poivre et de poivre de Cayenne.

Incorporer les rognons et la crème.

Garnir de persil. Servir.

Beurre clarifié, voir p. 13
**Sauce brune légère, voir p. 42*

Foie de veau Bergerac

(pour 4 personnes)

800 g	(1³/₄ livre) de foie de veau
250 ml	(1 tasse) de farine
30 ml	(2 c. à soupe) de beurre
15 ml	(1 c. à soupe) d'huile végétale
20 ml	(1¹/₂ c. à soupe) de persil frais haché
	jus de ¹/₄ citron
	sel et poivre

Préchauffer le four à gril (broil).
Retirer la membrane extérieure du foie.
Trancher le foie en biais.
Enfariner le foie et le secouer légèrement pour en retirer l'excès. Saler, poivrer.
Faire chauffer le beurre et l'huile dans une sauteuse à feu moyen. Ajouter le foie de veau et faire cuire:

3 minutes de chaque côté pour médium
5 minutes de chaque côté pour bien cuit.

Placer le foie de veau dans un plat à gratin et le parsemer de petits morceaux de beurre à l'échalote.

Placer le tout au four, à 15 cm (6 po) de l'élément supérieur. Faire cuire à gril (broil) jusqu'à ce que le beurre fonde.
Arroser de jus de citron. Garnir de persil haché. Servir immédiatement.

Technique: Foie de veau Bergerac

1 Enfariner le foie de veau et le secouer légèrement pour en retirer l'excès.

Boeuf sauté aux oignons

(pour 2 personnes)

30 ml	*(2 c. à soupe) de beurre*
500 g	*(1 livre) de restes de rôti de boeuf*
	OU: de boeuf dans la ronde, coupé en tranches de 5 cm (2 po) de largeur
1¹/₂	*oignon émincé*
5 ml	*(1 c. à thé) de vinaigre de vin*
15 ml	*(1 c. à soupe) de persil frais haché*
	sel et poivre

Faire chauffer le beurre dans une sauteuse à feu vif. Ajouter les restes de rôti; faire cuire 2 minutes de chaque côté.

OU: pour le boeuf dans la ronde non cuit, faire cuire 3 minutes de chaque côté.

Saler, poivrer et transférer dans un plat de service chaud.

Mettre les oignons dans la sauteuse; faire brunir à feu vif. Remuer fréquemment.

Remettre le boeuf dans la sauteuse et le faire réchauffer pendant quelques minutes.

Rectifier l'assaisonnement. Incorporer le vinaigre. Garnir de persil. Servir.

Feuilles de chou farcies

(pour 4 personnes)

1	*gros chou*
30 ml	*(2 c. à soupe) de beurre*
1	*échalote sèche hachée*
1	*gousse d'ail, écrasée et hachée*
15 ml	*(1 c. à soupe) de persil frais haché*
1	*oignon émincé*
2	*pommes pelées, évidées et hachées finement*
500 g	*(1 livre) de boeuf maigre haché*
50 ml	*(¹/₄ tasse) de chapelure*
1	*oeuf battu*
500 ml	*(2 tasses) de sauce tomate*
	sel et poivre

Préchauffer le four à 190°C (375°F).

Faire blanchir le chou pendant 4 minutes dans l'eau bouillante salée. Puis le faire refroidir sous l'eau froide pendant 4 minutes.

Délicatement, retirer 8 grandes feuilles du chou, les égoutter et les mettre de côté.

Faire chauffer le beurre dans une sauteuse à feu vif. Ajouter les échalotes, l'ail, le persil, les oignons et les pommes. Faire cuire 4 minutes à feu moyen. Remuer occasionnellement.

Ajouter le boeuf; faire cuire de 5 à 6 minutes en remuant occasionnellement. Saler, poivrer.

Retirer du feu et incorporer la chapelure et l'oeuf. Rectifier l'assaisonnement.

Placer une égale quantité de farce sur chaque feuille de chou et rouler la feuille par-dessus la farce tout en pliant le bord de la feuille vers le milieu. Retenir le tout avec un cure-dents.

Placer les rouleaux farcis dans un plat à gratin beurré et les napper de sauce tomate. Couvrir et faire cuire 25 minutes au four. Retirer les cure-dents avant de servir.

Pot-au-feu

(pour 6 personnes)

1	*poitrine de boeuf de 1,8 kg (4 livres), avec os*
4	*carottes*
3	*poireaux, coupés en deux dans la longueur en partant de 5 cm (2 po) de la racine, lavés*
1	*chou en quartiers*
1	*navet, pelé et en quartiers*
4	*pommes de terre, pelées*
4	*oignons*
2	*branches de céleri*
15 ml	*(1 c. à soupe) de persil frais haché*
1	*feuille de laurier*
1	*gousse d'ail*
	une pincée de thym
	sel et poivre

Mettre la viande et les os dans une grande casserole. Couvrir d'eau froide et amener à ébullition; faire cuire de 15 à 20 minutes. Écumer de 3 à 4 fois durant la cuisson.

Ajouter les légumes et les épices. Saler, poivrer. Faire cuire de 3 à 3 heures 30 minutes à feu doux.

NOTE: Dès que les légumes sont cuits, les retirer de la casserole.

Pot-au-Feu

Avant de servir, réchauffer les légumes dans le bouillon chaud. Servir avec de la moutarde importée, des cornichons et du pain à l'ail.

Goulash
(pour 4 personnes)

30 ml	(2 c. à soupe) d'huile végétale
2	oignons hachés
1,5 kg	(3½ livres) hautes côtes de boeuf, en cubes
1	gousse d'ail, écrasée et hachée
30 ml	(2 c. à soupe) de paprika
45 ml	(3 c. à soupe) de farine
30 ml	(2 c. à soupe) de pâte de tomate
1,5 l	(6 tasses) de bouillon de boeuf, chaud*
15 ml	(1 c. à soupe) de persil frais haché
	nouilles au beurre
	sel et poivre

Préchauffer le four à 180°C (350°F).

Faire chauffer l'huile dans une casserole allant au four. Ajouter les oignons; faire cuire 3 minutes.

Ajouter la viande, l'ail et le paprika; faire saisir de 3 à 4 minutes, de chaque côté, à feu vif.

Ajouter la farine; bien mélanger et faire cuire 2 minutes.

Ajouter la pâte de tomates et le bouillon de boeuf; remuer et assaisonner au goût.

Entrecôte aux piments, champignons et céleri

Couvrir et faire cuire 2 heures au four. Servir sur des nouilles au beurre. Parsemer de persil haché.

* Bouillon de boeuf, voir p. 34

Entrecôte aux piments, champignons et céleri

(pour 4 personnes)

4	*entrecôtes de 170 g (6 oz) chacune*
30 ml	*(2 c. à soupe) d'huile de maïs*
2	*piments verts, épépinés et émincés*
250 g	*(½ livre) de champignons frais, nettoyés et émincés*
1	*branche de céleri, émincée*
1	*gousse d'ail, écrasée et hachée*
2 ml	*(½ c. à thé) de thym*
	sel
	poivre du moulin

Poivrer les entrecôtes et presser le poivre sur la viande.

Faire chauffer 15 ml (1 c. à soupe) d'huile dans une sauteuse à feu vif. Ajouter les entrecôtes et les saisir 3 minutes sur un côté. Ne pas toucher à la viande!

Retourner les entrecôtes et continuer la cuisson pendant 3 minutes. Saler, poivrer et continuer la cuisson à feu moyen. Retourner la viande à toutes les 2 ou 3 minutes pour empêcher qu'elle ne forme une croûte.

Lorsque les entrecôtes sont cuites au goût,

les transférer sur un plat de service chaud.
Faire chauffer le reste de l'huile dans une
poêle. Ajouter les légumes, l'ail et le thym.
Saler, poivrer. Couvrir et faire cuire 4 minutes à feu moyen-doux.

Placer les légumes sur les entrecôtes. Servir.

Steak à la Suisse

(pour 4 personnes)

1,4 kg	*(3 livres) de hautes côtes de boeuf*
1	*gousse d'ail, pelée et coupée en deux*
30 ml	*(2 c. à soupe) d'huile de maïs*
1	*oignon finement haché*
1	*branche de céleri, finement haché*
1	*boîte de tomates en conserve, de 796 ml (28 oz), égouttées et hachées*
250 ml	*(1 tasse) de bouillon de boeuf chaud**
1	*feuille de laurier*
15 ml	*(1 c. à soupe) de persil haché*
	sel et poivre

Préchauffer le four à 160°C (325°F).

Retirer l'excès de gras de la viande. Frotter
les côtes de la viande avec l'ail.

Faire chauffer 15 ml (1 c. à soupe) d'huile
dans un plat à rôtir ou une casserole allant
au four. Saisir la viande dans l'huile chaude.
Retirer et mettre de côté.

Faire chauffer le reste de l'huile dans la casserole. Ajouter les légumes hachés et faire
cuire 5 minutes à feu moyen. Saler, poivrer.
Ajouter les tomates, le bouillon de boeuf et
les épices. Bien remuer.

Remettre la viande dans la casserole. Rectifier l'assaisonnement. Couvrir et faire
cuire 1 heure 15 minutes au four.

Transférer la viande dans un plat de service
chaud.

Passer le liquide et les légumes dans un moulin à légumes ou mettre en purée dans un
blender. Servir avec la viande.

* Bouillon de boeuf, voir p. 34

Brochettes de marin

(pour 4 personnes)

500 g	*(1 livre) de boeuf dans la ronde, coupé en cubes de 2,5 cm (1 po)*
75 ml	*(5 c. à soupe) d'huile de maïs*
2	*gousses d'ail, écrasées et hachées*
5 ml	*(1 c. à thé) de sel assaisonné*
2	*branches de céleri, coupé en cubes*
2	*piments rouges, coupés en gros cubes*
1	*gros oignon, coupé en cubes*
60 ml	*(4 c. à soupe) de beurre à l'ail**
	une pincée d'herbes mélangées
	jus de 1 citron
	sel et poivre

Mettre la viande dans un bol en acier inoxydable. Ajouter l'huile, le sel assaisonné, le
poivre, l'ail, le jus de citron et les herbes
mélangées. Bien remuer et réfrigérer 1
heure.

Sur des brochettes enfiler, en alternant:
céleri, piment rouge, viande et oignon.
Répéter pour remplir toutes les brochettes.
Placer les brochettes sur le barbecue ou au
gril (broil). Faire cuire de 3 à 4 minutes de
chaque côté.

Faire fondre le beurre à l'ail et badigeonner
les brochettes avant de servir.

* Beurre à l'ail, voir p. 16

Foies de poulet à la chinoise

(pour 4 personnes)

45 ml	*(3 c. à soupe) d'huile de maïs*
625 g	*(1¼ livre) de foies de poulet, nettoyés et coupés en deux*
1	*petit oignon émincé*
1	*piment vert épépiné et émincé*
1	*gousse d'ail, écrasée et hachée*
500 g	*(1 livre) de champignons frais, nettoyés et émincés*
125 g	*(¼ livre) de cosses de petits pois chinois*
2	*petites tomates, en sections*
2	*châtaignes d'eau, émincées (facultatif)*
	sel et poivre

Faire chauffer l'huile dans une sauteuse.
Ajouter les foies de poulet et les faire brunir de 5 à 7 minutes à feu vif. Saler, poivrer
et transférer sur un plat de service chaud.

Mettre les oignons, les piments verts et l'ail
dans la sauteuse; faire sauter 2 minutes à
feu moyen.

Viandes et abattis

Ajouter les champignons; faire cuire de 2 à 3 minutes. Ajouter le reste des ingrédients; faire sauter 2 minutes. Saler, poivrer. Placer les légumes tout autour des foies de poulet. Servir avec un riz cuit à la vapeur.

Technique: Rognons de boeuf au vin rouge

1 Les rognons de boeuf.

2 Retirer le gras des rognons.

3 Émincer les rognons.

4 Faire sauter les rognons dans le beurre chaud.

5 Faire sauter les champignons dans le beurre chaud. Ajouter le persil. Saler, poivrer.

6 Incorporer le vin rouge; faire cuire de 3 à 4 minutes à feu vif. Ajouter la sauce brune; remuer et faire cuire de 7 à 8 minutes.

Rognons de boeuf
au vin rouge

(pour 4 personnes)

60 ml	*(4 c. à soupe) de beurre*
1	*échalote sèche finement hachée*
2	*gros rognons de boeuf, nettoyés et émincés*
15 ml	*(1 c. à soupe) de farine*
250 g	*(¹/₂ livre) de champignons frais, nettoyés et coupés en dés*
15 ml	*(1 c. à soupe) de persil frais haché*
250 ml	*(1 tasse) de vin rouge sec*
375 ml	*(1¹/₂ tasse) de sauce brune légère**

sel et poivre

Faire chauffer 30 ml (2 c. à soupe) de beurre dans une sauteuse. Ajouter les échalotes et les rognons; faire cuire, à feu vif de 2 à 3 minutes de chaque côté.

Parsemer de farine; mélanger et faire cuire 1 minute. Retirer les rognons de la sauteuse; mettre de côté.

Faire chauffer le reste du beurre dans la sauteuse. Ajouter les champignons et le persil. Saler, poivrer; faire cuire 3 minutes de chaque côté.

Incorporer le vin rouge; faire cuire de 3 à 4 minutes à feu vif.

Incorporer la sauce brune; remuer et faire cuire de 3 à 4 minutes.

Ajouter les rognons de boeuf; mélanger et faire mijoter de 3 à 4 minutes à feu doux. Servir.

* Sauce brune légère, voir p. 42

Viandes et abattis

Ris de veau à la béarnaise

(pour 4 personnes)

750 g	*(1 ½ livre) de ris de veau, nettoyés et blanchis****
125 ml	*(½ tasse) de beurre clarifié fondu**
250 ml	*(1 tasse) de sauce béarnaise***
	cresson frais, lavé et asséché
	sel et poivre du moulin

Préchauffer le four à 180°C (350°F).

Tremper les ris de veau dans le beurre clarifié et les placer dans un plat à gratin. Saler, poivrer.

Faire cuire au four pendant 35 minutes tout en les badigeonnant fréquemment de beurre.

Disposer les ris de veau sur un plat de service chaud. Garnir de cresson. Servir avec la sauce béarnaise.

* *Beurre clarifié, voir p. 13*
* *Sauce béarnaise, voir p. 48*
*** *Voir: Préparation des ris de veau, p. 283*

Entrecôte bordelaise

(pour 2 personnes)

15 ml	*(1 c. à soupe) d'huile végétale*
2	*entrecôtes de 284 g (10 oz) chacune*
250 ml	*(1 tasse) de sauce bourguignonne, chaude**
5 ml	*(1 c. à thé) de persil frais haché*
	sel et poivre

Faire chauffer l'huile dans une sauteuse à feu vif.

Ajouter les entrecôtes et les faire cuire à feu moyen:

5 minutes de chaque côté: médium-saignant

6 minutes de chaque côté: médium

8 minutes de chaque côté: bien cuit

Saler, poivrer.

Transférer les entrecôtes sur un plat de service chaud. Napper de sauce bourguignonne.

Garnir de persil. Servir.

* *Sauce bourguignonne, voir p. 46*

Entrecôte bordelaise

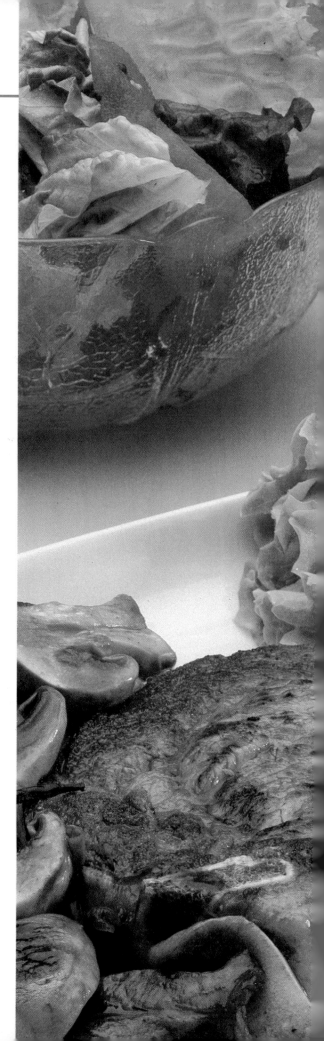

Foies de poulet en sauce

(pour 4 personnes)

20 ml	(1 ½ c. à soupe) d'huile de maïs
750 g	(1 ½ livre) de foies de poulet, nettoyés
30 ml	(2 c. à soupe) de beurre
2	gros oignons émincés
2	petits concombres, pelés, épépinés et émincés
30 ml	(2 c. à soupe) de vinaigre de vin
375 ml	(1 ½ tasse) de sauce blanche chaude*
2 ml	(½ c. à thé) de muscade
2 ml	(½ c. à thé) de persil frais haché

sel et poivre

Faire chauffer l'huile dans une sauteuse à feu vif. Ajouter les foies de poulet. Saler, poivrer. Faire cuire 7 minutes à feu moyen. Retirer les foies de la sauteuse et les mettre de côté.

Faire chauffer le beurre dans la sauteuse à feu vif. Ajouter les oignons. Assaisonner au goût. Faire cuire 4 minutes.

Ajouter les concombres et prolonger la cuisson de 4 minutes.

Saler, poivrer. Incorporer le vinaigre et le faire évaporer.

Incorporer la sauce blanche. Saupoudrer de muscade. Remettre les foies dans la sauce; faire cuire 2 minutes.

Parsemer de persil. Servir sur un riz.

* Sauce blanche, voir p. 41

Technique: Foies de poulet en sauce

1 Faire sauter les foies dans l'huile chaude.

2 Faire cuire les oignons dans le beurre chaud.

3 Ajouter les concombres; continuer la cuisson. Ajouter le vinaigre.

4 Incorporer la sauce blanche. Saupoudrer de muscade.

5 Remettre les foies de poulet dans la sauce; faire cuire 2 minutes.

6 Voici le mélange à la fin de la cuisson.

Viandes et abattis

Brochettes de foie de veau

(pour 4 personnes)

750 g	*(1½ livre) de foie de veau*
15 ml	*(1 c. à soupe) de beurre*
16	*têtes de champignons frais, nettoyées*
4	*tranches de bacon, coupées en 4*
50 ml	*(¼ tasse) de beurre clarifié**
125 ml	*(½ tasse) de chapelure branches de persil frais cresson sel et poivre*

Préchauffer le four à gril (broil).
Retirer la membrane extérieure du foie et couper la chair en carrés de 5 cm (2 po).
Faire chauffer le beurre dans une sauteuse à feu vif. Ajouter les foies et les champignons; faire cuire de 2 à 3 minutes à feu moyen. Égoutter sur du papier essuie-tout.
Sur des brochettes enfiler, en alternant: foie, champignon et bacon. Badigeonner les brochettes de beurre clarifié. Saler, poivrer. Rouler les brochettes dans la chapelure. Placer au four, à 15 cm (6 po) de l'élément supérieur. Faire cuire à gril (broil), de 3 à 4 minutes de chaque côté.
Décorer de persil ou de cresson. Servir sur un riz.

* Beurre clarifié, voir p. 13

Brochettes d'agneau

(pour 4 personnes)

750 g	*(1½ livre) d'agneau dans la longe, coupé en cubes de 4 cm (1½ po)*
8	*feuilles de laurier*
2	*gros oignons, coupés en 4*
250 g	*(½ livre) de tomates naines*
20	*têtes de champignons frais, nettoyées marinade au choix* sel et poivre*

Mettre la viande dans un bol et la recouvrir de marinade. Couvrir d'un papier ciré et réfrigérer 8 heures.
Préchauffer le four à gril (broil).
Retirer l'agneau de la marinade. Sur des brochettes enfiler, en alternant: agneau, laurier, oignon, tomate et champignon. Assaisonner au goût.
Faire cuire au four à gril (broil) ou au barbecue, de 12 à 15 minutes de chaque côté.

Badigeonner occasionnellement de marinade.

Escalope de veau Marsala

(pour 4 personnes)

750 g	*(1½ livre) d'escalopes de veau*
45 ml	*(3 c. à soupe) de beurre*
125 ml	*(½ tasse) de vin de Marsala sec*
50 ml	*(½ tasse) de bouillon de poulet chaud**
15 ml	*(1 c. à soupe) de persil frais haché*
5 ml	*(1 c. à thé) de fécule de maïs*
15 ml	*(1 c. à soupe) d'eau froide farine assaisonnée sel et poivre*

Enfariner légèrement les escalopes.
Faire chauffer 30 ml (2 c. à soupe) de beurre dans une sauteuse. Ajouter le veau, 3 à 4 morceaux à la fois, et faire cuire de 2 à 3 minutes de chaque côté, à feu moyen.

Transférer le veau dans un plat de service chaud.

Verser le vin dans la sauteuse et le faire réduire de moitié à feu vif.

Ajouter le bouillon de poulet et amener à ébullition. Gratter le fond de la sauteuse. Saler, poivrer.

Incorporer le persil et le reste du beurre.
Délayer la fécule de maïs dans l'eau froide.
Incorporer le mélange à la sauce. Faire mijoter 1 minute.

Remettre le veau dans la sauteuse et le faire réchauffer. La sauce ne doit pas bouillir.
Servir sur des nouilles au beurre.

NOTE: L'escalope de veau provient de la «noix». L'escalope devrait être coupée en tranches de 0,65 cm (¼ po) d'épaisseur et de 6 cm (2½ po) de diamètre.

* *Bouillon de poulet, voir p.33-34*

Technique: Escalope de veau Marsala

1 Enfariner légèrement les escalopes.

2 Faire cuire sur les deux côtés.

3 Ajouter le vin. Pour de meilleurs résultats, retirer les escalopes.

4 Ajouter le bouillon de poulet et amener à ébullition.

Viandes et abattis

Côtes de porc à la diable

(pour 4 personnes)

8	côtes de porc, de 2,5 cm (1 po) d'épaisseur
30 ml	(2 c. à soupe) d'huile végétale
375 ml	(1½ tasse) de sauce à la diable, chaude*
1	gros cornichon, coupé en fines lanières
15 ml	(1 c. à soupe) de persil frais haché
	sel et poivre

Préchauffer le four à 150°C (300°F).

Parer les côtes de porc en ne laissant que très peu de gras.

Faire chauffer l'huile, à feu vif, dans une sauteuse allant au four. Ajouter les côtes; faire cuire, à feu moyen, 7 minutes de chaque côté.

À l'occasion, retirer l'excès de gras qui se trouve dans la sauteuse. Saler, poivrer les côtes et continuer la cuisson au four de 5 à 6 minutes.

Retirer la sauteuse du four. Transférer les côtes de porc dans un plat de service chaud. Jeter le gras qui se trouve dans la sauteuse. Verser la sauce à la diable dans la sauteuse. Ajouter les cornichons et le persil. Amener à ébullition et faire mijoter 2 minutes à feu moyen.

Verser la sauce sur les côtes de porc avant de servir.

* Sauce à la diable, voir p. 39

Tarte au boeuf et aux légumes

(pour 4 personnes)

15 ml	(1 c. à soupe) de beurre à l'ail*
15 ml	(1 c. à soupe) d'huile de maïs
1	petit oignon émincé
1	petit piment rouge, émincé
1	petit piment vert, émincé
375 ml	(1½ tasse) de champignons frais, nettoyés et émincés
750 g	(1½ livre) de rôti de boeuf cuit, émincé
250 ml	(1 tasse) de sauce brune moyenne-épaisse, chaude**
1	recette de pommes de terre duchesse***
	sel et poivre

Faire chauffer le beurre à l'ail et l'huile dans

274

Côtes de porc à la diable

une sauteuse à feu vif. Ajouter les oignons; faire sauter de 1 à 2 minutes.

Ajouter les piments rouges et verts; continuer la cuisson de 1 à 2 minutes.

Ajouter les champignons; faire cuire de 1 à

2 minutes. Ajouter le boeuf; faire cuire de 1 à 2 minutes. Saler, poivrer.

Incorporer la sauce brune; remuer et verser le mélange dans un plat à gratin beurré. Recouvrir le tout de pommes de terre et faire cuire dans un four préchauffé à 200°C (400°F) pendant 20 minutes.

* Beurre à l'ail, voir p. 16
** Sauce brune moyenne-épaisse, voir p. 43
*** Pommes de terre duchesse, voir p. 160

Gigot d'agneau farci aux pommes

(pour 4 à 6 personnes)

45 ml	(3 c. à soupe) de beurre fondu
1	oignon finement haché
1	échalote sèche finement hachée
2	gousses d'ail, écrasées et hachées
30 ml	(2 c. à soupe) de persil frais haché
2	pommes pelées, évidées et finement hachées
250 ml	(1 tasse) de croûtons
1	gigot d'agneau de 2,3 à 2,7 kg (5 à 6 livres), désossé une pincée de thym sel et poivre

SAUCE:

1	oignon, coupé en dés
1	branche de céleri, coupée en dés
45 ml	(3 c. à soupe) de farine
750 ml	(3 tasses) de bouillon de boeuf chaud*
15 ml	(1 c. à soupe) de pâte de tomate

Préchauffer le four à 200°C (400°F).
Faire chauffer 15 ml (1 c. à soupe) de beurre dans une sauteuse. Ajouter les oignons hachés, les échalotes, l'ail, le persil et le thym. Saler, poivrer; faire cuire 3 minutes. Ajouter les pommes; mélanger, couvrir et faire cuire de 7 à 8 minutes à feu moyen. Ajouter les croûtons; mélanger et faire cuire de 2 à 3 minutes.
Saler, poivrer le gigot, le farcir et le ficeler. Placer le gigot dans un plat à rôtir et le badigeonner de beurre fondu. Faire cuire au four à 200°C (400°F) pendant 35 minutes.
Réduire le four à 190°C (375°F) et continuer la cuisson du gigot. Saler, poivrer et badigeonner de beurre fondu pendant la cuisson. Temps de cuisson: 14 minutes par 500 g (1 livre).
10 minutes avant la fin de la cuisson, mettre les oignons et le céleri dans le plat à rôtir. Dès que le gigot d'agneau est cuit, le retirer du four et le transférer dans un plat de service chaud. Mettre de côté.
Placer le plat à rôtir sur l'élément de la cuisinière. Ajouter la farine; remuer et faire cuire de 3 à 4 minutes pour brunir la farine. Incorporer le bouillon de boeuf et la pâte de tomate. Assaisonner au goût. Remuer et faire cuire de 3 à 4 minutes. Passer la sauce au tamis. Servir avec le gigot.

* Bouillon de boeuf, voir p. 34

Saucisses à l'italienne

(pour 4 personnes)

12	saucisses de porc frais
284 g	(10 oz) de spaghetti
30 ml	(2 c. à soupe) de beurre
1	oignon, émincé
250 g	(½ livre) de champignons frais, nettoyés et émincés
1	gousse d'ail, écrasée et hachée
500 ml	(2 tasses) de sauce tomate chaude sel poivre du moulin

Préchauffer le four à gril (broil).
Mettre les saucisses dans une casserole remplie d'eau bouillante. Faire cuire, sans couvrir, 5 minutes à feu vif. Égoutter et mettre de côté.
Faire cuire le spaghetti 10 minutes dans l'eau bouillante salée. Égoutter et faire refroidir sous l'eau froide pendant 6 minutes. Égoutter et mettre de côté.
Faire chauffer le beurre dans une casserole à feu vif. Ajouter les oignons; faire cuire, sans couvrir, 2 minutes à feu moyen.
Remuer fréquemment. Ajouter les champignons et l'ail. Saler, poivrer. Faire cuire, sans couvrir de 5 à 6 minutes à feu vif. Remuer fréquemment.
Incorporer la sauce tomate. Amener à ébullition à feu vif. Puis, faire mijoter 15 minutes à feu moyen, sans couvrir.
Placer les saucisses au four, à 15 cm (6 po) de l'élément supérieur. Faire brunir de 3 à 4 minutes de chaque côté.
Réchauffer le spaghetti en le plongeant 4 minutes dans l'eau chaude. Égoutter.
Partager le spaghetti entre 4 assiettes. Placer 3 saucisses sur le spaghetti. Napper de sauce. Servir.

Gigot d'agneau farci aux pommes

Épaule de veau braisée

(pour 6 à 8 personnes)

30 ml	(2 c. à soupe) d'huile de maïs
1	épaule de veau de 1,8 kg (4 livres)*
2	oignons, coupés en dés
2	échalotes sèches, finement hachées
2	branches de céleri, coupées en dés
125 ml	(½ tasse) de vin blanc sec
2	boîtes de tomates de 567 ml (20 oz), égouttées et hachées
5 ml	(1 c. à thé) d'herbes de Provence
1	feuille de laurier
	sel et poivre

Préchauffer le four à 180°C (350°F).

Faire chauffer l'huile dans une casserole allant au four. Ajouter le veau et faire brunir sur tous les côtés à feu moyen-vif.

Transférer le veau sur une assiette. Saler, poivrer.

Mettre les oignons, les échalotes et le céleri dans la casserole. Faire cuire de 2 à 3 minutes. Ajouter le vin et le faire réduire de moitié à feu vif.

Ajouter les tomates, les herbes et la feuille de laurier. Saler, poivrer. Remettre le veau dans la casserole et amener à ébullition.

Couvrir et faire cuire au four de 1½ à 2 heures ou jusqu'à ce que le veau soit tendre. Dès que le veau est cuit, le retirer du four. Mettre les légumes et le liquide de cuisson en purée. Servir avec le veau.

* Demandez à votre boucher de désosser et de rouler l'épaule de veau.

Steak au vin rouge

(pour 4 personnes)

40 ml	(2½ c. à soupe) d'huile de maïs
1	carotte, coupée en dés
1	branche de céleri, coupée en dés
1	oignon moyen, coupé en dés
30 ml	(2 c. à soupe) de beurre
1	feuille de laurier
1	gousse d'ail, écrasée et hachée
1 ml	(¼ c. à thé) de thym
2 ml	(½ c. à thé) de persil frais haché

Rib Steak à la Bordelaise

45 ml	(3 c. à soupe) de farine
250 ml	(1 tasse) de vin rouge sec
375 ml	(1½ tasse) de bouillon de boeuf, chaud*
4	steaks de 2,5 cm (1 po) d'épaisseur
	sel et poivre

Faire chauffer 15 ml (1 c. à soupe) d'huile

dans une sauteuse à feu vif. Ajouter les légumes en dés. Saler, poivrer; faire cuire 7 minutes à feu moyen.

Ajouter le beurre, les épices et l'ail; continuer la cuisson 2 minutes.

Saupoudrer de farine; faire cuire 5 minutes pour brunir la farine.

Incorporer le vin et faire cuire de 4 à 5 minutes à feu vif.

Ajouter le bouillon de boeuf. Saler, poivrer; faire cuire 8 minutes à feu moyen.

Entre-temps, faire chauffer le reste de l'huile dans une sauteuse à feu vif. Ajouter les steaks et les saisir 3 minutes de chaque côté.

Réduire l'élément à feu moyen. Saler, poivrer. Finir la cuisson des steaks selon le goût.

Verser la sauce sur les steaks. Servir.

Bouillon de boeuf, voir p. 34

Technique: Blanquette de veau

1 Couper le veau en cubes.

2 Placer le veau dans une grande casserole et le recouvrir d'eau froide. Amener à ébullition à feu vif.

4 Transférer la viande dans une autre casserole.

5 Ajouter l'oignon, les carottes, le poireau, le bouquet garni et le bouillon de poulet.

7 Faire fondre le beurre dans une casserole. Ajouter la farine; mélanger et faire cuire 3 minutes.

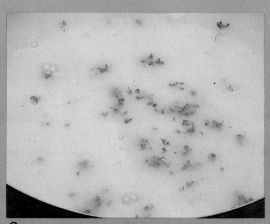

8 Incorporer le liquide de cuisson avec une cuillère en bois.

Blanquette de veau

(pour 4 personnes)

1	épaule de veau de 1 kg (2 livres), coupée en cubes de 1½ po)
1	oignon piqué de 2 clous de girofle
2	carottes pelées
1	poireau lavé
750 ml	(3 tasses) de bouillon de poulet chaud*
90 ml	(6 c. à soupe) de beurre
24	petits oignons blancs, pelés
250 g	(½ livre) de champignons frais, nettoyés et coupés en 4
60 ml	(4 c. à soupe) de farine
1	(4 c. à soupe) de farine
1	jaune d'oeuf
30 ml	(2 c. à soupe) de crème à 35%
15 ml	(1 c. à soupe) de persil frais haché
1	bouquet garni constitué de:

	2 ml	(½ c. à thé) de thym
	1	feuille de laurier
	2 ml	(½ c. à thé) d'estragon
	2 ml	(½ c. à thé) de cerfeuil
		persil frais
		sel et poivre
		céleri

3 Écumer et égoutter le veau.

6 Faire cuire les oignons et les champignons dans le beurre chaud.

9 Incorporer le mélange d'oeuf et de crème à la sauce avec un fouet.

Placer le veau dans une grande casserole et le recouvrir d'eau froide. Amener à ébullition à feu vif. Écumer et égoutter la viande. Placer la viande dans une autre casserole. Ajouter l'oignon, les carottes, le poireau, le bouquet garni et le bouillon de poulet.

Si nécessaire, ajouter de l'eau pour couvrir la viande. Saler, poivrer. Amener à ébullition à feu vif. Faire mijoter à feu moyen pendant 1 heure.

Faire chauffer 30 ml (2 c. à soupe) de beurre dans une sauteuse à feu vif. Ajouter les oignons blancs; faire cuire, sans couvrir, 2 minutes à feu moyen. Remuer à l'occasion. Ajouter les champignons; continuer la cuisson de 2 à 3 minutes. Remuer occasionnellement. Saler, poivrer.

Verser le tout dans la casserole contenant le veau; faire mijoter 15 minutes sans couvrir.

Jeter l'oignon piqué de clous, les carottes, le poireau et le bouquet garni.

Égoutter et transférer le veau, les petits

oignons et les champignons dans un plat de service chaud. Conserver le liquide de cuisson.

Faire chauffer 60 ml (4 c. à soupe) de beurre dans une casserole de grosseur moyenne. Ajouter la farine; mélanger et faire cuire 3 minutes en remuant constamment. Retirer du feu.

Ajouter 250 ml (1 tasse) du liquide de cuisson et l'incorporer avec une cuillère en bois. Remettre la casserole sur le feu.

Blanquette de veau

Ajouter le reste des ingrédients, 250 ml (1 tasse) à la fois, tout en remuant constamment. Saler, poivrer.

Dans un petit bol, mélanger le jaune d'oeuf et la crème avec un fouet. Incorporer le tout à la sauce avec un fouet.

Ajouter le veau et les légumes et réchauffer quelques minutes.

Garnir de persil haché avant de servir.

* Bouillon de poulet, voir p. 33-34

Technique: Préparation des ris de veau

Les ris de veau frais devraient être nettoyés à l'eau froide jusqu'à ce qu'ils deviennent blancs.

Plonger les ris dans une casserole remplie d'eau froide additionnée de 30 ml (2 c. à soupe) de vinaigre blanc.

Amener le liquide à ébullition à feu moyen. Faire mijoter 8 minutes sans couvrir.

Rafraîchir les ris de veau à l'eau froide de 5 à 6 minutes.

Égoutter et parer les ris de veau. Presser les ris de 2 à 3 heures entre deux poids.

Ris de veau braisés

(pour 4 personnes)

750 g	(1½ livre) de ris de veau*
250 ml	(1 tasse) de farine
45 ml	(3 c. à soupe) de beurre
30 ml	(2 c. à soupe) de carotte hachées
30 ml	(2 c. à soupe) d'oignons hachés
15 ml	(1 c. à soupe) de céleri haché
1 ml	(¼ c. à thé) de cerfeuil
125 ml	(½ tasse) de vin blanc sec
250 ml	(1 tasse) de bouillon de poulet chaud** une pincée de thym sel et poivre

Préchauffer le four à 180°C (350°F).

Couper les ris de veau en biais, en tranches de 5 à 7,6 cm (2 à 3 po). Saler, poivrer.

Enfariner les ris de veau et les secouer pour retirer l'excès.

Faire chauffer le beurre dans une sauteuse à feu vif. Ajouter les ris de veau et les faire brunir, à feu moyen, de 2 à 3 minutes de chaque côté.

Transférer les ris de veau dans un plat de service chaud.

Mettre les carottes, les oignons, les épices et le céleri dans la sauteuse. Faire cuire 3 minutes à feu moyen en remuant de temps en temps. Saler, poivrer.

Incorporer le vin aux légumes et le faire réduire à feu vif de 3 à 4 minutes.

Incorporer le bouillon de poulet et les ris de veau à la sauteuse. Amener à ébullition; cou-

vrir et faire cuire 30 minutes au four.

Placer les ris de veau dans un plat de service chaud.

Remettre la sauteuse à feu vif. Faire cuire de 3 à 4 minutes. Rectifier l'assaisonnement. Verser la sauce sur les ris de veau. Servir.

* Préparation des ris de veau, voir p. 283
** Bouillon de poulet, voir p. 33-34

Croquettes de veau

(pour 4 personnes)

15 ml	(1 c. à soupe) de beurre
2	échalotes sèches hachées
125 ml	(½ tasse) de champignons frais, nettoyés et hachés
500 g	(1 livre) de restes de veau cuit, haché
250 ml	(1 tasse) de sauce blanche épaisse chaude*
250 ml	(1 tasse) de farine
3	oeufs battus
250 ml	(1 tasse) de chapelure une pincée de muscade sel et poivre

Huile d'arachide pour la friture, préchauffée à 160°C (325°F).

À L'AVANCE: Faire chauffer le beurre dans une sauteuse à feu vif. Ajouter les échalotes et faire cuire 1 minute à feu moyen.

Ajouter les champignons; faire cuire de 3 à 4 minutes en remuant occasionnellement.

Ajouter le veau; faire cuire 2 minutes. Saler, poivrer. Saupoudrer de muscade.

Incorporer la sauce blanche; assaisonner au goût.

Étendre le mélange dans un plat à gratin beurré et couvrir d'un papier ciré. Réfrigérer toute la nuit.

LE JOUR SUIVANT: Rouler 45 ml (3 c. à soupe) du mélange et former un cylindre. Tremper chaque croquette dans la farine, puis dans les oeufs et les enrober de chapelure.

Plonger les croquettes, quelques-unes à la fois, dans la friture. Faire cuire quelques minutes, jusqu'à ce qu'elles deviennent d'un brun doré. Égoutter sur du papier essuie-tout.

* Sauce blanche épaisse, voir p. 41

Viandes et abattis

Hamburger à la Ritz

(pour 4 personnes)

30 ml	(2 c. à soupe) de beurre
500 g	(1 livre) de boeuf maigre haché, formé en 4 galettes
4	tranches de tomates, de 1,2 cm (½ po) d'épaisseur
4	pains à hamburger, grillés
125 ml	(½ tasse) de sauce béarnaise*
	sel
	poivre du moulin

Faire chauffer le beurre dans une sauteuse à feu vif. Ajouter les galettes de boeuf; faire cuire 2 minutes.

Retourner les galettes et ajouter les tomates. Faire cuire les tomates 1 minute de chaque côté.

Placer une tranche de tomate et une galette de boeuf sur chaque pain à hamburger et napper le tout de sauce béarnaise.

Sauce béarnaise, voir p. 49

Côtes de veau à l'artichaut

(pour 2 personnes)

4	côtes de veau de 227 g (8 oz) chacune
250 ml	(1 tasse) de farine
45 ml	(3 c. à soupe) de beurre clarifié*
4	coeurs d'artichauts en conserve, égouttés et coupés en deux
1	échalote sèche, finement hachée
125 ml	(½ tasse) de bouillon de poulet chaud**
5 ml	(1 c. à thé) de persil frais haché
	sel et poivre

Enfariner les côtes de veau et retirer l'excès de farine. Saler, poivrer.

Faire chauffer le beurre dans une sauteuse à feu vif. Ajouter le veau; faire cuire, à feu moyen, 6 minutes de chaque côté.

Ajouter les coeurs d'artichauts; faire cuire de 2 à 3 minutes. Saler, poivrer. Transférer le tout dans un plat de service chaud.

Mettre les échalotes dans la sauteuse; faire cuire 1 minute.

Incorporer le bouillon de poulet et faire réduire le liquide à feu vif. Ajouter le persil. Assaisonner au goût.

Servir la sauce sur les côtes de porc et les coeurs d'artichauts.

Beurre clarifié, voir p. 13
**Bouillon de poulet, voir p. 33-34*

Viandes et abattis

Saucisses du cultivateur
(pour 4 personnes)

15 ml	*(1 c. à soupe) d'huile de maïs*
500 g	*(1 livre) de saucisses en coiffe, coupées en tranches de 1,2 cm (½ po)*
1	*petit oignon, émincé*
1	*piment vert, émincé*
250 g	*(½ livre) de champignons frais, nettoyés et émincés*
50 ml	*(¼ tasse) de bouillon de poulet chaud*
	sel et poivre

Faire chauffer l'huile dans une sauteuse. Ajouter les saucisses et les faire brunir sur les deux côtés à feu moyen.

Retirer l'excès de gras qui se trouve dans le fond de la sauteuse. Remettre les saucisses dans la sauteuse.

Ajouter les oignons, les piments verts et saler, poivrer; faire cuire 2 minutes.

Ajouter les champignons; faire cuire 4 minutes tout en remuant de temps en temps.

Incorporer le bouillon de poulet et faire réduire le liquide de moitié.

Servir le tout sur du riz blanc.

Filet mignon et sauce hollandaise
(pour 4 personnes)

32	*grosses têtes de champignons, lavées et essorées*
30 ml	*(2 c. à soupe) de beurre*
5 ml	*(1 c. à thé) d'huile*
4	*filets mignons, de 4 cm (1½ po) d'épaisseur*
375 ml	*(1½ tasse) de sauce hollandaise**
	jus de citron
	sel et poivre

Préchauffer le four à 200°C (400°F).

Placer les champignons dans une petite casserole. Ajouter 15 ml (1 c. à soupe) de beurre et jus de citron. Saler, poivrer; couvrir et faire cuire de 4 à 5 minutes. Mettre de côté.

Faire chauffer l'huile et le reste du beurre dans une sauteuse à feu moyen. Ajouter les filets; faire cuire 3 minutes de chaque côté. Puis continuer la cuisson pendant 3 minutes.

Transférer les filets dans un plat de service

Filet mignon et sauce hollandaise

286

chaud. Garnir de champignons égouttés.
Napper le tout de sauce hollandaise.
Faire cuire au four à gril (broil) pendant 3
minutes.

* Sauce hollandaise, voir p. 50

Paupiettes de veau farcies

(pour 4 personnes)

4	escalopes de veau, de 170 g (6 oz) chacune
125 ml	(½ tasse) de farce* (au goût)
250 ml	(1 tasse) de farine
45 ml	(3 c. à soupe) de beurre
15 ml	(1 c. à soupe) de carottes hachées
15 ml	(1 c. à soupe) d'oignons hachés
15 ml	(1 c. à soupe) de céleri haché
1 ml	(¼ c. à thé) d'origan
375 ml	(1½ tasse) de sauce tomate chaude
	sel et poivre

Préchauffer le four à 150°C (300°F).

Placer chaque escalope entre deux feuilles de papier ciré et les aplatir à l'aide d'un maillet.

Saler, poivrer les escalopes. Placer 30 ml (2 c. à soupe) de farce sur chaque escalope.

Rouler l'escalope par-dessus la farce tout en pliant le bord vers le milieu. Ficeler.

Saler, poivrer les paupiettes et les rouler dans la farine. Secouer les paupiettes pour retirer l'excès de farine.

Faire chauffer le beurre dans une sauteuse. Ajouter les paupiettes et faire brunir à feu moyen. Saler, poivrer.

Ajouter les carottes, les oignons, le céleri et l'origan; faire cuire 3 minutes.

Incorporer la sauce tomate et amener à ébullition; couvrir et faire cuire 15 minutes au four.

Servir sur du riz.

* Farce, voir p. 18

Technique: Paupiettes de veau farcies

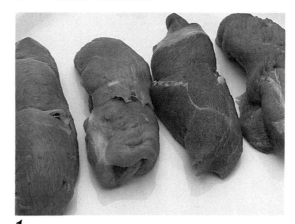

1 Farcir et rouler les escalopes.

2 Ficeler chaque escalope. Saler, poivrer. Rouler les paupiettes dans la farine et les secouer pour en retirer l'excès.

3 Faire brunir les paupiettes dans le beurre chaud. Saler, poivrer.

4 Ajouter les carottes, les oignons, le céleri et l'origan; faire cuire 3 minutes.

5 Ajouter la sauce tomate.

Ragoût d'agneau

(pour 4 personnes)

1,4 kg	(3 livres) d'agneau dans l'épaule, coupé en cubes de 2,5 cm (1 po)
75 ml	(5 c. à soupe) d'huile de maïs
75 ml	(5 c. à soupe) de farine
1,2 l	(5 tasses) de bouillon de boeuf chaud*
2	feuilles de laurier
2	gros oignons, pelés
6	carottes, pelées
4	pommes de terre, pelées
3	branches de céleri
1	boîte de tomates en conserve de 576 ml (20 oz), égouttées
15 ml	(1 c. à soupe) de beurre une pincée de thym sel et poivre

Préchauffer le four à 180°C (350°F).
Saler, poivrer l'agneau.
Faire chauffer 45 ml (3 c. à soupe) d'huile dans une casserole à feu vif. Ajouter la moitié de la viande; faire brunir sur tous les côtés. Retourner la viande à toutes les 3 minutes. Retirer et placer la viande dans un plat de service chaud.
Faire chauffer le reste de l'huile dans la sauteuse. Ajouter le reste de la viande et faire brunir.

Remettre toute la viande dans la sauteuse. Saupoudrer de farine et faire cuire à feu vif tout en remuant constamment. Faire cuire jusqu'à ce que la farine devienne d'un brun doré et adhère au fond de la casserole (environ 6 minutes).

Incorporer le bouillon de boeuf graduellement et ajouter les feuilles de laurier. Ajouter le thym. Saler, poivrer.

Couvrir et faire cuire au four 40 minutes. Entre-temps: Hacher les légumes en gros morceaux.

Faire chauffer le beurre dans une poêle à frire. Ajouter les oignons et le céleri; faire cuire 3 minutes à feu vif.

Ajouter les tomates; faire évaporer le liquide à feu vif. Saler, poivrer.

Dès que l'agneau a cuit pendant 40 minutes, ajouter les oignons, le céleri, les carottes, les pommes de terre et les tomates à la sauteuse.

Technique: Ragoût d'agneau

1 Faire brunir la viande sur tous les côtés.

2 Saupoudrer de farine et continuer la cuisson.

3 Ajouter le bouillon de boeuf et les épices.

4 Faire sauter les légumes dans le beurre chaud.

5 Ajouter les oignons, le céleri, les carottes, les pommes de terre et les tomates à la sauteuse.

Viandes et abattis

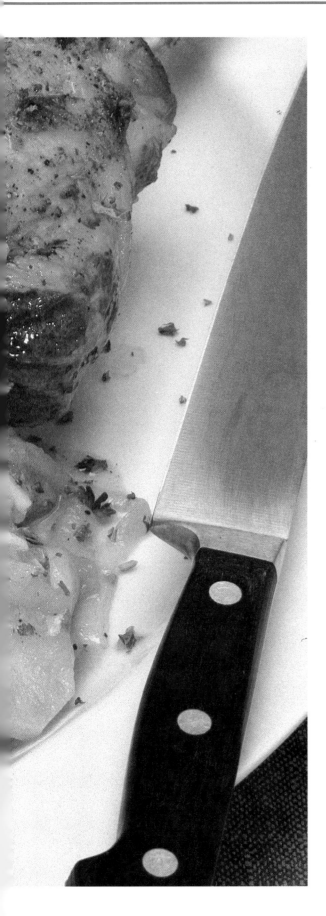

Couvrir et continuer la cuisson au four de 30 à 40 minutes.

Pour conserver le ragoût d'agneau pendant 6 jours, le placer dans un bol en acier inoxydable et le recouvrir d'un papier ciré directement placé sur la surface du ragoût. Réfrigérer.

Pour réchauffer le ragoût, le placer dans un four préchauffé à 150°C (350°F) et le couvrir.

* Bouillon de boeuf, voir p. 34

Gigot d'agneau boulangère

(pour 4 personnes)

1	*gigot d'agneau de 1,8 à 2,2 kg (4 à 5 livres), désossé (dans la cuisse)*
6	*pommes de terre, pelées et émincées*
1	*oignon d'Espagne, émincé*
1	*feuille de laurier*
2	*gousses d'ail, écrasées et hachées*
50 ml	*(¹/₄ tasse) de beurre clarifié* ou fondu*
15 ml	*(1 c. à soupe) de persil frais haché*
	sel et poivre

Préchauffer le four à 220°C (425°F).
Temps de cuisson: de 12 à 13 minutes par 500 g (1 livre).

Retirer la peau de l'agneau. Saler, poivrer le gigot. Mettre de côté.

Beurrer un plat à rôtir et y mettre les pommes de terre, les oignons, la feuille de laurier et l'ail. Saler, oivrer et arroser de beurre fondu.

Placer le gigot d'agneau par-dessus les légumes. Faire cuire au four à 220°C (425°F). Dès que le gigot d'agneau est saisi, réduire le four à 190°C (375°F) et finir la cuisson. Badigeonner le gigot de beurre fondu pendant la cuisson.

Servir le gigot avec les légumes et de la moutarde forte. Parsemer de persil.

* Beurre clarifié, voir p. 13

Escalope de veau à la printanière

(pour 4 personnes)

125 ml	(½ tasse) de carottes coupées en bâtonnets
800 g	(1¾ livre) d'escalopes de veau, de 1,2 cm (½ po) d'épaisseur
250 ml	(1 tasse) de farine
12	petits oignons blancs, pelés
125 ml	(½ tasse) de champignons frais, nettoyés et coupés en quatre
1	châtaigne d'eau, émincée
45 ml	(3 c. à soupe) de beurre clarifié*
2 ml	(½ c. à thé) d'origan
125 ml	(½ tasse) de vin blanc sec
125 ml	(½ tasse) de bouillon de poulet chaud**
5 ml	(1 c. à thé) de fécule de maïs
30 ml	(2 c. à soupe) d'eau froide
15 ml	(1 c. à soupe) de persil frais haché
	sel et poivre

Faire blanchir les carottes dans l'eau bouillante salée pendant 7 minutes. Faire refroidir sous l'eau froide pendant 5 minutes. Égoutter et mettre de côté.

Enfariner les escalopes et les secouer pour en retirer l'excès. Saler, poivrer.

Faire chauffer le beurre dans une sauteuse à feu vif. Ajouter le veau; faire cuire 3 minutes de chaque côté. Transférer le veau dans un plat de service chaud.

Technique: Escalope de veau à la printanière

1 Faire blanchir les carottes dans l'eau bouillante salée.

4 Faire cuire les oignons, les carottes, les champignons et les châtaignes d'eau.

5 Ajouter le vin blanc.

Mettre les oignons dans la sauteuse; faire cuire 2 minutes à feu moyen.

Ajouter les carottes, les champignons, les châtaignes et l'origan; faire cuire de 2 à 3 minutes en remuant de temps en temps.

Incorporer le vin blanc et amener à ébullition à feu vif. Faire réduire des ²/₃.

Délayer la fécule de maïs dans l'eau froide.

Incorporer le mélange à la sauce. Assaisonner au goût. Parsemer de pesil.

Verser la sauce sur les escalopes. Servir.

* *Beurre clarifié, voir p. 13*
** *Bouillon de poulet, voir p. 33-34*

2 Enfariner les escalopes. Saler, poivrer.

3 Faire sauter les escalopes dans le beurre.

6 Ajouter le bouillon de poulet.

7 Incorporer le mélange de fécule de maïs à la sauce.

Technique: Préparation de la cervelle de veau

2,5 l	(10 tasses) d'eau
45 ml	(3 c. à soupe) de vinaigre blanc
5 ml	(1 c. à thé) de sel
20	grains de poivre noir
2	feuilles de laurier
2 ml	(½ c. à thé) de thym
125 ml	(½ tasse) de carottes émincées
50 ml	(¼ tasse) d'oignons émincés
2	clous de girofle

Mettre tous les ingrédients dans une grande casserole et les amener à ébullition. Faire mijoter 1½ heure.

Retirer délicatement la membrane de la cervelle de veau.

Mettre délicatement la cervelle de veau dans le bouillon et faire mijoter 10 minutes à feu doux.

Faire refroidir la cervelle sous l'eau froide de 5 à 6 minutes. Égoutter.

Rôti de porc frais à l'ail

(pour 6 à 10 personnes)

1	longe de porc de 1,8 à 2,7 kg (4 à 6 livres)
2	gousses d'ail, pelées et coupées en deux
1 ml	(¼ c. à thé) de romarin
30 ml	(2 c. à soupe) d'huile de maïs
	sel et poivre

Préchauffer le four à 180°C (350°F).

Ne pas désosser le rôti de porc.

Insérer les gousses d'ail dans la chair du rôti.

Assaisonner le rôti de romarin, de sel et de poivre.

Faire chauffer l'huile dans une poêle à frire.

Ajouter le rôti et le faire cuire au four de 25 à 30 minutes par 500 g (1 livre.)

Badigeonner le rôti fréquemment pendant la cuisson avec le jus de cuisson ou un peu de beurre.

Dès que le rôti est cuit, le retirer du plat et le laisser refroidir.

Retirer l'os à l'aide d'un couperet. Envelopper le rôti dans un papier d'aluminium et réfrigérer. Servir froid.

Escalope de veau à la printanière (p. 294)

Croquettes de porc

Croquettes de porc

(pour 4 personnes)

1	filet de porc, nettoyé
250 ml	(1 tasse) de farine
2	oeufs battus
50 ml	(¼ tasse) de lait
375 ml	(1½ tasse) de chapelure
	sel et poivre

Huile d'arachide pour la friture préchauffée à 180°C (350°F).

Couper le filet de porc en grosses lanières. Saler, poivrer et rouler dans la farine.

Bien mélanger les oeufs battus et le lait dans un bol.

Tremper les lanières de porc dans le mélange et les enrober de chapelure.

Plonger les lanières, quelques-unes à la fois, dans l'huile chaude et faire cuire de 3 à 4 minutes.

Servir avec du ketchup et des chips.

Casserole de saucisses et de riz

(pour 4 personnes)

500 g	(1 livre) de saucisses de porc
15 ml	(1 c. à soupe) de beurre
1	petit oignon, émincé
250 ml	(1 tasse) de riz à long grains, lavé etégoutté
375 ml	(1½ tasse) de bouillon de poulet chaud*
1	feuille de laurier
1 ml	(¼ c. à thé) de sel
2	grosses tomates, épépinées, pelées et hachées
	sel et poivre

Préchauffer le four à 180°C (350°F).

Blanchir les saucisses dans de l'eau légèrement bouillante. Égoutter, rincer et mettre de côté.

Faire fondre le beurre dans une casserole allant au four. Ajouter les oignons; faire mijoter pendant 2 minutes.

Incorporer le riz avec une cuillère; faire cuire 1 minute.

Incorporer le bouillon de poulet, la feuille de laurier et les épices. Assaisonner au goût. Amener à ébullition et couvrir. Faire cuire 10 minutes au four.

Entre-temps, faire brunir les saucisses dans une sauteuse, sur tous les côtés. Retirer et mettre de côté.

Faire sauter les tomates dans la sauteuse de 3 à 4 minutes. Incorporer les tomates au riz. Placer les saucisses sur le riz. Couvrir et continuer la cuisson au four pendant 10 minutes. Servir.

* Bouillon de poulet, voir p. 33-34

Technique: Casserole de saucisses et de riz

1 Faire chauffer le beurre dans une casserole allant au four; faire mijoter 2 minutes.

2 Incorporer le riz.

3 Faire cuire le riz pendant 1 minute.

4 Incorporer le bouillon de poulet et les épices. Couvrir et faire cuire au four.

5 Le riz après 10 minutes de cuisson.

Entrecôte Nouvelle-France

(pour 4 personnes)

45 ml	(3 c. à soupe) d'huile de maïs
4	entrecôtes, de 2,5 cm (1 po) d'épaisseur
1	oignon d'Espagne, émincé
250 g	(½ livre) de champignons frais, émincés
50 ml	(¼ tasse) de bouillon de poulet chaud*
1 ml	(¼ c. à thé) d'estragon
1 ml	(¼ c. à thé) de persil frais, haché
5 ml	(1 c. à thé) de moutarde de Dijon
	sel et poivre du moulin

Parer les entrecôtes et les poivrer généreusement.

Faire chauffer la moitié de l'huile dans une sauteuse. Ajouter les entrecôtes et les faire saisir des deux côtés.

Saler et faire cuire 7 minutes à feu moyen en les retournant fréquemment.

Transférer les entrecôtes sur un plat de service chaud.

Faire chauffer le reste de l'huile. Ajouter les oignons et les champignons. Saler, poivrer; couvrir et faire cuire 5 minutes à feu moyen.

Incorporer le bouillon de poulet. Parsemer d'estragon et de persil. Faire cuire 1 minute. Passer le liquide et les légumes dans un moulin à légumes. Incorporer la moutarde. Servir la sauce sur les entrecôtes.

Bouillon de poulet, voir p. 33-34

Côtelettes d'agneau aux tomates

(pour 4 personnes)

8	côtelettes d'agneau, de 2,5 cm (1 po) d'épaisseur
30 ml	(2 c. à soupe) d'huile de maïs
4	tomates, coupées en quartiers
20 ml	(1½ c. à soupe) de persil frais haché
1	gousse d'ail, écrasée et hachée
250 ml	(1 tasse) de chapelure mélangée à:
	5 ml (1 c. à thé) de ciboulette
	15 ml (1 c. à soupe) de persil frais haché

30 ml (2 c. à soupe) de
    fromage parmesan
    râpé
    poivre du moulin

Parer les côtelettes d'agneau. Saler, poivrer et mettre de côté.

Préchauffer le four à gril (broil).

Faire chauffer 15 ml (1 c. à soupe) d'huile dans une casserole. Ajouter les tomates; faire cuire de 3 à 4 minutes à feu moyen. Ajouter 5 ml (1 c. à thé) de persil haché et l'ail. Saler, poivrer. Faire cuire 10 minutes à feu doux.

Faire chauffer le reste de l'huile dans une sauteuse. Ajouter les côtelettes d'agneau; faire cuire de 3 à 4 minutes de chaque côté. Enrober les côtelettes de chapelure assaisonnée et les placer sur un plat de service en acier inoxydable. Faire cuire au four à gril (broil) pendant 4 minutes. Retirer du four. Garnir de tomates. Parsemer de persil. Servir.

Technique: Côtelettes d'agneau aux tomates

1 Faire sauter les tomates dans l'huile chaude.

2 Ajouter les épices.

3 Faire sauter les côtelettes d'agneau dans l'huile chaude.

4 Tremper les côtelettes dans l'huile chaude.

Gigot d'agneau farci à la viande

(pour 6 personnes)

30 ml	(2 c. à soupe) de beurre
3	foies de poulet, nettoyés et coupés en quatre
2	gousses d'ail, écrasées et hachées
2 ml	(¹/₂ c. à thé) de thym
2 ml	(¹/₂ c. à thé) de fenouil
2 ml	(¹/₂ c. à thé) de romarin
125 ml	(¹/₂ tasse) de veau haché
125 ml	(¹/₂ tasse) de porc maigre haché
60 ml	(4 c. à soupe) de chapelure de pain français
1	gigot d'agneau, de 1,8 à 2,3 kg (4 à 5 livres), désossé une pincée de poivre de Cayenne sel et poivre

Préchauffer le four à 200°C (400°F).

Faire chauffer le beurre dans une sauteuse. Ajouter les foies de poulet; faire cuire 2 à 3 minutes à feu vif.

Ajouter l'ail, la chapelure et le reste des épices. Faire cuire 2 minutes et transférer le mélange dans un bol.

Ajouter la viande; bien mélanger et assaisonner au goût.

Farcir le gigot avec le mélange et le ficeler. Placer le gigot dans un plat à rôtir et le badigeonner généreusement d'huile de maïs. Saler, poivrer. Faire cuire au cour de 15 à 17 minutes par 500 g (1 livre.).

Transférer le gigot cuit dans un plat de service chaud. Préparer la sauce.

SAUCE:

1	carotte, coupée en dés
1	petite branche de céleri, coupée en dés
1	petit oignon, coupé en dés
500 ml	(2 tasses) de bouillon de poulet chaud*
1 ml	(¹/₄ c. à thé) de thym
15 ml	(1 c. à soupe) de persil frais haché
1	feuille de laurier sel et poivre

Placer le plat à rôtir à feu vif. Ajouter les légumes; faire cuire 1 minute.

Ajouter le bouillon de poulet et la feuille de laurier. Saler, poivrer. Ajouter le reste des épices.

Amener à ébullition et faire réduire le liquide de moitié.

Si désiré, passer le liquide et les légumes au moulin à légumes avant de servir avec le rôti.

* Bouillon de poulet, voir p. 33-34

Agneau aux navets

(pour 6 personnes)

1	gigot d'agneau de 2,3 kg (5 livres)
2 ml	(¹/₂ c. à thé) de thym
1	feuille de laurier
2	gousses d'ail, écrasées et hachées
250 ml	(1 tasse) de vin de Madère
125 ml	(¹/₂ tasse) de vin blanc sec
75 ml	(5 c. à soupe) d'huile de maïs
1	gros oignon, finement haché
1	petit oignon, finement haché
60 ml	(4 c. à soupe) de farine
750 ml	(3 tasses) de bouillon de poulet, chaud*
1	gros navets
30 ml	(2. à soupe) de beurre
30 ml	(2 c. à soupe) de persil frais haché sel et poivre

Préchauffer le four à 180°C (350°F).

Parer et désosser le gigot d'agneau. Couper la viande en cubes de 2,5 cm (1 po).

Placer la viande dans un bol en acier inoxydable. Ajouter le thym, le laurier, l'ail, le vin de Madère, et le vin blanc. Couvrir avec une feuille de papier ciré et réfrigérer 7 heures. Verser la marinade dans un bol à travers une passoire. Assécher la viande avec du papier essuie-tout.

Faire chauffer 45 ml (3 c. à soupe) d'huile dans une sauteuse à feu vif. Ajouter la moitié de la viande et la faire saisir de tous les côtés. Saler, poivrer et mettre dans un plat de service chaud.

Faire chauffer le reste de l'huile et saisir le reste de la viande. Mettre de côté.

Mettre les oignons dans la sauteuse; faire cuire 2 minutes à feu moyen.

Ajouter l'agneau. Saupoudrer de farine; faire cuire 6 minutes en remuant constamment. La farine doit adhérer au fond de la sauteuse.

Incorporer le bouillon de poulet tout en

Gigot d'agneau farci à la viande

remuant constamment. Saler, poivrer généreusement. Amener à ébullition; couvrir et
mettre au four. Faire cuire 1½ heure
environ.

Entre-temps, peler le navet et faire des boules de navet avec une cuillère à légumes.
Faire blanchir de 6 à 7 minutes dans de l'eau
salée bouillante. Faire refroidir 4 minutes
sous l'eau froide. Égoutter.

5 minutes avant la fin de la cuisson de
l'agneau, faire chauffer le beurre dans une
poêle. Ajouter les boules de navet; faire
cuire de 4 à 5 minues à feu moyen. Saler,
poivrer et remuer occasionellement.

Parsemer de persil haché et servir avec
l'agneau.

* Bouillon de poulet, voir p. 33-34

Rôti de boeuf à l'italienne

(pour 4 personnes)

375 g	(¾ livre) d'haricots verts, lavés et parés
2	laitues Boston, effeuillées, lavées et essorées (réserver les coeurs de laitue)
250 à	(½ à 1 livre) de restes de

500 g	rôti de boeuf, émincés
2	pommes de terre cuites, pelées et tranchées
12	tomates miniatures, coupées en deux
125 ml	(½ tasse) de vinaigrette
	persil frais
	sel
	poivre du moulin

Placer les haricots verts dans une casserole
contenant de l'eau bouillante salée; couvrir
et faire cuire 10 minutes. Faire refroidir sous
l'eau froide pendant 4 minutes. Égoutter sur
un papier essuie-tout. Mettre de côté.

Disposer les feuilles de laitue au milieu d'un
bol à salade. Placer les haricots autour de
la laitue. Entourer les haricots de tranches
de boeuf.

Disposer les pommes de terre autour du
boeuf rôti, en ayant soin d'appuyer les pommes de terre sur les parois du bol.

Placer les tomates à côté des pommes de
terre.

Garnir le tout de persil et de coeurs de laitue.

Avant de servir: saler, poivrer et arroser de
vinaigrette.

* Vinaigrette, voir p. 50

Longe de porc rôtie

(pour 4 personnes)

1	longe de porc de 1,4 kg (3 livres), désossée*
2	gousses d'ail, pelées et coupées en 4 lanières
30 ml	(2 c. à soupe) d'huile végétale
6	pommes
15 ml	(1 c. à soupe) de carottes coupées en dés
15 ml	(1 c. à soupe) d'oignons coupés en dés
15 ml	(1 c. à soupe) de céleri coupé en dés
2 ml	(½ c. à thé) de romarin
125 ml	(½ tasse) de bouillon de poulet chaud**
	une pincée de thym
	sel et poivre

Préchauffer le four à 220°C (425°F).
Faire des petites incisions dans la longe de porc à l'aide d'un couteau d'office et y insérer l'ail. Saler, poivrer le porc.

Verser l'huile dans un plat à rôtir et faire chauffer au four de 4 à 5 minutes. Placer la longe de porc dans le plat et ajouter les os. Faire cuire 20 minutes au four.

Dès que le rôti est saisi, réduire le four à 180°C (350°F) et continuer la cuisson 30 minutes par 500 g (1 livre) tout en comptant le 20 minutes du début.

Jeter le gras à toutes les 15 minutes.

Dès que le rôti est cuit, le transférer sur une planche à dépecer. Laisser les os dans le plat. Jeter le gras qui se trouve dans le plat et ne conserver que 30 ml (2 c. à soupe).

Peler, évider et couper les pommes en quartiers.

Mettre les pommes, les légumes en dés et les épices dans le plat. Faire cuire de 4 à 5 minutes à feu moyen-vif. Jeter les os et incorporer le bouillon de poulet.

Saler, poivrer et ajouter le jus du rôti. Retirer le gras pendant la cuisson. Trancher le rôti de porc. Servir avec la sauce.

* Demandez au boucher de désosser la longe et conservez les os pour la recette.

** Bouillon de poulet, voir p. 33-34

Technique: Longe de porc rôtie

1 Faire des petites incisions dans la longe de porc à l'aide d'un couteau d'office et y insérer des morceaux d'ail. Saler, poivrer.

2 Faire chauffer l'huile dans le plat à rôtir. Placer le rôti dans le plat et faire saisir au four.

3 Dès que le porc est cuit, le transférer sur une planche à dépecer. Mettre les pommes, les légumes en dés et les épices dans le plat. Faire cuire de 4 à 5 minutes.

4 Ajouter le bouillon de poulet.

Jambon jardinière

(pour 6 personnes)

1	jambon, de 1,8 à 2,7 kg (4 à 6 livres)*
125 ml	(½ tasse) de cassonade
125 ml	(½ tasse) de bouillon de poulet chaud
1 ml	(¼ c. à thé) de muscade
30 ml	(2 c. à soupe) de miel
10	clous de girofle
	jus de ½ citron
	sel et poivre

Faire tremper le jambon dans l'eau froide de 3 à 6 heures. Pour un jambon de campagne, faire tremper de 12 à 24 heures.

Placer le jambon dans une grande casserole remplie d'eau et ajouter les ingrédients suivants:

2 oignons
5 clous de girofle
20 grains de poivre
3 feuilles de laurier

Amener à ébullition et faire mijoter à feu doux, environ 18 minutes par 500 g (1 livre).

Retirer le jambon. Jeter le liquide. Retirer l'excès de gras du jambon.

Entailler le dessus du jambon en forme de losanges. Placer le jambon dans un plat à rôtir; mettre de côté.

Préchauffer le four à gril (broil).

Mélanger le reste des ingrédients, à l'exception des clous de girofle, dans une casserole. Faire cuire 5 minutes à feu vif.

Retirer et laisser refroidir quelques minutes. Piquer le jambon de clous de girofle. Glacer le dessus du jambon avec le sirop refroidi et faire griller 30 minutes.

Entre-temps, préparer la jardinière.

* Si vous achetez un jambon précuit, ne pas tremper et faire mijoter le jambon.

JARDINIÈRE:

1	branche de céleri, coupée en dés
2	grosses carottes, coupées en dés
1	navet de grosseur moyenne, coupé en cubes
250	(½ livre) de cosses de pois g
250	. (½ livre) de champignons g frais, nettoyés et coupés en quatre
45	(3 c. à soupe) de beurre ml
5	(1 c. à thé) de persil frais ml haché
	sel et poivre

Faire blanchir le céleri, les carottes et les navets pendant 5 minutes. Refroidir sous l'eau froide. Égoutter et mettre de côté.

Faire blanchir les cosses de pois pendant 2 minutes. Refroidir sous l'eau froide. Égoutter et mettre de côté.

Faire chauffer le beurre dans une sauteuse. Ajouter tous les légumes; faire sauter de 3 à 4 minutes. Saler, poivrer.

Servir les légumes avec le jambon. Parsemer de persil haché.

Côtes de porc à la mexicaine

(pour 4 personnes)

LE RIZ:

15 ml	(1 c. soupe) d'huile d'olive
1	gousse d'ail, écrasée et hachée
1	piment rouge, émincé
250 ml	(1 tasse) de riz à longs grains, lavé et égoutté
250 ml	(1 tasse) de tomates hachées
125 ml	(½ tasse) de bouillon de poulet chaud*
	piments rouges broyés
	sel et poivre

Préchauffer le four à 180°C (350°F).

Faire chauffer l'huile dans une casserole allant au four. Ajouter l'ail et les piments rouges; faire cuire 2 minutes.

Ajouter le riz et les piments broyés; faire cuire 2 minutes. Saler, poivrer. Ajouter les tomates; continuer la cuisson pendant 1 minute.

Incorporer le bouillon de poulet; couvrir et faire cuire 18 minutes au four.

* Bouillon de poulet, voir p. 33-34

LE PORC:

15 ml	(1 c. à soupe) d'huile végétale
4	côtes de porc
	sel et poivre

Retirer l'excès de gras des côtes de porc.

Faire chauffer l'huile dans une sauteuse. Ajouter les côtes de porc; faire cuire 3 minutes de chaque côté.

Saler, poivrer et continuer la cuisson de 5 à 6 minutes.

Servir avec le riz et de la moutarde forte.

Côtes de porc à la mexicaine

Côtes braisées aux tomates

(pour 4 personnes)

45 ml	(3 c. à soupe) d'huile de maïs
2,3 kg	(5 livres) de haut de côtes, coupé en gros morceaux
2	carottes, pelées et coupées en cubes
3	branches de céleri, coupées en cubes
2	gousses d'ail, écrasées et hachées
2	oignons, coupés en cubes
2	boîtes de tomates en conserve, de 796 ml (28 oz), égouttées
1 l	(4 tasses) de bouillon de poulet, chaud
1	feuille de laurier une pincée de thym sel et poivre

Préchauffer le four à 180°C (350°F).

Faire chauffer 30 ml (2 c. à soupe) d'huile dans une sauteuse à feu vif. Ajouter les côtes et les saisir de tous les côtés. (Faire

Technique: Côtes braisées aux tomates

1 Couper la viande en gros morceaux.

2 Faire saisir la viande dans l'huile chaude.

3 Faire sauter les légumes en cubes.

4 Ajouter les tomates.

5 Verser les tomates sur la viande.

6 Incorporer le bouillon de poulet.

cette opération en deux étapes pour empêcher la viande de bouillir).

Mettre toute la viande saisie dans une casserole allant au four. Saler, poivrer; mettre de côté.

Faire chauffer le reste de l'huile dans la sauteuse. Ajouter les légumes en cubes, l'ail et le thym. Saler, poivrer. Faire cuire 7 minutes à feu vif.

Ajouter les tomates. Saler, poivrer et faire cuire de 8 à 10 minutes à feu moyen.

Verser le mélange de tomates dans la casserole. Incorporer le bouillon de poulet. Rectifier l'assaisonnement et ajouter la feuille de laurier.

Couvrir et amener à ébullition à feu vif. Faire cuire 1½ heure au four.

Dès que la viande est cuite, retirer la casserole du four. Placer la viande dans un plat de service chaud.

Passer le liquide et les légumes dans un moulin à légumes. Verser la purée sur la viande; mélanger et servir.

* Bouillon de poulet, voir p. 33-34

Pâté de campagne

(pour 6 personnes)

6	*tranches de pain blanc sans croûte*
50 ml	*(¼ tasse) de porto*
15 ml	*(1 c. à soupe) de beurre*
2	*échalotes sèches hachées*
500 g	*(1 livre) de veau maigre haché*
250 g	*(½ livre) de foie de poulet haché*
125 g	*(¼ livre) de gras de porc*
2	*oeufs frais*
5 ml	*(1 c. à thé) de thym*
375 g	*(¾ livre) de bardes de lard, coupées en lanières*
2	*feuilles de laurier*
	sel et poivre

Préchauffer le four à 180°C (350°F).

Mettre le pain dans un bol. Ajouter le porto et laisser tremper 15 minutes.

Faire chauffer le beurre dans une poêle. Ajouter les échalotes; faire cuire 2 minutes à feu doux.

Mettre le pain, le porto, les échalotes et le reste des ingrédients, à l'exception des bardes de lard et des feuilles de laurier, dans un malaxeur. Mélanger le tout pendant 15 minutes.

Garnir l'intérieur d'un moule à pâté des ¾ des bardes de lard.

À l'aide d'une cuillère, prendre une petite quantité du mélange de pâté et former une boulette. Faire cuire la boulette dans un peu de beurre pour vérifier l'assaisonnement. Rectifier l'assaisonnement si nécessaire.

Verser le mélange de pâté dans le moule et le presser légèrement. Égaliser la surface avec un couteau.

Disposer les feuilles de laurier sur la surface du pâté et sceller le tout avec le reste des bardes de lard.

Placer le couvercle sur le moule. Placer le moule dans un plat à rôtir contenant 5 cm (2 po) d'eau.

Faire cuire au four de 1¼ à 1½ heure.

Dès que le pâté est cuit, le retirer du four et laisser reposer 10 minutes. Retirer le couvercle. Placer une assiette sur le pâté et placer un poids lourd dans l'assiette. (telle une boîte de tomates en conserve).

Laisser reposer de 3 à 4 heures à la température de la pièce. Puis, retirer le poids et l'assiette. Remettre le couvercle et réfrigérer au moins 8 heures avant de servir.

Côtes de porc panées

(pour 4 personnes)

8	*côtes de porc, de 2 cm (¾ po) d'épaisseur*
90 ml	*(6 c. soupe) de beurre fondu*
250 ml	*(1 tasse) de chapelure épicée*
30 ml	*(2 c. à soupe) d'huile de maïs*
	sel et poivre
	cornichons
	jus de citron

Préchauffer le four à 180°C (350°F).

Saler, poivrer les côtes de porc, les badigeonner de beurre fondu et les enrober de chapelure.

Faire chauffer l'huile dans une sauteuse à feu vif. Faire saisir 4 côtes de porc sur les deux côtés. Transférer le tout dans un plat à rôtir huilé.

Faire saisir le reste des côtes de porc et les transférer dans le plat à rôtir. Faire cuire 17 minutes au four.

Arroser de jus de citron et disposer les côtes de porc dans un plat de service chaud.

Garnir de cornichons. Servir immédiatement.

Côtes de porc panées

Technique: Filet de porc farci

1 Le filet de porc.

2 Farcir chaque filet avec la moitié de la farce. Rouler et ficeler. kitchen string.

4 Transférer le porc dans un plat de service chaud. Mettre les légumes hachés et les épices dans le plat à rôtir. Faire cuire de 2 à 3 minutes.

5 Ajouter la farine; faire cuire de 4 à 5 minutes en remuant constamment.

Filet de porc farci

(pour 4 personnes)

2	*filets de porc, de 500 g (1 livre) chacun, nettoyés*
125 ml	*(½ tasse) de farce* au choix*
30 ml	*(2 c. à soupe) de beurre*
15 ml	*(1 c. à soupe) de carottes hachées*
15 ml	*(1 c. à soupe) d'oignons hachés*
15 ml	*(1 c. à soupe) de céleri haché*
1 ml	*(¼ c. à thé) de thym*
1 ml	*(¼ c. à thé) d'origan*
45 ml	*(3 c. à soupe) de farine*
500 ml	*(2 tasses) de bouillon de poulet chaud** sel et poivre*

Préchauffer le four à 180°C (350°F).
Trancher les filets de porc, dans la longueur, 2 cm (¾ po) de profondeur. Saler, poivrer et remplir chacun avec la moitié de la farce. Ficeler chaque filet.
Faire chauffer le beurre dans un petit plat à rôtir à feu vif. Ajouter les filets de porc

3 Faire chauffer le beurre dans un plat à rôtir. Faire brunir les filets sur les deux côtés.

6 Retirer du feu. Ajouter le bouillon de poulet; bien remuer et amener à ébullition.

7 Remettre les filets de porc dans la sauce; couvrir et faire cuire 45 minutes au four.

315

Filet de porc farci (p. 315)

et faire brunir des deux côtés à feu moyen. Transférer les filets de porc dans un plat de service chaud.

Mettre les légumes hachés et les épices dans le plat à rôtir. Faire cuire de 2 à 3 minutes. Ajouter la farine; faire cuire de 4 à 5 minutes en mélangeant constamment.

Retirer le plat du feu. Incorporer 250 ml (1 tasse) de bouillon de poulet et bien remuer avec une cuillère.

Remettre le plat à feu doux et incorporer le reste du bouillon tout en remuant constamment. Amener à ébullition.

Remettre le porc dans le plat. Saler, poivrer; couvrir et faire cuire 45 minutes au four. Servir.

* Farce, voir p. 18
** Bouillon de poulet, voir p. 33-34

Brochette de porc

(pour 4 personnes)

4   ***brochettes***

Brochette de porc

4	grosses côtes de porc, désossées et coupées en cubes
1	piment vert, coupé en cubes
2	oignons, coupés en quartiers
20	champignons frais, nettoyés
15 ml	(1 c. à soupe) de sirop d'érable
15 ml	(1 c. à soupe) d'huile d'olive jus de 1 citron sel et poivre

Sur des brochettes enfiler, en alternant, viande et légumes. Saler, poivrer.

Bien incorporer le sirop d'érable, l'huile et le jus de citron dans un petit bol. Badigeonner les brochettes avec le mélange. Saler, poivrer.

Faire cuire sur le barbecue 5 minutes de chaque côté.

Servir avec une sauce barbecue Tabasco.

Technique: Petites côtes levées marinées

1 Les petites côtes de porc levées.

2 Mélanger la sauce soya, l'ail, l'huile, le miel et le vinaigre dans un bol. Ajouter la sauce chili; bien mélanger; Arroser de jus de citron et de sauce Tabasco.

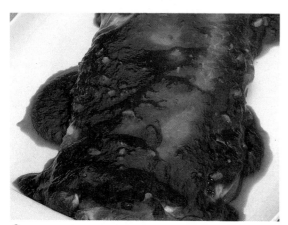

3 Verser le mélange sur les petites côtes levées.

Petites côtes levées marinées

(pour 4 personnes)

45 ml	*(3 c. à soupe) de sauce soya*
1	*gousse d'ail, écrasée et hachée*
15 ml	*(2 c. à soupe) de miel*
30 ml	*(2 c. à soupe) de vinaigre blanc*
125 ml	*(¹/₂ tasse) de sauce chili*
125 ml	*(¹/₂ tasse) d'eau*

1,8 kg *(4 livres) de côtes de porc*
levées
jus de citron
sauce Tabasco
sel et poivre

Préchauffer le four à 190°C (375°F).
Bien mélanger la sauce soya, l'ail, l'huile,
le miel et le vinaigre dans un bol.
Ajouter la sauce chili; bien mélanger. Arroser de jus de citron et de sauce Tabasco.

Verser le mélange sur les côtes de porc
levées. Réfrigérer 1 heure.
Placer les côtes levées dans un plat à rôtir
et les badigeonner de marinade. Faire cuire
30 minutes au four. Saler, poivrer.
Ajouter l'eau et continuer la cuisson pendant 25 minutes. Servir.

Chapitre VII
Desserts

Quatre-quarts au chocolat

(pour 6 à 8 personnes)

250 g	(½ livre) de beurre doux, à la température de la pièce
300 ml	(1¼ tasse) de sucre granulé
250 g	(½ livre) de chocolat mi-sucré
4	oeufs de grosseur moyenne, à la température de la pièce
375 ml	(1½ tasse) de farine tout usage, tamisée

Préchauffer le four à 190°C (375°F).
Beurrer et saupoudrer légèrement de sucre un moule à gâteau carré de 20 cm (8 po). Mettre de côté.
Mettre le chocolat et le beurre dans un bol en acier inoxydable.
Placer le bol sur une casserole remplie aux ¾ d'eau bouillante. Faire fondre le tout.
Dès que le chocolat est fondu, retirer le bol et laisser refroidir pendant quelques minutes.
Casser les oeufs dans un bol. Ajouter le sucre et battre 4 minutes, jusqu'à ce qu'ils deviennent mousseux.
Incorporer soigneusement le chocolat aux oeufs.
Incorporer la farine; mélanger de nouveau.
Verser le mélange dans le moule. Faire cuire 45 minutes au four — ou jusqu'à ce qu'une lame de couteau plongée dans le gâteau en ressorte propre. Le gâteau est alors cuit.
Faire refroidir le gâteau de 3 à 4 minutes. Démouler sur une grille. Laisser refroidir le gâteau 2 heures avant de le couper.

Salade Zambie

(pour 2 personnes)

1	ananas frais
250 ml	(1 tasse) de fraises lavées, équeutées et coupées en deux
20	raisins sans pépins, équeutés
1	orange pelée, coupée en sections, et épépinée
45 ml	(3 c. à soupe) de sucre granulé
75 ml	(⅓ tasse) de kirsch
125 ml	(½ tasse) de crème à 35%

Tarte aux fraises

15 ml	(1 c. à soupe) de sucre à glacer

Couper l'ananas en deux, dans la longueur et retirer la chair. Mettre de côté les demi-ananas évidés.
Couper la chair d'ananas en cubes de 1,2 cm (½ po).
Mettre les ananas, les fraises, les raisins, les oranges, le sucre et le kirsch dans un bol; mélanger le tout. Couvrir avec un papier ciré et réfrigérer de 1 à 2 heures.
Fouetter la crème jusqu'à ce qu'elle forme des pics. Incorporer le sucre à glacer.
Disposer la salade de fruits dans les demi-ananas et garnir de crème fouettée. Servir.

Crème renversée au caramel

(pour 4 à 6 personnes)

CARAMEL:

150 ml	(⅔ tasse) de sucre granulé
125 ml	(½ tasse) d'eau

CRÈME:

500 ml	(2 tasses) de lait
5 ml	(1 c. à thé) de vanille
15 ml	(1 c. à soupe) d'eau
3	oeufs de grosseur moyenne, à la température de la pièce
3	jaunes d'oeufs
125 ml	(½ tasse) de sucre granulé

Préchauffer le four à 180°C (350°F).
CARAMEL: Mettre le sucre et l'eau dans une casserole à feu vif. Lorsque le mélange devient brun pâle, le verser dans les ramequins.
CRÈME: Dans une casserole, verser le lait, la vanille et l'eau; amener à ébullition.
Dans un bol à mélanger, battre les oeufs et les jaunes d'oeufs avec un fouet. Ajouter le sucre et continuer à fouetter jusqu'à ce que le sucre soit bien incorporé.
Verser graduellement le lait dans les oeufs tout en fouettant constamment. Passer la crème à la passoire et la verser dans les ramequins.
Placer les ramequins dans un plat à rôtir contenant de l'eau bouillante.
Faire cuire de 40 à 45 minutes au four.
Dès que les crèmes caramel sont cuites, les retirer du four et les réfrigérer avant de les démouler.
Pour démouler: presser légèrement le bord de la crème. Placer une assiette sur le ramequin et renverser la crème sur le plat. Servir.

Crème anglaise

Rendement: 300 ml (1 ¼ tasse)

Servir avec les gâteaux, la crème glacée, les soufflés froids, les fruits frais et le pudding au riz.

4	**jaunes d'oeufs**
125 ml	**(½ tasse) de sucre granulé**
250 ml	**(1 tasse) de lait bouilli, tiède**
15 ml	**(1 c. à soupe) de vanille**

Battre les oeufs et le sucre dans une casserole jusqu'à ce que le mélange devienne mousseux.

Incorporer le lait et la vanille.

Faire cuire le mélange à feu moyen tout en remuant constamment avec une cuillère de bois. Ne pas faire bouillir. Remuer constamment jusqu'à ce que le mélange épaississe et nappe le dos d'une cuillère.

Verser immédiatement la crème dans un bol en acier inoxydable. Réfrigérer 24 heures avant de servir.

Pâte sucrée

Pour les tartes ouvertes, les tartelettes de fruits et les biscuits sucrés.

675 ml	**(2¾ tasses) de farine tout usage, tamisée**
250 ml	**(1 tasse) de sucre à glacer, tamisé**
125 ml	**(½ tasse) de beurre doux, à la température de la pièce**
125 ml	**(½ tasse) de saindoux, à la température de la pièce**
5 ml	**(1 c. à thé) de vanille**
2	**oeufs frais de grosseur moyenne, à la température de la pièce**

Mélanger la farine et le sucre à glacer dans un bol. Faire un creux au milieu du mélange et y placer le beurre et le saindoux.

Ajouter la vanille et incorporer le tout avec un couteau à pâtisserie.

Ajouter les oeufs. Former une boule. Si la pâte est trop épaisse, ajouter de 15 à 30 ml (1 à 2 c. à soupe) d'eau froide.

Saupoudrer légèrement la pâte de farine et l'envelopper dans un papier ciré. Réfrigérer de 3 à 4 heures avant de l'utiliser.

Cette pâte se conservera 3 jours au réfrigérateur si elle est enveloppée et 3 mois au congélateur.

Faire cuire les fonds de tarte 10 minutes dans un four préchauffé à 200°C (400°F).

Pâte à tarte

Pour tarte aux pommes, quiche lorraine, etc.

675 ml	**(2¾ tasses) de farine tout usage, tamisée**
2 ml	**(½ c. à thé) de sel**
250 ml	**(1 tasse) de saindoux, à la température de la pièce**
125 ml	**(½ tasse) d'eau**

Mettre la farine dans un bol. Ajouter le sel; mélanger le tout. Faire un creux au milieu du mélange et y placer le saindoux. Incorporer le tout à l'aide d'un couteau à pâtisserie.

Ajouter l'eau.

Faire une boule avec la pâte. Saupoudrer légèrement la pâte de farine et l'envelopper dans un papier ciré. Réfrigérer de 3 à 4 heures avant de l'utiliser.

Cette pâte se conservera 3 jours au réfrigérateur si elle est enveloppée et 3 mois au congélateur.

La pâte doit être à la température de la pièce avant de l'utiliser. Faire cuire les fonds de tarte 10 minutes dans un four préchauffé à 200°C (400°F).

Pêches Melba à la moderne

(pour 4 personnes)

375 ml	**(1½ tasse) de framboises fraîches, lavées et essorées**
5 ml	**(1 c. à thé) de jus de citron**
50 ml	**(¼ tasse) de sucre**
5 ml	**(1 c. à thé) de fécule de maïs**
30 ml	**(2 c. à soupe) d'eau froide**
4	**boules de crème glacée à la vanille**
	pêches en section, en conserve

Mettre les framboises, le jus de citron et le sucre dans une casserole; couvrir et amener à ébullition à feu doux. Faire cuire 3 minutes.

Passer le mélange dans une passoire et remettre dans la casserole.

Délayer la fécule de maïs dans l'eau froide. Incorporer le mélange à la sauce. Amener à ébullition; faire cuire 1 minute. Remuer

Pêches Melba à la moderne

Pain aux dattes

et retirer du feu. Laisser refroidir.
Mettre 45 ml (3 c. à soupe) de pêches dans
chaque coupe à dessert. Ajouter 1 boule de
crème glacée. Napper le tout de sauce aux
framboises.
Servir.

Pain aux dattes

(pour 6 personnes)

175 ml	*(³/₄ tasse) de farine tout usage*
2 ml	*(¹/₂ c. à thé) de bicarbonate de soude*
1 ml	*(¹/₄ c. à thé) de sel*
250 ml	*(1 tasse) de dattes, dénoyautées et hachées*
125 ml	*(¹/₂ tasse) de cassonade*
50 ml	*(¹/₄ tasse) de margarine*
50 ml	*(¹/₄ tasse) d'eau*
125 ml	*(¹/₂ tasse) de brisures de chocolat mi-sucré*
2	*oeufs battus*
45 ml	*(3 c. à soupe) de brandy*
50 ml	*(¹/₄ tasse) de babeurre*
125 ml	*(¹/₂ tasse) de noix hachées*
1	*moule de 12 x 22 cm (5 x 9 po), beurré et fariné*

Préchauffer le four à 180°C (350°F).
Tamiser la farine, le bicarbonate et le sel
dans un bol. Mettre de côté.
Mettre les dattes, la cassonade, la margarine
et l'eau dans une casserole; faire cuire
jusqu'à ce que les dattes soient tendres.
Remuer fréquemment.
Retirer du feu. Mettre le mélange dans un
bol à mélanger. Incorporer le chocolat et les
oeufs battus. Mélanger le tout avec un batteur électrique pendant 1 minute.
Ajouter la moitié des ingrédients tamisés;
bien mélanger. Ajouter le brandy et le
babeurre; bien incorporer.
Ajouter le reste des ingrédients secs et les
noix.
Verser le mélange dans le moule. Faire cuire
45 minutes au four.
Laisser refroidir et démouler.
Saupoudrer de sucre à glacer avant de servir. (facultatif)

Technique: Pain aux dattes

1 Mettre les dattes, la cassonade, la margarine et l'eau dans la casserole.

2 Faire cuire jusqu'à ce que les dattes soient tendres. Remuer fréquemment.

3 Verser le mélange dans un bol à mélanger. Ajouter le chocolat et les oeufs battus.

4 Ajouter la moitié des ingrédients tamisés.

5 Incorporer le brandy et le babeurre.

6 Incorporer le reste des ingrédients tamisés et les noix.

Alaska polaire

(pour 4 personnes)

12	*doigts de dame*
250 ml	*(1 tasse) de crème à la vanille*
5	*blancs d'oeufs*
150 ml	*(²/₃ tasse) de sucre granulé*
75 ml	*(¹/₃ tasse) de cognac*
50 ml	*(¹/₄ tasse) de Grand Marnier*

Préchauffer le four à gril (broil).
Beurrer un plat de service en acier inoxydable et le saupoudrer de sucre.
Disposer 6 doigts de dame sur le plat, en les serrant les uns contre les autrs. Placer soigneusement la crème glacée sur les doigts de dame.
Placer le reste des doigts de dame sur la crème glacée et placer le tout au congélateur.
Battre les blancs jusqu'à ce qu'ils forment des pics. Incorporer graduellement le sucre tout en continuant de battre.
Retirer le plat du congélateur. Étendre la moitié du mélange d'oeufs sur les doigts de dame avec une spatule. Toutes les surfaces doivent être scellées avec les blancs d'oeufs.
Décorer le tout de blancs d'oeufs.
Faire brunir 3 minutes au four.
Retirer du four.
Verser le cognac et le Grand Marnier dans une petite casserole pour café turc et faire chauffer à feu vif. Flamber et verser sur l'Alaska polaire.
Servir immédiatement.

Pudding à la noix de coco

(pour 4 personnes)

500 ml	*(2 tasses) de lait*
22 ml	*(¹/₂ c. à soupe) de fécule de maïs*
2	*oeufs séparés*
125 ml	*(¹/₂ tasse) de noix de coco râpée*
125 ml	*(¹/₂ tasse) de sucre*
15 ml	*(1 c. à soupe) de zeste de citron*

Préchauffer le four à 200°C (400°F).
Faire chauffer la moitié du lait dans une casserole à feu doux.
Délayer la fécule de maïs et le reste du lait.

Incorporer le mélange au lait chaud en remuant constamment avec un fouet.
Ajouter les jaunes d'oeufs, la noix de coco, le sucre et les zestes de citron; remuer et faire cuire 3 minutes jusqu'à ce que le mélange épaississe.
Verser le pudding dans un plat à gratin.
Battre les blancs d'oeufs jusqu'à ce qu'ils forment des pics. Garnir le pudding de blancs d'oeufs.
Faire griller au four de 4 à 5 minutes.
Laisser refroidir et servir avec du sirop d'érable.

Tarte aux fraises

(pour 4 à 6 personnes)

500 ml	*(2 tasses) de fraises fraîches, lavées et équeutées*
30 ml	*(2 c. à soupe) de Cointreau*
30 ml	*(2 c. à soupe) de sucre*
1	*fond de tarte de chapelure de Graham, cuit*
	jus de ¹/₄ de citron
	crème fouettée

Mettre les fraises dans un bol. Ajouter le Cointreau, le jus de citron et le sucre; faire mariner 15 minutes.
Étendre une fine couche de crème fouettée sur le fond de tarte. Couvrir de fraises. Arroser du sirop des fraises.
Garnir du reste de la crème fouettée. Servir.

Surprise de cantaloup

(pour 4 personnes)

2	*cantaloups, coupés en deux*
1	*banane, pelée et tranchée*
1	*orange pelée et coupée en sections*
45 ml	*(3 c. à soupe) de rhum*
4	*blancs d'oeufs*
50 ml	*(¹/₄ tasse) de sucre*
	jus de citron

Préchauffer le four à 200°C (400°F).
À l'aide d'une cuillère à légumes ronde, retirer la chair des cantaloups.
Mettre les boules de cantaloups dans un bol. Ajouter les bananes, les oranges et le rhum.
Arroser de jus de citron; faire mariner 30 minutes.
Dans un bol en acier inoxydable, monter les

Surprise de cantaloup

blancs en neige ferme avec un batteur électrique; puis incorporer le sucre en continuant de battre pendant 1 minute.
Mettre la meringue dans un sac à pâtisserie muni d'une douille étoilée.
Remplir les cantaloups évidés de fruits. Décorer de meringue. Placer au four sous le gril et faire cuire 3 minutes. Servir.

Pudding crémeux

(pour 4 personnes)

30 ml	(2 c. à soupe) d'eau
250 ml	(1 tasse) de sucre
500 ml	(2 tasses) de lait
22 ml	(1½ c. à soupe) de fécule de maïs
2	oeufs battus
15 ml	(1 c. à soupe) de vanille
30 ml	(2 c. à soupe) de Tia Maria (facultatif)

Mettre l'eau et la moitié du sucre dans une casserole. Faire cuire à feu moyen jusqu'à ce que le mélange caramélise.

Faire chauffer la moitié du lait dans une casserole. Ajouter le sucre caramélisé tout en remuant constamment avec un fouet de cuisine.

Mélanger la fécule de maïs et le reste du sucre. Incorporer le mélange au reste du lait. Puis, verser le tout dans le lait chaud; faire cuire 2 minutes à feu doux.

Ajouter les oeufs battus, la vanille et le Tia Maria; remuer et faire cuire de 3 à 4 minutes à feu moyen jusqu'à ce que le mélange épaississe.

Dès que le mélange est cuit, le verser dans des ramequins et réfrigérer pendant quelques heures.

Servir.

Pudding aux pommes

(pour 2 personnes)

15 ml	(1 c. à soupe) de beurre
50 ml	(¼ tasse) de sucre)
2	oeufs séparés
5 ml	(1 c. à thé) de jus de citron
15 ml	(1 c. à soupe) de zeste de citron
4	pommes, évidées, pelées et hachées
5 ml	(1 c. à thé) de cannelle
4	ramequins individuels une pincée de clou de girofle

Préchauffer le four à 180°C (350°F).

Bien incorporer le beurre et le sucre avec une cuillère dans un bol.

Ajouter les jaunes d'oeufs; bien mélanger. Incorporer le jus et les zestes de citron.

Ajouter les pommes, la cannelle et le clou de girofle; bien mélanger.

Battre les blancs en neige ferme et les incorporer au mélange.

Verser le pudding dans les ramequins. Placer les ramequins dans un plat à rôtir contenant 2,5 cm (1 po) d'eau chaude. Faire cuire 30 minutes au four.

Servir.

Crème Chantilly

Rendement: 500 ml (2 tasses)

250 ml	(1 tasse) de crème à 35%, froide
5 ml	(1 c. à thé) de vanille
45 ml	(3 c. à soupe) de sucre à glacer

Fouetter la crème et la vanille jusqu'à ce que le mélange forme des pics.

Incorporer le sucre à glacer avec une spatule.

Flan Victoire

(pour 6 personnes)

3	pêches mûres
500 ml	(2 tasses) de lait
90 ml	(6 c. à soupe) de miel
2	oeufs entiers
3	jaunes d'oeufs

Préchauffer le four à 190°C (375°F).

Beurrer un moule rond à flan ou à soufflé de 25 cm (10 po).

Plonger les pêches dans une casserole contenant de l'eau bouillante et faire cuire 1 minute.

Faire refroidir sous l'eau froide et peler.

Couper les pêches en deux et retirer le noyau. Émincer les pêches et les placer dans le fond du moule.

Verser le lait et le miel dans une casserole. Amener à ébullition à feu vif.

Mettre les oeufs entiers et les jaunes d'oeufs dans un bol et les battre légèrement avec un fouet.

Dès que le lait et le miel commencent à bouillir, retirer la casserole du feu. Verser le liquide, en filet, dans les oeufs tout en mélangeant constamment avec un fouet.

Verser le mélange sur les pêches. Placer le moule dans un plat à rôtir contenant 4 cm (1½ po) d'eau chaude. Faire cuire 40 minutes au four ou jusqu'à ce que le flan soit ferme.

Retirer et laisser refroidir.

Dès que le flan est froid, presser les côtés pour le dégager. Démouler dans un plat de service. Couper et servir.

Crêpes aux marrons

(pour 4 personnes)

250 ml	*(1 tasse) de purée de marrons*
125 ml	*(¹/₂ tasse) de crème à 35%*
5 ml	*(1 c. à thé) de vanille*
30 ml	*(2 c. à soupe) de sucre à glacer*
4	*crêpes**
45 ml	*(3 c. à soupe) de cassonade*
45 ml	*(3 c. à soupe) de sirop d'érable*

Préchauffer le four à 200°C (400°F).

Verser la purée de marrons dans un bol et bien la brasser.

Verser la crème dans un bol à mélanger. Ajouter la vanille; Battre avec un batteur électrique jusqu'à ce que le mélange soit ferme. Incorporer le sucre à glacer avec une spatule.

Incorporer la crème fouettée à la purée de marrons.

Farcir les crêpes et les plier pour former des petits paniers. Disposer le tout dans un plat à gratin.

Saupoudrer les crêpes de cassonade et les arroser de sirop d'érable.

Faire cuire de 5 à 6 minutes sous le gril. Servir.

* Crêpes, voir p. 7

Pêches flambées à l'orange

(pour 4 personnes)

30 ml	(2 c. à soupe) de sucre
4	demi-pêches
30 ml	(2 c. à soupe) de rhum
	jus de 2 oranges
	jus de 1 citron

Mettre le sucre et le jus d'orange et de citron dans une casserole. Faire cuire à feu vif jusqu'à ce que le mélange épaississe.
Couper les demi-pêches en deux ou trois tranches et les incorporer à la casserole. Faire cuire de 3 à 4 minutes.
Placer les pêches sur les assiettes à dessert. Verser le rhum dans la casserole. Faire chauffer et flamber. Dès que la flamme est morte, verser le liquide sur les pêches. Servir.

Tarte au pain

(pour 2 à 3 personnes)

175 ml	(³/₄ tasse) de farine
75 ml	(5 c. à soupe) de beurre doux
45 ml	(3 c. à soupe) d'eau froide
125 ml	(¹/₂ tasse) de lait
60 ml	(4 c. à soupe) de sucre
5 ml	(1 c. à thé) de liqueur au choix
2	oeufs
45 ml	(3 c. à soupe) d'amandes en poudre
5 ml	(1 c. à thé) de beurre
125 ml	(¹/₂ tasse) de chapelure blanche
	une pincée de sel

Préchauffer le four à 200°C (400°F).
Tamiser la farine et le sel dans un bol. Ajouter 75 ml (5 c. à soupe) de beurre. Incorporer les ingrédients avec un couteau à pâtisserie.
Ajouter l'eau froide et former une boule. Réfrigérer 1 heure. Rouler la pâte et foncer un plat à tarte.

NOTE: Congeler le reste de la pâte.
Verser le lait dans un bol. Ajouter le sucre, la liqueur, les oeufs et le beurre; mélanger avec un fouet.
Ajouter les amandes et la chapelure; bien mélanger.

Verser le mélange dans le fond de tarte. Faire cuire 30 minutes au four. Servir.

Pain au citron

Ce pain-gâteau est servi pour le thé, comme dessert ou aux pique-niques.

375 ml	(1¹/₂ tasse) de farine, tamisée
5 ml	(1 c. à thé) de poudre à pâte
2 ml	(¹/₂ c. à thé) de sel
250 ml	(1 tasse) de sucre granulé
125 ml	(¹/₂ tasse) de beurre mou
2	oeufs
125 ml	(¹/₂ tasse) de lait
	jus de 1 citron
	zeste de 1 citron

Beurrer et fariner un moule à pain de 23 x 8 cm (9 x 3 po). Mettre de côté.
Préchauffer le four à 180°C (350°F).
Bien mélanger la farine, la poudre à pâte et le sel dans un bol à mélanger. Incorporer le jus de citron; mettre de côté.
Bien incorporer le sucre et le beurre dans un autre bol. Incorporer le mélange à la farine.
Ajouter les oeufs, le lait et les zestes de citron. Battre le mélange pour bien l'incorporer.
Verser le mélange dans le moule. Faire cuire 1 heure au four.

Glace aux fraises

(pour 4 personnes)

375 g	(³/₄ livre) de fraises congelées
125 ml	(¹/₂ tasse) de brisures de chocolat mi-sucré
250 ml	(1 tasse) de guimauves miniatures
	jus de ¹/₂ citron
	jus de 1 orange
	crème glacée à la vanille

Dégeler les fraises et les mettre dans une casserole. Ajouter le jus de citron et d'orange; faire cuire de 7 à 8 minutes à feu très doux. Retirer du feu. Mettre de côté.
Mettre 30 ml (2 c. à soupe) de fraises dans chaque coupe à dessert. Parsemer de chocolat. Ajouter quelques guimauves. Recouvrir de crème glacée.
Répéter pour remplir toute la coupe.
Garnir de chocolat et de guimauve. Réfrigérer 1 heure. Servir.

Glace aux fraises

Gâteau aux amandes

(pour 6 personnes)

125 ml	(¹/₂ tasse) de margarine
250 ml	(1 tasse) de sucre
3	oeufs
300 ml	(1¹/₄ tasse) de farine tout usage
1 ml	(¹/₄ c. à thé) de sel
2 ml	(¹/₂ c. à thé) de poudre à pâte
30 ml	(2 c. à soupe) de cognac
50 ml	(¹/₄ tasse) d'amandes en poudre
5 ml	(1 c. à thé) d'extrait d'amandes

Beurrer et fariner un moule carré de 21 cm (8¹/₄ po), et 6 cm (2¹/₄ po) de profondeur. Préchauffer le four à 180°C (350°F).

Technique: Gâteau aux amandes

Défaire en pommade la margarine, le sucre et 1 oeuf dans un bol. Mélanger avec un batteur électrique pendant 2 minutes.

Tamiser la farine, le sel et la poudre à pâte. Ajouter la moitié des ingrédients tamisés au mélange d'oeuf.

Ajouter le reste des oeufs; battre 1 minute. Incorporer le reste des ingrédients tamisés; battre 1 minute.

Incorporer le cognac; continuer de battre 1 minute.

Ajouter les amandes; bien mélanger.

Ajouter l'extrait d'amandes; mélanger de nouveau.

Verser le mélange dans le moule. Faire cuire 40 minutes au four.

Dès que le gâteau est cuit, le retirer du four et le laisser refroidir pendant 5 minutes.

Démouler et laisser refroidir.

Garnir de votre glaçage préféré.

1 Défaire la margarine, le sucre et un oeuf en pommade. Battre 2 minutes avec un batteur électrique.

2 Ajouter les ingrédients tamisés, les oeufs et le cognac; mélanger et ajouter les amandes.

Gâteau aux amandes

Fraises Romanoff

Fraises Romanoff

(pour 4 personnes)

1 l	*(4 tasses) de fraises, lavées, équeutées et égouttées*
50 ml	*(¼ tasse) de sucre*
30 ml	*(2 c. à soupe) de Cointreau*
375 ml	*(1½ tasse) de crème à 35%*
50 ml	*(¼ tasse) de sucre à glacer jus d'orange*

Mettre les fraises dans un bol. Saupoudrer de sucre et arroser de jus d'orange; bien mélanger. Ajouter le Cointreau; réfrigérer 1 heure.

Dans un bol en acier inoxydable, fouetter la crème avec un batteur électrique jusqu'à ce qu'elle soit ferme. Incorporer le sucre à glacer à l'aide d'une spatule.

Verser la crème fouettée sur les fraises et le jus. Incorporer délicatement avec une spatule.

Servir dans des coupes à dessert en verre.

Cerises jubilées

(pour 4 personnes)
Servir sur de la crème glacée.

50 ml	*(¼ tasse) de sucre granulé*
125 ml	*(½ tasse) d'eau*
1	*boîte de cerises Bing en conserve, de 398 ml (14 oz), dénoyautées et égouttées*
125 ml	*(½ tasse) de kirsch*
5 ml	*(1 c. à thé) de fécule de maïs*

Faire chauffer le sucre et l'eau dans une casserole à feu vif. Amener à ébullition et faire mijoter quelques minutes à feu moyen.

Ajouter les cerises; faire mijoter de 2 à 3 minutes.

Verser le kirsch dans une petite casserole pour café turc ou dans une petite casserole. Incorporer la fécule de maïs et réchauffer à feu moyen.

Dès que le kirsch est sur le point de bouillir, le verser sur les cerises et flamber. Servir immédiatement.

Mousse au chocolat

(pour 4 personnes)

170 g	*(6 oz) de chocolat mi-sucré*
90 g	*(3 oz) de beurre doux*
30 ml	*(2 c. à soupe) de Tia Maria*
4	*jaunes d'oeufs*
5	*blancs d'oeufs*
45 ml	*(3 c. à soupe) de sucre à glacer*

Mettre le chocolat, le beurre et le Tia Maria

Mousse au chocolat

dans un bol en acier inoxydable. Placer le bol sur une casserole contenant 500 ml (2 tasses) d'eau bouillante. Faire fondre le chocolat en le remuant avec une cuillère en bois.

Retirer le bol de la casserole. Incorporer les jaunes d'oeufs; bien mélanger avec un fouet. Remettre le bol sur la casserole. Faire cuire jusqu'à ce que le mélange épaississe en mélangeant constamment avec un fouet. Retirer du feu. Mettre de côté.

Dans un bol en acier inoxydable, battre les blancs d'oeufs avec un batteur électrique jusqu'à ce qu'ils forment des pics. Ajouter le sucre à glacer; battre 30 secondes.

Incorporer les blancs d'oeufs au mélange de chocolat refroidi. Incorporer délicatement pour obtenir une mousse marbrée.

Servir dans des coupes à dessert.

Melon splendeur

(pour 4 personnes)

2	petits cantaloups, coupés en deux
500 ml	(2 tasses) de fraises fraîches, lavées et coupées en deux
30 ml	(2 c. à soupe) de brandy
250 ml	(1 tasse) de sucre
3	blancs d'oeufs
15 ml	(1 c. à soupe) de vanille

Épépiner les cantaloups et retirer la chair avec une cuillère à légumes ronde. Mettre les boules de cantaloups dans un bol à mélanger.

Ajouter les fraises et le brandy; faire mariner 30 minutes.

Mettre le sucre et les blancs d'oeufs dans la casserole d'un bain-marie. Mélanger les ingrédients avec un batteur électrique jusqu'à ce qu'ils forment des pics. Ajouter la vanille et continuer de battre pendant 1 minute.

Placer les cantaloups évidés sur une plaque à biscuit. Remplir de fruits et décorer de meringue.

Faire cuire au four à gril (broil) pendant quelques minutes.

Servir.

Technique: Melon splendeur

1 Épépiner les cantaloups.

2 Retirer la chair à l'aide d'une cuillère à légumes ronde. Mettre dans un bol à mélanger.

3 Ajouter les fraises et le brandy.

4 Mettre le sucre et les blancs d'oeufs dans la casserole supérieure d'un bain-marie.

5 Battre jusqu'à ce que le mélange forme des pics.

6 Remplir les demi-cantaloups de fruits et les garnir de meringue.

Bananes à l'érable

(pour 4 personnes)

4	bananes mûres, pelées
50 ml	(¼ tasse) de cassonade
30 ml	(2 c. à soupe) de rhum
45 ml	(3 c. à soupe) de sirop d'érable frais
50 ml	(¼ tasse) d'amandes effilées jus de 1 citron zeste de 1 citron

Préchauffer le four à 180°C (350°F).
Dans un plat à gratin beurré généreusement, disposer les bananes. Saupoudrer de cassonade et arroser de rhum, de sirop d'érable et de jus de citron; faire cuire de 8 à 10 minutes au four.
Parsemer d'amandes et de zestes de citron. Faire cuire au four pendant 3 minutes à gril (broil). Servir.

Poires St-Henri

(pour 4 personnes)

4	poires mûres, pelées
125 ml	(½ tasse) de sucre
125 g	(4 oz) de fruits confits
250 ml	(1 tasse) d'eau
15 ml	(1 c. à soupe) de fécule de maïs
15 ml	(1 c. à soupe) de kirsch
15 ml	(1 c. à soupe) de grenadine jus de ½ citron

Préchauffer le four à 190°C (375°F).
Couper les poires en deux, sur la longueur, et retirer le coeur. Placer les poires dans un plat à gratin beurré.
Verser le sucre, les fruits confits, l'eau et le jus de citron sur les poires.
Faire cuire 15 minutes au four ou jusqu'à ce que les poires soient tendres. Badigeonner occasionnellement avec le jus de cuisson.
Retirer les poires du plat et les transférer dans un plat de service.
Placer le plat à gratin à feu moyen. Délayer la fécule de maïs dans le kirsch. Incorporer le mélange au liquide de cuisson.
Incorporer la grenadine et laisser épaissir.
Verser la sauce sur les poires. Servir.
NOTE: On peut servir les poires sur de la crème glacée. (facultatif)

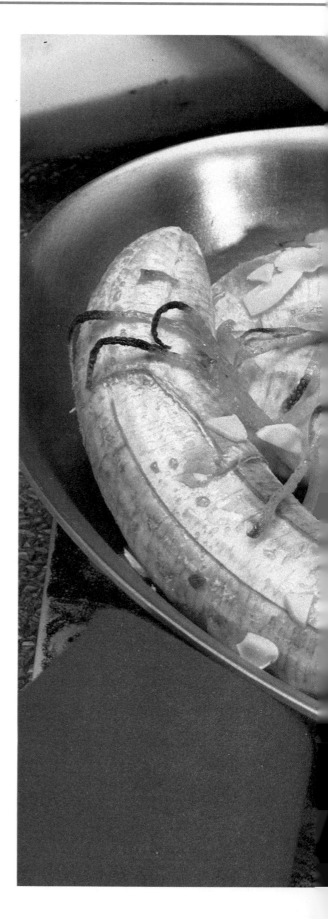

Bananes à l'érable

Tarte aux raisins

Tarte aux raisins

(pour 6 personnes)

250 ml	(1 tasse) de yogourt nature
2	blancs d'oeufs, montés en neige ferme
15 ml	(1 c. à soupe) de Cointreau
1	fond de tarte de chapelure Graham, cuit
30 ml	(2 c. à soupe) de sucre raisins rouges et verts, sans pépins, lavés et asséchés jus de citron

Dans un bol, mélanger le yogourt, les blancs d'oeufs battus et le Cointreau. Étendre le mélange sur le fond de tarte cuit.
Mettre les raisins dans un bol. Ajouter le sucre et le jus de citron; bien mélanger.
Disposer les raisins sur la tarte. Réfrigérer 15 minutes. Servir.

Gâteau aux carottes

(pour 6 personnes)

250 ml	(1 tasse) de sucre
125 ml	(½ tasse) d'huile végétale
250 ml	(1 tasse) de farine tout usage, tamisée
5 ml	(1 c. à thé) de poudre à pâte
5 ml	(1 c. à thé) de cannelle
2 ml	(½ c. à thé) bicarbonate de soude
2 ml	(½ c. à thé) de sel
2	oeufs
375 ml	(1½ tasse) de carottes râpées
125 ml	(½ tasse) de noix hachées

Préchauffer le four à 180°C (350°F).
Bien incorporer le sucre et l'huile dans un bol avec un batteur électrique.
Ajouter la moitié des ingrédients secs; bien mélanger.
Ajouter les oeufs, un à un, tout en mélangeant entre chaque addition.

50 min.
gâteau aux carottes

Rêve de cho[colat]

Ajouter le reste des ingrédients secs, les carottes et les noix; bien mélanger.

Beurrer et fariner un moule carré de 20 cm (8 po) et y verser le mélange. Faire cuire 1 heure 15 minutes au four.

GLAÇAGE:

125 ml	(*½ tasse) de sucre*
30 ml	(*2 c. à soupe) de fécule de maïs*
30 ml	(*2 c. à soupe) de jus d'orange*
15 ml	(*1 c. à soupe) de zeste de citron*
5 ml	(*1 c. à thé) de beurre*

Mettre le sucre et la fécule de maïs dans une petite casserole. Ajouter le jus d'orange et le reste des ingrédients; remuer et faire cuire 8 minutes à feu doux.

Laisser refroidir et verser sur le gâteau aux carottes.

Rêve de chocolat
(pour 4 personnes)

8	*gaufrettes de chocolat, émiettées*
500 ml	(*2 tasses) de crème fouettée*
4	*grosses boules de crème glacée à la vanille*
60 ml	(*4 c. à soupe) de sauce au chocolat pour dessert, commerciale*
4	*cerises au marasquin*
4	*coupes à dessert en verre*

Placer une petite quantité de chocolat dans le fond de chaque coupe. Ajouter 45 ml (3 c. à soupe) de crème fouettée. Réfrigérer 30 minutes.

Déposer une boule de crème glacée sur la crème fouettée. Napper de sauce au chocolat.

Décorer de crème fouettée. Garnir de cerise au marasquin. Servir.

Sabayon chaud

(pour 4 personnes)

175 ml	*(³/₄ tasse) de sucre granulé*
4	*jaunes d'oeufs*
2	*oeufs entiers*
125 ml	*(¹/₂ tasse) de vin blanc sec*
45 ml	*(3 c. à soupe) de liqueur au choix*

Bien incorporer le sucre, les jaunes d'oeufs et les oeufs entiers dans un bol en acier inoxydable.

Placer le bol sur une casserole remplie aux ³/₄ d'eau chaude mijotante. Battre le mélange de 3 à 4 minutes avec un fouet. Ajouter le vin. Continuer de fouetter vigoureusement jusqu'à épaississement du mélange. Incorporer graduellement la liqueur. Servir immédiatement.

NOTE: Si le vin blanc est remplacé par du Marsala sucré, le dessert devient le «Babayon».

On peut servir le sabayon chaud dans des coupes à dessert ou le verser sur des fruits.

Lait de poule 'Egg Nog'

(pour 6 à 8 personnes)

5	*jaunes d'oeufs*
45 ml	*(3 c. à soupe) de sucre*
125 ml	*(¹/₂ tasse) de whisky*
50 ml	*(¹/₄ tasse) de cognac*
375 ml	*(1¹/₂ tasse) de lait*
250 ml	*(1 tasse) de crème à 35%*
5	*blancs d'oeufs*
	muscade

Mettre les jaunes d'oeufs dans un bol à mélanger. Ajouter le sucre et mélanger le tout avec un batteur électrique pendant 1 minute.

Incorporer le whisky et le cognac tout en mélangeant constamment. Incorporer le lait; continuer de battre le mélange. Fouetter la crème légèrement et l'incorporer au mélange.

Monter les blancs en neige dans un bol en acier inoxydable. Incorporer le tout au mélange avec un fouet.

Réfrigérer 2 heures.

Verser le lait de poule dans de grands verres. Saupoudrer de muscade. Servir.

Lait de poule 'Eg Nog'

Crème pâtissière

Rendement: 625 ml (2 1/2 tasses)
Pour les choux, les éclairs, etc.

250 ml	*(1 tasse) de lait*
15 ml	*(1 c. à soupe) d'eau*
50 ml	*(1/4 tasse) de sucre granulé*
3	*jaunes d'oeufs*
50 ml	*(1/4 tasse) de farine tout usage, tamisée*
5 ml	*(1 c. à thé) de vanille*

Amener le lait et l'eau à ébullition dans une casserole à feu moyen. Mettre de côté.
Battre le sucre et les jaunes d'oeufs dans un bol, avec une spatule, de 3 à 4 minutes ou jusqu'à ce que le mélange devienne mousseux et blanc.
Incorporer la farine aux oeufs avec une spatule.
Incorporer graduellement la vanille au lait bouillant. Incorporer la moitié du mélange d'oeufs tout en remuant constamment avec une cuillère en bois.
Remettre la casserole sur l'élément à feu moyen-doux. Incorporer le reste du mélange d'oeufs, graduellement, tout en mélangeant constamment avec une cuillère en bois.
Continuer de brasser jusqu'à ce que la crème devienne très épaisse.
Verser la crème pâtissière dans un bol. Laisser refroidir et couvrir d'un papier ciré beurré.
Cette crème recouverte d'un papier ciré beurré se conservera 48 heures au réfrigérateur.

Soufflé froid aux amandes

5	*jaunes d'oeufs*
175 ml	*(3/4 tasse) de sucre granulé*
175 ml	*(3/4 tasse) de noix hachées*
30 ml	*(2 c. à soupe) de rhum*
500 ml	*(2 tasses) de crème à 35%, fouettée*
5 cubes	*chocolat mi-sucré râpé amandes*

Beurrer un moule à fond amovible et mettre de côté.
Mélanger les jaunes d'oeufs et le sucre. Battre le mélange jusqu'à ce qu'il devienne léger et mousseux. Ajouter les noix et le rhum. Incorporer la crème fouettée avec un fouet.
Battre les blancs d'oeufs jusqu'à ce qu'ils forment des pics. Incorporer le tout au mélange.
Verser le mélange dans le moule. Congeler.
Avant de servir, parsemer de chocolat râpé et décorer d'amandes.

Gâteau aux bananes et aux noix

(pour 6 personnes)

125 ml	*(1/2 tasse) de margarine*
250 ml	*(1 tasse) de sucre*
2	*oeufs*
3	*bananes mûres*
50 ml	*(1/4 tasse) de noix hachées*
2 ml	*(1/2 c. à thé) de bicarbonate de soude*
500 ml	*(2 tasses) de farine tout usage*
15 ml	*(1 c. à soupe) de poudre à pâte*
45 ml	*(3 c. à soupe) de rhum*
50 ml	*(1/4 tasse) de babeurre une pincée de sel*

Beurrer et fariner un moule à fond amovible de 22 cm (8 1/2 po).
Préchauffer le four à 180°C (350°F).
Défaire la margarine et le sucre en pommade; bien mélanger. Ajouter les oeufs, un à la fois, tout en mélangeant avec un batteur entre chaque addition.
Purer les bananes dans un blender. Incorporer la purée au mélange d'oeufs. Incorporer les noix.
Tamiser les ingrédients secs dans un bol. Incorporer la moitié des ingrédients tamisés au mélange de bananes.
Incorporer le rhum et le babeurre; bien brasser.
Ajouter le reste des ingrédients tamisés; bien brasser.
Verser le mélange dans le moule à gâteau. Faire cuire 1 heure au four.
Dès que le gâteau est cuit, le retirer du four et le laisser refroidir pendant 5 minutes.
Démouler et laisser complètement refroidir. Étendre votre glaçage préféré sur le gâteau. Servir.

Gâteau aux bananes et aux noix

Technique: Gâteau aux bananes et aux noix

1 Défaire la margarine et le sucre en pommade; bien mélanger.

2 Ajouter les oeufs, un à un, tout en mélangeant avec un batteur entre chaque addition.

5 Incorporer la purée de bananes au mélange d'oeufs.

6 Incorporer les noix.

3 Bien mélanger.

4 Purer les bananes dans un blender.

7 Ajouter la moitié des ingrédients tamisés au mélange.

8 Ajouter le rhum et le babeurre.

Gâteau au chocolat

(pour 6 personnes)

175 ml	(³/₄ tasse) de margarine
375 ml	(1¹/₂ tasse) de sucre
3	oeufs
425 ml	(1³/₄ tasse) de farine tout usage

2 ml	(¹/₂ c. à thé) de poudre à pâte
45 ml	(3 c. à soupe) de cacao
125 ml	(¹/₂ tasse) de lait
5 ml	(1 c. à thé) de vanille une pincée de sel

Beurrer et fariner un moule à fond amovible de 22 cm (8¹/₂ po).

Préchauffer le four à 170°C (325°F).
Défaire la margarine en pommade dans un bol. Ajouter le sucre et les oeufs; bien mélanger avec un batteur électrique.
Tamiser les ingrédients secs dans un bol. Incorporer la moitié des ingrédients tamisés au mélange d'oeufs avec une spatule.
Incorporer le lait et la vanille.
Ajouter le reste des ingrédients tamisés. Bien mélanger.
Verser le mélange dans le moule à gâteau. Faire cuire au four pendant 1 heure 10 minutes. Dès que le gâteau est cuit, le retirer du four et le laisser refroidir 5 minutes.
Démouler et laisser complètement refroidir.
Étendre un glaçage au citron ou de votre choix sur le gâteau. Servir.

Technique: Gâteau au chocolat

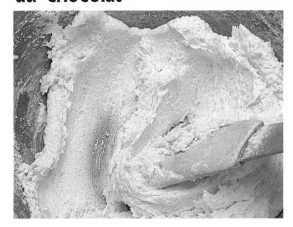

1 Défaire la margarine en pommade dans un bol.

2 Ajouter le sucre et les oeufs. Bien mélanger.

3 Tamiser les ingrédients secs dans un bol. Ajouter la moitié des ingrédients tamisés au mélange d'oeufs.

4 Incorporer le lait et la vanille.

5 Ajouter le reste des ingrédients tamisés.

Chapitre VIII
Micro-ondes

Je suis certain que la majorité d'entre vous s'accordera à dire que, dans les dix dernières années, la cuisine a changé et qu'heureusement pour nous, le micro-ondes fait partie de ce changement.

Je vous encourage à prendre avantage de ce que le micro-ondes peut offrir à votre cuisine journalière. Non seulement sauve-t-il énormément de temps, mais sa cuisine est extrêmement propre et simple. Légumes et poissons s'adaptent bien au micro-ondes, ainsi que la plupart des viandes et oui, même les desserts.

Il est vrai que le micro-ondes ne peut pas tout faire, mais la même chose peut se dire du four conventionnel. Alors, n'hésitez-pas!

Apprenez à utiliser ces appareils de pair et vous vous assurerez d'un succès facile.

Lorsque vous achetez un micro-ondes, choisissez un appareil qui offre le maximum de puissance et, ainsi, qui permettra de réduire les temps de cuisson. Après tout, voilà notre but! Bien que le vendeur vous répétera à maintes reprises de lire attentivement le manuel du fabricant, j'aimerais souligner ce point. Il est très important de comprendre les capacités du micro-ondes que vous avez choisi.

Si vous possédez déjà un micro-ondes et ne l'utilisez que pour dégeler les aliments, consultez les recettes de ce livre et vous pourrez ainsi goûter à ce que le micro-ondes peut vraiment vous offrir.

Conseils sur le micro-ondes

1 Utilisez toujours des ustensiles approuvés pour la cuisson au micro-ondes. On les trouve sous différentes grandeurs et formes. Pour vérifier si un ustensile de four conventionnel s'adapte au micro-ondes, faites le test suivant: Placez l'article dans le micro-ondes, à réglage FORT, pendant 1 minute. Si l'ustensile devient chaud, il ne convient pas à ce type de cuisson.

2 Pour brunir les viandes, utilisez un mélange de miel, bouillon de poulet, de sauce soya et de sauce Worcestershire.

- Badigeonnez les viandes de ce mélange. Pour ramollir le fromage à la crème, le retirer de son emballage et le placer dans une assiette micro-ondes. Placez le tout dans le micro-ondes, à réglage FORT, pendant 1 à 1½ minute. Ne couvrez pas!
- Pour obtenir une cuisson uniforme, il est préférable de tourner le plat micro-ondes de ¼ ou ½ tour durant la cuisson.
- Souvent, pour conserver l'humidité des

aliments, il est conseillé de recouvrir le plat avec une pellicule de plastique. Toutefois, il est important de percer la pellicule pour permettre au surplus de vapeur de s'échapper pendant la cuisson.
- AVANT de commencer une recette, lisez-la complètement pour savoir si vous aurez besoin du four conventionnel.
- Rappelez-vous bien que dans la cuisson au micro-ondes, minutes et secondes peuvent changer le résultat du produit fini. Alors, suivez attentivement les temps de cuisson.
- N'oubliez pas que les aliments congelés cuisent plus lentement que les aliments frais.

Note:
Monsieur Pol Martin a publié d'autres recettes utilisant les techniques de la cuisine au micro-ondes dans un ouvrage publié aux Éditions La Presse intitulé «L'ENCY-CLOPÉDIE DU MICRO-ONDES».

Saumon poché et sauce au cumin (p. 365)

Technique: Cuisson du bacon

1 Placer le bacon sur un plat recouvert de papier essuie-tout. Placer une seconde feuille de papier sur le bacon pour empêcher les éclaboussures.

2 Voici le bacon après 4 minutes de cuisson au micro-ondes.

Soupe aux légumes campagnarde

(pour 4 personnes)
Réglage: FORT
Temps de cuisson: de 14 à 15 minutes
Contenant: plat micro-ondes de 2 l

30 ml	*(2 c. à soupe) de beurre*
1	*oignon, pelé et haché*
1	*branche de céleri, coupée en dés*
1	*carotte, pelée et coupée en dés*
2	*pommes de terre, pelées et coupées en dés*
½	*chou, émincé*
125 ml	*(½ tasse) de haricots blancs secs cuits*
1	*feuille de laurier*
1 ml	*(¼ c. à thé) de thym*
1 ml	*(¼ c. à thé) de marjolaine*
1,5 l	*(6 tasses) de bouillon de poulet chaud**
	sel et poivre

Mettre le beurre dans le plat; couvrir et faire cuire 1 minute.

Ajouter les légumes et les épices; saler, poivrer. Couvrir et faire cuire 5 minutes.

Bien mélanger les ingrédients et tourner le plat; continuer la cuisson 4 minutes.

Incorporer le bouillon de poulet; faire cuire de 4 à 5 minues sans couvrir. Servir.

* Bouillon de poulet, voir p. 33-34

Crème de navet

(pour 4 personnes)
Réglage: FORT
Temps de cuisson: 24 minutes
Contenant: plat micro-ondes de 3 l

15 ml	*(1 c. à soupe) de beurre*
1	*petit oignon, pelé et haché*
2	*pommes de terre, pelées et émincées*
1	*navet, pelé et émincé*
15 ml	*(1 c. à soupe) de persil frais haché*
1 ml	*(¼ c. à thé) d'origan*
125 ml	*(½ tasse) d'eau*
825 ml	*(3½ tasses) de bouillon de poulet léger, chaud**
45 ml	*(3 c. à soupe) de yogourt nature*
	une pincée de thym
	sel et poivre

Mettre le beurre et les oignons dans le plat; couvrir et faire cuire 2 minutes.

Ajouter les pommes de terre, les navets et les épices; mélanger et saler, poivrer.

Ajouter l'eau, couvrir et faire cuire 5 minutes.

Bien mélanger et continuer la cuisson pendant 5 minutes.

Incorporer le bouillon de poulet; faire cuire 6 minutes sans couvrir.

Tourner le plat et continuer la cuisson pendant 6 minutes.

Passer la soupe dans un moulin à légumes et incorporer le yogourt. Servir.

* Bouillon de poulet, voir p. 33-34

Soupe aux tomates, nouvelle cuisine
(pour 4 personnes)

Réglage: FORT
Temps de cuisson: 16 minutes
Contenant: plat micro-ondes de 3 l

5 ml	**(1 c. à thé) de beurre**
30 ml	**(2 c. à soupe) d'oignons hachés**
¹/₂	**branche de céleri, coupée en dés**
¹/₂	**concombre, pelé, épépiné et émincé**

Soupe aux tomates, nouvelle cuisine

1 ¹/₂	**boîte de tomates en conserve de 796 ml (28 oz), égouttées et hachées**
¹/₂	**boîte de pâte de tomate en conserve de 156 ml (5¹/₂ oz)**
5 ml	**(1 c. à thé) de sucre**
2 ml	**(¹/₂ c. à thé) de basilic**
750 ml	**(3 tasses) de bouillon de poulet léger, chaud***
30 ml	**(2 c. à soupe) de fécule de maïs**
45 ml	**(3 c. à soupe) d'eau froide sel et poivre**

Mettre le beurre dans le plat. Ajouter les oignons, le céleri et les concombres. Saler, poivrer; couvrir et faire cuire 3 minutes.

Ajouter les tomates, la pâte de tomate, le sucre et le basilic. Saler, poivrer; couvrir et faire cuire 3 minutes.

Incorporer le bouillon de poulet; continuer la cuisson, sans couvrir, pendant 10 minutes.

Trois minutes avant la fin de la cuisson, délayer la fécule de maïs dans l'eau froide. Incorporer le mélange à la soupe.

Dès que la soupe est cuite, la retirer du micro-ondes et la mettre en purée dans un blender.

Servir.

* Bouillon de poulet, voir p. 33-34.

Technique: Soupe aux légumes et aux crevettes

1 Mettre les oignons, le beurre, le céleri et les carottes dans le plat. Ajouter les épices.

2 Ajouter les tomates et les piments.

3 Incorporer le bouillon de poulet.

4 Ajouter le brocoli.

5 Ajouter les crevettes. Saler, poivrer.

Soupe aux légumes et aux crevettes

(pour 4 personnes)

Réglage: FORT
Temps de cuisson: 18 minutes
Contenant: plat micro-ondes de 3 l

1	*oignon pelé et coupé en petits dés*
5 ml	*(1 c. à thé) de beurre*
1	*branche de céleri, coupée en petits dés*
1	*carotte de grosseur moyenne, pelée et coupée en petits dés*
2 ml	*(½ c. à thé) de fenouil*
2 ml	*(½ c. à thé) de cerfeuil*

3	*tomates pelées et coupées en dés*	
¹/₂	*piment rouge, coupé en petits dés*	
825 ml	*(3¹/₂ tasses) de bouillon de poulet léger, chaud**	
1	*petite tête de brocoli, défaite en fleurettes*	
500 g	*(1 livre) de crevettes, décortiquées et nettoyées sel et poivre*	

Mettre les oignons, le beurre, le céleri et les carottes dans le plat. Ajouter les épices; couvrir et faire cuire 2 minutes.

Ajouter les tomates et les piments; couvrir et faire cuire 4 minutes.

Ajouter le bouillon de poulet et le brocoli; faire cuire 8 minutes sans couvrir.

Ajouter les crevettes. Saler, poivrer; faire cuire 4 minutes sans couvrir.

Remuer et servir avec des croûtons.

* Bouillon de poulet, voir p. 33-34

Technique: Cuisson du brocoli

1 Placer le brocoli dans un plat micro-ondes de 2 l. Ajouter 50 ml (¼ tasse) d'eau. Saler, couvrir et faire cuire à réglage FORT.

2 Le brocoli après la cuisson.

Crème d'oignons

(pour 4 personnes)
Réglage: FORT
Temps de cuisson: 16 minutes
Contenant: plat micro-ondes de 3 l

15 ml	**(1 c. à soupe) de beurre**
3	**oignons moyens, pelés et émincés**
1	**petite gousse d'ail, écrasée et hachée**
½	**concombre, pelé, épépiné et émincé**
2 ml	**(½ c. à thé) d'origan**
1,1 l	**(4½ tasses) de bouillon de poulet léger, chaud***
45 ml	**(3 c. à soupe) de fécule de maïs**
60 ml	**(4 c. à soupe) d'eau froide**
3	**tranches de bacon croustillant, hachées sel et poivre**

Mettre le beurre dans le plat; ajouter les oignons, l'ail et le concombre. Couvrir et faire cuire 6 minutes.

Ajouter l'origan et le bouillon de poulet. Saler, poivrer. Faire cuire 10 minutes sans couvrir.

Trois minutes avant la fin de la cuisson, délayer la fécule de maïs dans l'eau froide. Incorporer le mélange à la soupe. Rectifier l'assaisonnement.

Dès que la soupe est cuite, la retirer du micro-ondes et la mettre en purée dans un blender.

Parsemer de bacon haché avant de servir.

* Bouillon de poulet, voir p. 33-34

Soupe au poisson et aux légumes

(pour 4 personnes)
Réglage: FORT
Temps de cuisson: 13 minutes
Contenant: plat micro-ondes de 3 l

15 ml	**(1 c. à soupe) de beurre**
30 ml	**(2 c. à soupe) d'oignons hachés**
2	**pommes de terre, pelées et coupées en petits dés**
1	**branche de céleri, lavée et coupée en petits dés**
15	**champignons frais, nettoyés et coupés en petits dés**
1 ml	**(¼ c. à thé) de fenouil**

Crème d'oignons

5 ml	*(1 c. à thé) de cerfeuil*
1,2 l	*(5 tasses) de bouillon de*
	poulet léger, chaud*
2	*gros filets de sole*
30 ml	*(2 c. à soupe) de fécule de*
	maïs
45 ml	*(3 c. à soupe) d'eau froide*
	sel et poivre

Mettre le beurre dans le plat. Ajouter les oignons, les pommes de terre et le céleri. Saler, poivrer; couvrir et faire cuire 6 minutes.

Ajouter les champignons, les épices et le bouillon de poulet; faire cuire 3 minutes sans couvrir.

Ajouter le poisson et faire cuire 2 minutes

Soupe au poisson et aux légumes (p. 356)

sans couvrir.

Délayer la fécule de maïs dans l'eau froide. Incorporer le mélange à la soupe. Continuer la cuisson pendant 2 minutes sans couvrir. Servir.

* Bouillon de poulet, voir p. 33-34

Soupe rapide aux champignons

(pour 4 personnes)
Réglage: FORT
Temps de cuisson: 14 minutes
Contenant: plat micro-ondes de 2 l

15 ml	(1 c. à soupe) de beurre ou de margarine
30 ml	(2 c. à soupe) d'oignons hachés
625 g	(1¼ livre) de champignons frais, nettoyés et émincés
5 ml	(1 c. à thé) de persil frais haché
2 ml	(½ c. à thé) de cerfeuil
1	feuille de laurier
1	feuille de chou chinois, émincée
½	courgette, émincée
1,1 l	(4½ tasses) de bouillon de poulet léger, chaud*

quelques gouttes de jus de citron
sel et poivre

Mettre le beurre et les oignons dans le plat; couvrir et faire cuire 2 minutes.

Ajouter les champignons, les épices et le jus de citron. Couvrir et faire cuire 5 minutes. Bien mélanger. Ajouter le chou et les courgettes. Saler, poivrer. Couvrir et faire cuire 5 minutes.

Incorporer le bouillon de poulet; faire cuire 2 minutes sans couvrir.

Servir avec du pain à l'ail.

* Bouillon de poulet, voir p. 33-34

Soupe de chou-fleur

(pour 4 personnes)

Réglage: FORT

Temps de cuisson: 22 minutes

Contenant: plat micro-ondes de 2 l

½	**tête de chou-fleur, coupée en petits morceaux**
½	**oignon, pelé et finement haché**
5 ml	**(1 c. à thé) de persil frais haché**
1 ml	**(¼ c. à thé) de basilic**
250 ml	**(1 tasse) d'eau**
1	**courgette, coupée en dés**
2	**petites carottes, pelées et coupées en dés**
625 ml	**(2½ tasses) de bouillon de poulet chaud***
30 ml	**(2 c. à soupe) de fécule de maïs**
45 ml	**(3 c. à soupe) d'eau froide sel et poivre**

Mettre les morceaux de chou-fleur, les oignons, le persil et le basilic dans le plat. Saler, poivrer et ajouter 250 ml (1 tasse) d'eau; couvrir et faire cuire 9 minutes.

Ajouter les courgettes, les carottes et le bouillon de poulet. Bien mélanger et rectifier l'assaisonnement. Faire cuire 10 minutes sans couvrir.

Délayer la fécule de maïs dans l'eau froide. Incorporer le mélange à la soupe. Faire cuire 3 minutes. Remuer et servir.

* Bouillon de poulet, voir p. 33-34

Technique: Soupe de chou-fleur

1 Mettre les morceaux de chou-fleur, les oignons, le persil et le basilic dans le plat. Saler, poivrer. Ajouter l'eau.

Crème d'épinard à la moderne

(pour 4 personnes)

Réglage: FORT
Temps de cuisson: de 6 à 7 minutes
Contenant: plat micro-ondes de 3 l

1,2 kg	*(2½ livres) de feuilles d'épinard, lavées, égouttées et essorées*
125 ml	*(½ tasse) d'eau*
15 ml	*(1 c. à soupe) de beurre*
3	*jaunes d'oeufs battus*
125 ml	*(½ tasse) de fromage de gruyère, râpé*
750 ml	*(3 tasses) de bouillon de poulet léger, chaud* une grosse pincée de muscade*

croûtons
sel et poivre

Mettre les épinards dans le plat. Saler, poivrer. Ajouter l'eau; couvrir et faire cuire de 6 à 7 minutes.

Remuer 1 fois pendant la cuisson.

Retirer le plat du micro-ondes. Égoutter les épinards et les hacher. Mettre de côté.

Faire chauffer le beurre dans une sauteuse sur l'élément du poêle. Ajouter les épinards et la muscade. Couvrir et faire cuire 3 minutes.

Mélanger les jaunes d'oeufs et le fromage dans un petit bol. Verser le mélange sur les épinards.

Incorporer le bouillon de poulet; bien mélanger. Continuer la cuisson de 3 à 4 minutes à feu doux. Rectifier l'assaisonnement.

Verser la soupe dans un blender et mettre en purée. Servir avec des croûtons.

* Bouillon de poulet, voir p. 33-34

361

Bâtonnets de mer en coquille

(pour 4 personnes)
Réglage: FORT
Temps de cuisson: 11 minutes
Contenant: plat micro-ondes de 2 l

16	**bâtonnets de fruits de mer congelés**
5 ml	**(1 c. à thé) de beurre**
1	**boîte de tomates en conserve de 796 ml (28 oz), égouttées et hachées**
2	**gousses d'ail, écrasées et hachées**
125 ml	**(½ tasse) de fromage gruyère, râpé**
	quelques gouttes de jus de citron
	sel et poivre

Mettre les bâtonnets de poisson dans le plat. Ajouter le beurre et le jus de citron; couvrir et faire cuire 5 minutes.

Retirer le plat du micro-ondes. Couper les bâtonnets de poisson en dés et les remettre dans le plat.

Ajouter les tomates et l'ail. Saler, poivrer. Couvrir et faire cuire 4 minutes.

Ajouter le fromage; couvrir et faire cuire 2 minutes.

Servir le mélange dans des coquilles.

Technique: Bâtonnets de mer en coquille

1 Voici les bâtonnets de fruits de mer congelés.

2 Ajouter les tomates et l'ail au plat micro-ondes. Continuer la cuisson.

3 Ajouter le fromage et faire cuire.

4 Servir dans des coquilles.

Pétoncles fiesta

(pour 4 personnes)

Réglage: FORT et MOYEN

Temps de cuisson: 18 minutes

Contenant: plat micro-ondes de 2 l

15 ml	**(1 c. à soupe) de beurre**
500 g	**(1 livre) de pétoncles congelés**
15 ml	**(1 c. à soupe) de sauce soya**
15 ml	**(1 c. à soupe) de gingembre frais haché**
2	**carottes, pelées et émincées**
125 g	**(¼ livre) de champignons, nettoyés et coupés en 4**
1	**piment vert, coupé en dés**
½	**piment rouge, coupé en dés**
2	**oignons verts, hachés**
125 ml	**(½ tasse) de bouillon de poulet chaud***
15 ml	**(1 c. à soupe) de fécule de maïs**
30 ml	**(2 c. à soupe) d'eau froide quelques gouttes de jus de citron sel et poivre**

Mettre le beurre dans le plat et faire chauffer 2 minutes au micro-ondes, sans couvrir à réglage FORT.

Ajouter les pétoncles, la sauce soya, le jus de citron et le gingembre; couvrir et faire cuire 4 minutes à réglage MOYEN.

Retourner les pétoncles; continuer la cuisson pendant 5 minutes.

Saler, poivrer et retirer les pétoncles du plat; mettre de côté.

Placer les carottes dans le plat micro-ondes; couvrir et faire cuire 2 minutes à réglage FORT.

Ajouter les champignons, les piments et les oignons; couvrir et faire cuire 2 minutes à FORT. Saler, poivrer.

Bien mélanger et incorporer le bouillon de poulet. Délayer la fécule de maïs dans l'eau froide. Incorporer le mélange à la sauce. Faire cuire, sans couvrir, pendant 2 minutes à réglage FORT.

Remettre les pétoncles dans la sauce. Saler, poivrer. Faire cuire 1 minute, sans couvrir,

à réglage FORT.
Servir sur du riz.

* Bouillon de poulet, voir p. 33-34.

Sauce au cumin

Réglage: FORT
Temps de cuisson: 14 minutes
Contenant: plat micro-ondes de 2 l

30 ml	*(2 c. à soupe) de beurre*
125 g	*(¼ livre) de champignons frais, nettoyés et émincés*
1	*échalote sèche, finement hachée*
15 ml	*(1 c. à soupe) de cumin*
30 ml	*(2 c. à soupe) de farine*
375 ml	*(1½ tasse) de crème légère*

quelques gouttes de jus de citron
une pincée de paprika
sel et poivre

Mettre le beurre dans le plat; couvrir et faire cuire 2 minutes.

Ajouter les champignons et les échalotes. Saler, poivrer. Arroser de jus de citron; couvrir et faire cuire 3 minutes.

Ajouter le cumin, la farine et le paprika; bien mélanger. Couvrir et faire cuire 2 minutes.

Ajouter la crème et bien remuer. Faire cuire 3 minutes sans couvrir.

Remuer et continuer la cuisson 2 minutes. Remuer de nouveau et continuer la cuisson pendant 2 minutes. Bien mélanger avec un fouet.

Technique: Sauce au cumin

1 Mettre les champignons et les échalotes dans le plat contenant le beurre chaud.

2 Ajouter le cumin, la farine et le paprika; bien mélanger.

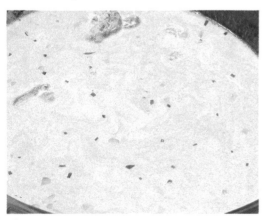

3 Ajouter la crème; bien remuer.

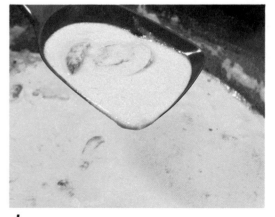

4 Produit fini.

Saumon poché et
sauce au cumin

(pour 4 personnes)

Réglage: FORT
Temps de cuisson: de 10 à 11 minutes
Contenant: plat micro-ondes rectangulaire
de 30 × 20 cm (11¾ × 7½ po)

425 ml	**(1¾ tasse) d'eau**
15 ml	**(1 c. à soupe) de vinaigre de vin**
1	**feuille de laurier**
3	**branches de persil**
1	**échalote sèche, finement hachée**
4	**tranches de saumon**

jus de ½ limette
quelques grains de poivre
noir
sel et poivre

Mettre l'eau, le jus de limette, le vinaigre, la feuille de laurier, le persil, les grains de poivre et les échalotes dans le plat. Saler, poivrer. Couvrir et faire cuire de 6 à 7 minutes.

Ajouter le saumon; couvrir avec une pellicule de plastique et faire cuire 2 minutes. Retourner le saumon; continuer la cuisson pendant 2 minutes.

Laisser le saumon reposer dans le liquide chaud pendant 5 minutes.

Servir avec la sauce au cumin.

Technique: Saumon poché et sauce au cumin

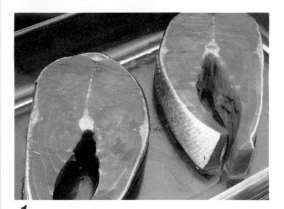

1 Choisir des tranches de saumon frais.

2 Mettre l'eau, le jus de limette, le vinaigre, la feuille de laurier, le persil, les grains de poivre et les échalotes dans le plat.

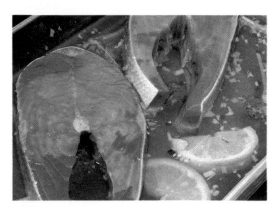

3 Ajouter les tranches de saumon; couvrir et faire cuire.

4 Retourner le saumon; continuer la cuisson.

Cuisses de grenouille à la provençale

(pour 4 personnes)
Réglage: FORT
Temps de cuisson: 19 minutes
Contenant: plat micro-ondes de 2 l

16	*cuisses de grenouille, soigneusement lavées*
45 ml	*(3 c. à soupe) de beurre fondu*
2	*gousses d'ail, écrasées et hachées*
1	*boîte de tomates en conserve, de 796 ml (28 oz), égouttées et hachées*
5 ml	*(1 c. à thé) de pâte de tomate*
15 ml	*(1 c. à soupe) de persil frais*

haché
jus de ¹/₂ citron
sel et poivre

Mettre les cuisses de grenouille, le beurre, le jus de citron et l'ail dans le plat. Saler, poivrer; couvrir et faire cuire 9 minutes. Ajouter les tomates et mélanger. Incorporer la pâte de tomate. Rectifier l'assaisonnement. Couvrir et faire cuire 10 minutes. Tourner le plat 2 fois pendant la cuisson. Retirer le plat du micro-ondes. Parsemer de persil haché. Servir.

Casserole à la sole

(pour 4 personnes)
Réglage: MOYEN-FORT

Temps de cuisson: 37 minutes
Contenant: plat micro-ondes de 2 l

15 ml	(1 c. à soupe) de beurre
2	grosses pommes de terre, pelées et coupées en dés
625 ml	(2½ tasses) de lait chaud
3	filets de sole, coupés en gros morceaux
30 ml	(2 c. à soupe) de beurre manié*
15 ml	(1 c. à soupe) de persil frais haché
125 ml	(½ tasse) de fromage gruyère râpé
	une pincée de fenouil
	sel et poivre

Mettre le beurre dans le plat; couvrir et faire cuire 2 minutes.

Ajouter les pommes de terre et le fenouil. Saler, poivrer. Incorporer le lait; couvrir et faire cuire 30 minutes.

Ajouter les morceaux de sole et continuer la cuisson pendant 3 minutes.

Ajouter le beurre manié, le persil et le fromage; bien mélanger. Faire cuire 2 minutes sans couvrir. Servir.

* Beurre manié, voir p. 14

Homard à la sauce au cari

(pour 4 personnes)

Réglage: FORT et MOYEN
Temps de cuisson: 14 minutes
Contenant: plat micro-ondes de 2 l

Sole Casserole

30 ml	(2 c. à soupe) de beurre
1	oignon, pelé et finement haché
30 ml	(2 c. à soupe) de poudre de cari
30 ml	(2 c. à soupe) de farine
375 ml	(1½ tasse) de crème légère, chaude
375 ml	(1½ tasse) de chair de homard, cuite
50 ml	(¼ tasse) de noix de coco râpée
5 ml	(1 c. à thé) de ciboulette hachée
30 ml	(2 c. à soupe) de raisins sans pépins, hachés
	quelques gouttes de jus de citron
	sel et poivre
	une pincée de paprika

Mettre le beurre dans le plat et faire cuire 2 minutes à FORT.

Ajouter les oignons; couvrir et faire cuire 3 minutes à FORT.

Incorporer le cari et la farine; bien mélanger. Couvrir et faire cuire 2 minutes à FORT.

Incorporer la crème et bien mélanger. Saupoudrer de paprika et saler, poivrer. Faire cuire, sans couvrir, pendant 3 minutes à FORT.

Ajouter le reste des ingrédients et bien mélanger. Faire cuire 2 minutes, sans couvrir, à MOYEN. Servir sur du pain grillé.

Bâtonnets de mer au gratin

(pour 4 personnes)
Réglage: FORT
Temps de cuisson: 14 minutes
Contenants: plat micro-ondes de 2 l
                    plat à gratin pour le
                    micro-ondes

15 ml	*(1 c. à soupe) de beurre*
12	*bâtonnets de fruits de mer congelés*
45 ml	*(3 c. à soupe) d'oignons hachés*
¹/₂	*branche de céleri, émincée*
30 ml	*(2 c. à soupe) de poudre de cari*
625 ml	*(2¹/₂ tasses) de sauce blanche chaude**
50 ml	*(¹/₄ tasse) de fromage gruyère râpé*
30 ml	*(2 c. à soupe) d'amandes effilées*
	quelques gouttes de jus de citron
	une pincée de paprika
	sel et poivre

Mettre le beurre et les bâtonnets de poisson dans le plat. Ajouter le jus de citron, les oignons et le céleri; couvrir et faire cuire 5 minutes.

Incorporer le cari; couvrir et faire cuire 3 minutes.

Ajouter le sauce blanche et le paprika; couvrir et faire cuire 3 minutes. Saler, poivrer. Retirer le plat du micro-ondes. Transférer le mélange dans le plat à gratin. Parsemer de fromage et d'amandes; faire cuire 3 minutes sans couvrir. Servir.

* Sauce blanche, voir p. 40

Technique: Bâtonnets de mer au gratin

1 Mettre le beurre et les bâtonnets de poisson dans le plat. Ajouter le jus de citron, les oignons et le céleri.

2 Incorporer la poudre de cari.

3 Ajouter la sauce blanche et le paprika.

Bâtonnets de mer en sauce

(pour 4 personnes)
Réglage: FORT
Temps de cuisson: 13 minutes
Contenant: plat micro-ondes de 2 l

16	*bâtonnets de fruits de mer congelés*
5 ml	*(1 c. à thé) de beurre*
500 ml	*(2 tasses) de sauce blanche chaude**
1 ml	*(¹/₄ c. à thé) de muscade*
15 ml	*(1 c. à soupe) de persil frais haché*
125 ml	*(¹/₂ tasse) de fromage mozzarella râpé*
	quelques gouttes de jus de citron
	une pincée de paprika
	sel et poivre

Mettre les bâtonnets de poisson dans le plat. Ajouter le beurre et le jus de citron; couvrir et faire cuire 5 minutes.

Retirer les bâtonnets du plat et les couper en dés. Remettre les dés de poisson dans le plat micro-ondes.

Ajouter la sauce blanche. Saler, poivrer. Saupoudrer de muscade et de paprika. Parsemer de persil et de fromage. Bien mélanger. Couvrir et faire cuire 8 minutes.

Servir dans des coquilles.

* Sauce blanche, voir p. 40

Cuisses de grenouille en sauce

(pour 4 personnes)
Réglage: FORT
Temps de cuisson: 19 minutes
Contenant: plat micro-ondes de 2 l

16	*cuisses de grenouilles, soigneusement lavées*
30 ml	*(2 c. à soupe) de beurre*
250 ml	*(1 tasse) de bouillon de poulet léger, chaud**
1	*échalote sèche, finement hachée*
1	*gousse d'ail, écrasée et hachée*
250 g	*(¹/₂ livre) de champignons, nettoyés et émincés*
15 ml	*(1 c. à soupe) de fécule de maïs*
30 ml	*(2 c. à soupe) d'eau froide*
45 ml	*(3 c. à soupe) de crème à 35 %*
15 ml	*(1 c. soupe) de persil frais haché*

jus de ¹/₂ citron
quelques gouttes de sauce
Tabasco
sel et poivre

Mettre les cuisses de grenouilles, le beurre, le jus de citron, le bouillon de poulet, les échalotes et l'ail dans le plat.

Saler, poivrer et arroser de sauce Tabasco; couvrir et faire cuire 9 minutes.

Ajouter les champignons; remuer et faire cuire 3 minutes sans couvrir.

Délayer la fécule de maïs dans l'eau froide. Incorporer le mélange à la sauce. Ajouter la crème et faire cuire 7 minutes sans couvrir. Rectifier l'assaisonnement. Parsemer de persil. Servir.

* Bouillon de poulet, voir p. 33-34.

Coquille de fruits de mer

(pour 4 personnes)

Réglage: FORT
Temps de cuisson: de 12 à 13 minutes
Contenant: plat micro-ondes de 2 l

15 ml	**(1 c. à soupe) de beurre**
250 g	**(¹/₂ livre) de pétoncles congelées**
250 g	**(¹/₂ livre) de crevettes congelés**
4	**bâtonnets de fruits de mer congelés, coupés en 4**
125 g	**(¹/₄ livre) de champignons frais, nettoyés et coupés en deux**

Technique: Cuisses de grenouille en sauce

1 Mettre les cuisses de grenouilles, le beurre, le jus de citron, les échalotes et l'ail dans le plat. Ajouter le bouillon de poulet.

2 Ajouter les champignons et continuer la cuisson au micro-ondes.

250 ml	(1 tasse) de sauce blanche chaude*
250 ml	(1 tasse) de sauce tomate chaude
125 ml	(½ tasse) de fromage gruyère râpé
	quelques gouttes de jus de citron
	une pincée de paprika
	persil frais haché
	sel et poivre

Mettre le beurre dans le plat; couvrir et faire cuire 1 minute.

Ajouter les pétoncles, les crevettes et les bâtonnets de fruits de mer. Saler, poivrer et arroser de jus de citron. Couvrir et faire cuire 4 minutes.

Retirer les fruits de mer du plat et les mettre de côté.

Mettre les champignons dans le plat micro-ondes; saler, poivrer. Couvrir et faire cuire 3 minutes. Saupoudrer de paprika.

Incorporer la sauce blanche et la sauce tomate. Faire cuire 3 à 4 minutes sans couvrir.

Remettre les fruits de mer dans le plat; faire cuire 1 minute.

Placer le mélange dans des coquilles et parsemer le tout de fromage. Faire cuire dans un four conventionnel, à gril (broil) pendant 3 minutes. Parsemer de persil haché. Servir.

* Sauce blanche, voir p. 40

Salade aux fruits de mer

(pour 4 personnes)

Réglage: FORT
Temps de cuisson: 5 minutes
Contenant: plat micro-ondes de 2 l

8	bâtonnets de fruits de mer congelés
4	gros pétoncles congelés
4	crevettes congelées
12	olives farcies
2	oeufs durs, tranchés
½	branche de céleri, émincée
¼	piment rouge, émincé
50 ml	(¼ tasse) de vinaigrette au citron*
5	feuilles de laitue, lavées et essorées
2	carottes, pelées et coupées en longs bâtonnets
	quelques gouttes de jus de citron
	sel et poivre

Mettre les fruits de mer dans le plat et les arroser de jus de citron. Couvrir et faire cuire 5 minutes.

Retirer le plat du micro-ondes et laisser refroidir.

Transférer les fruits de mer dans un bol. Ajouter les olives, les oeufs, le céleri et les piments. Incorporer la vinaigrette. Saler, poivrer et bien mélanger.

Disposer les feuilles de laitue sur un plat de service. Placer la salade de fruits de mer sur les feuilles. Garnir les bâtonnets de carottes. Servir.

VINAIGRETTE AU CITRON

15 ml	(1 c. à soupe) de moutarde de Dijon
30 ml	(2 c. à soupe) de jus de citron
1	jaune d'oeuf
125 ml	(½ tasse) d'huile d'olive
	quelques gouttes de sauce Tabasco
	sel et poivre

Mettre la moutarde, le jus de citron et le jaune d'oeuf dans un bol à mélanger. Saler, poivrer et mélanger le tout avec un fouet. Ajouter l'huile, en filet, tout en mélangeant constamment avec un fouet. Arroser de sauce Tabasco et mélanger. Servir.

Filets de sole pochés aux tomates

(pour 2 personnes)
Réglage: FORT
Temps de cuisson: 10 minutes
Contenant: plat micro-ondes de 2 l

4	**filets de sole**
10	**champignons frais, nettoyés et émincés**
15 ml	**(1 c. à soupe) de beurre**
1 ml	**(¼ c. à thé) de fenouil**
50 ml	**(¼ tasse) d'eau**
2	**tomates, coupées en dés**
15 ml	**(1 c. à soupe) de fécule de maïs**
30 ml	**(2 c. à soupe) d'eau froide quelques graines de céleri une pincée de thym quelques gouttes de jus de citron sel et poivre**

Mettre les filets de sole, les champignons et le beurre dans le plat. Arroser de jus de citron. Ajouter les épices.

Ajouter 50 ml (¼ tasse) d'eau et saler, poivrer; couvrir et faire cuire 3 minutes.

Retourner les filets et continuer la cuisson pendant 2 minutes.

Retirer le poisson du plat et le déposer dans un plat de service; garder chaud.

Mettre les tomates dans le plat micro-ondes.

Technique: Filets de sole pochés aux tomates

1 Mettre les filets de sole, le beurre, les épices et le jus de citron dans le plat.

2 Retirer les filets dès qu'ils sont cuits et les transférer dans un plat de service. Mettre les tomates dans le plat.

Saler, poivrer faire cuire 3 minutes.
Délayer la fécule de maïs dans l'eau froide.
Incorporer le mélange aux tomates. Faire cuire, sans couvrir, pendant 2 minutes.
Verser la sauce sur les filets de sole. Servir.

Crevettes sur riz

(pour 4 personnes)

Réglage: FORT
Temps de cuisson: de 15 à 16 minutes
Contenant: plat micro-ondes de 2 l

30 ml	*(2 c. à soupe) de beurre*
500 g	*(1 livre) de crevettes, décortiquées et nettoyées*
250 ml	*(1 tasse) de pois congelés*
1	*oignon pelé et finement haché*
½	*branche de céleri, hachée*
30 ml	*(2 c. à soupe) de sauce soya*
15 ml	*(1 c. à soupe) de gingembre frais, haché*
250 ml	*(1 tasse) de bouillon de poulet léger, chaud**
5 ml	*(1 c. à thé) de fécule de maïs*
30 ml	*(2 c. à soupe) d'eau froide*
500 ml	*(2 tasses) de riz à longs grains, cuit sel et poivre*

Mettre le beurre dans le plat; couvrir et faire cuire 3 minutes.
Ajouter les crevettes, les pois, les oignons, le céleri, la sauce de soya et le gingembre. Couvrir et faire cuire de 8 à 9 minutes. Saler, poivrer.
Incorporer le bouillon de poulet; faire cuire 2 minutes sans couvrir.
Délayer la fécule de maïs dans l'eau froide. Incorporer le mélange à la sauce. Faire cuire 2 minutes sans couvrir.
Servir sur le riz cuit.

* Bouillon de poulet, voir p. 33-34.

Flétan en sauce

(pour 4 personnes)

Réglage: MOYEN-FORT
Temps de cuisson: de 9 à 10 minutes
Contenant: plat micro-ondes rectangulaire de 30 × 20 cm (11¾ × 7½ po)

4	*tranches de flétan de grosseur moyenne*
125 ml	*(½ tasse) de ketchup*
15 ml	*(1 c. à soupe) d'huile d'olive*
2	*gousses d'ail, écrasées et hachées*
50 ml	*(¼ tasse) de bouillon de poulet chaud**
	jus de 1 citron
	quelques gouttes de sauce Tabasco
	sel et poivre

Placer le flétan dans le plat.
Dans un petit bol, mélanger le reste des ingrédients. Verser le mélange sur le poisson. Couvrir avec une pellicule de plastique et faire cuire 3 minutes.
Retourner le flétan; continuer la cuisson pendant 4 minutes.
Retourner le flétan de nouveau; faire cuire de 2 à 3 minutes. Servir.

* Bouillon de poulet, voir p. 33-34

Escalope de veau au gratin

(pour 4 personnes)

Réglage: FORT
Temps de cuisson: 12 minutes
Contenant: plat micro-ondes de 2 l

4	*grandes escalopes de veau, aplaties avec un maillet*
50 ml	*(¼ tasse) de farine*
15 ml	*(1 c. à soupe) d'huile*
30 ml	*(2 c. à soupe) de beurre*
½	*oignon, pelé et finement haché*
250 g	*(½ livre) de champignons frais, nettoyés et émincés*
500 ml	*(2 tasses) de sauce blanche chaude**
50 ml	*(¼ tasse) de fromage mozzarella râpé*
5 ml	*(1 c. à thé) de persil frais haché*
	quelques gouttes de jus de citron
	quelques gouttes de sauce Tabasco
	sel et poivre

Enfariner les escalopes de veau. Saler, poivrer. Rouler chaque escalope et la ficeler. Faire chauffer l'huile et 15 ml (1 c. à soupe) de beurre dans une poêle à frire sur l'élément de la cuisinière. Ajouter le veau et faire saisir sur tous les côtés de 6 à 7 minutes.
Retirer le veau et mettre de côté.
Mettre le reste du beurre dans le plat micro-ondes; couvrir et faire cuire 2 minutes.
Ajouter les oignons et les champignons; saler, poivrer et arroser de jus de citron. Couvrir et faire cuire 7 minutes.
Ajouter la sauce blanche, le veau et la sauce Tabasco. Parsemer de fromage; faire cuire 3 minutes sans couvrir.
Parsemer de persil. Servir.

* Sauce blanche, voir p. 40.

Saucisses de porc à l'italienne

(pour 4 à 6 personnes)

Réglage: FORT

Temps de cuisson: 14 minutes

Contenant: plat micro-ondes de 3 l

16	*saucisses de porc*
30 ml	*(2 c. à soupe) d'oignons hachés*
1	*gousse d'ail, écrasée et hachée*
15 ml	*(1 c. à soupe) de sauce soya*
15 ml	*(1 c. à soupe) de sirop de maïs*
1	*boîte de tomates en conserve, de 796 ml (28 oz), égouttées et hachées*
250 ml	*(1 tasse) de bouillon de boeuf, chaud**
15 ml	*(1 c. à soupe) de fécule de maïs*
30 ml	*(2 c. à soupe) d'eau froide sel et poivre*

Mettre les saucisses dans le plat. Ajouter les oignons, l'ail, la sauce soya et le sirop de maïs. Assaisonner au goût; couvrir et faire cuire 8 minutes.

Ajouter les tomates et le bouillon de boeuf; remuer et faire cuire 5 minutes.

Délayer la fécule de maïs dans l'eau froide. Incorporer le mélange à la sauce. Faire cuire 1 minute sans couvrir. Servir.

* Bouillon de boeuf, voir p. 34.

Pétoncles à la Newburg

(pour 4 personnes)

Réglage: FORT et MOYEN

Temps de cuisson: de 15 à 16 minutes

Contenant: plat micro-ondes de 2 l

30 ml	*(2 c. à soupe) de beurre*
125 g	*(¼ livre) de champignons frais, nettoyés et émincés*
1	*échalote sèche, finement hachée*
30 ml	*(2 c. à soupe) de farine*
375 ml	*(1½ tasse) de crème légère, chaude*
15 ml	*(1 c. à soupe) de porto*
750 g	*(1½ livre) de pétoncles pochés*
2	*jaunes d'oeufs*

Technique: Saucisses de porc à l'italienne

1 Placer les saucisses dans le plat. Ajouter les oignons, l'ail, la sauce soya et le sirop de maïs.

2 Voici les saucisses après 8 minutes de cuisson.

---

15 ml	*(1 c. à soupe) de persil frais haché*
	quelques gouttes de jus de citron
	sel et poivre

Mettre le beurre dans une casserole et faire cuire 2 minutes à FORT.

Ajouter les champignons et les échalotes. Saler, poivrer et arroser de jus de citron. Couvrir et faire cuire 4 minutes à FORT.

Remuer et ajouter la farine; mélanger de nouveau. Couvrir et faire cuire 2 minutes à FORT.

Incorporer la crème. Assaisonner au goût. Faire cuire, sans couvrir, 3 minutes à FORT. Bien remuer et continuer la cuisson pendant 2 minutes.

Incorporer le vin, les pétoncles et les jaunes d'oeufs. Remuer pour bien incorporer les ingrédients. Assaisonner au goût. Faire cuire, sans couvrir, de 2 à 3 minutes à MOYEN.

Servir sur du pain grillé. Parsemer de persil.

Poitrine de poulet aux crevettes

(pour 4 personnes)
Réglage: FORT et MOYEN
Temps de cuisson: 26 minutes
Contenant: plat micro-ondes de 2 l

30 ml	*(2 c. à soupe) de beurre*
2	*poitrines de poulet, désossées et lavées*
2	*échalotes sèches, hachées*
1	*piment vert, coupé en petits dés*
½	*piment rouge, coupé en petits dés*
500 ml	*(2 tasses) de sauce blanche chaude**
250 g	*(½ livre) de crevettes cuites*
45 ml	*(3 c. à soupe) de fromage parmesan râpé*
	paprika
	sel et poivre

Mettre le beurre dans le plat; couvrir et faire cuire 2 minutes à FORT.

Ajouter les poitrines de poulet et saler, poivrer; couvrir et faire cuire 4 minutes de chaque côté à FORT.

Retirer le poulet et le mettre de côté.

Mettre les échalotes et les piments dans le plat micro-ondes; couvrir et faire cuire 2 minutes à FORT.

Remettre le poulet dans le plat et incorporer la sauce. Saler, poivrer et saupoudrer de paprika. Couvrir et faire cuire 14 minutes à MOYEN.

Deux minutes avant la fin de la cuisson, ajouter les crevettes.

Saupoudrer de fromage parmesan avant de servir.

* Sauce blanche, voir p. 40

Poitrine de poulet aux ananas

(pour 4 personnes)

Réglage: *FORT et MOYEN*
Temps de cuisson: *22 minutes*
Contenant: *plat micro-ondes rectangulaire*
de 30 × 20 cm (11¾ × 7½ po)

30 ml	(2 c. à soupe) de beurre
2	poitrines de poulet, désossées, sans peau et coupées en deux
1	échalote sèche, finement hachée
250 g	(½ livre) de champignons frais, nettoyés et émincés
30 ml	(2 c. à soupe) de farine
375 ml	(1½ tasse) de crème légère chaude
4	rondelles d'ananas
30 ml	(2 c. à soupe) d'amandes effilées
5 ml	(1 c. à thé) de ciboulette hachée
	sel et poivre

Mettre le beurre dans le plat et faire cuire 2 minutes à FORT.

Ajouter les poitrines de poulet et saler, poivrer; couvrir et faire cuire 5 minutes à MOYEN.

Retourner le poulet et continuer la cuisson pendant 4 minutes.

Retirer le poulet et le mettre de côté.

Ajouter les échalotes et les champignons au plat micro-ondes. Couvrir et faire cuire 3 minutes à FORT.

Saupoudrer de farine; continuer la cuisson 2 minutes à FORT.

Ajouter la crème; bien mélanger. Remettre le poulet dans le plat et placer les rondelles d'ananas sur le poulet. Couvrir et faire cuire 6 minutes à FORT. Rectifier l'assaisonnement.

Remuer la sauce avec un fouet. Parsemer d'amandes et de ciboulette. Servir.

Technique: Poitrine de poulet aux ananas

1 Placer le poulet dans le plat contenant le beurre chaud.

2 Retourner le poulet; continuer la cuisson au micro-ondes.

3 Ajouter les échalotes et les champignons.

4 Saupoudrer de farine.

5 Ajouter la crème et remuer. Placer les rondelles d'ananas sur les poitrines de poulet.

Steak braisé à la suisse

(pour 4 personnes)

Réglage: MOYEN
Temps de cuisson: de 45 à 50 minutes
Contenant: plat micro-ondes de 2 l

30 ml	*(2 c. à soupe) d'huile*
900 g	*(2 livres) de boeuf dans la ronde, coupé en 4 steaks*
2	*oignons pelés et émincés*
2 ml	*(¹⁄₂ c. à thé) d'origan*
2	*gousses d'ail, écrasées et hachées*
¹⁄₂	*piment vert, émincé*
¹⁄₂	*piment rouge, émincé*
1	*boîte de tomates en conserve de 796 ml (28 oz), hachées avec le jus*
125 ml	*(¹⁄₂ tasse) de fromage mozzarella râpé*
	sel et poivre

Faire chauffer l'huile dans une poêle à frire sur l'élément d'une cuisinière. Ajouter les steaks et les faire saisir 3 minutes de chaque côté à feu vif.

Retirer la viande et la transférer dans le plat micro-ondes. Mettre de côté.

Mettre les oignons, l'origan et l'ail dans la poêle à frire. Faire sauter 4 minutes.

Ajouter les piments; faire cuire 3 minutes. Verser le mélange sur les steaks et incorporer les tomates. Saler, poivrer; couvrir et faire cuire 45 à 50 minutes au micro-ondes. Trois minutes avant la fin de la cuisson, ajouter le fromage.

Servir.

Boulettes de viande, sauce à l'ail

(pour 4 personnes)

Réglage: FORT
Temps de cuisson: de 19 à 22 minutes
Contenant: plat micro-ondes de 2 l

15 ml	*(1 c. à soupe) de beurre fondu*
2	*gousses d'ail, écrasées et hachées*
30 ml	*(2 c. à soupe) d'oignons hachés*
1	*boîte de tomates en conserve de 796 ml (28 oz), avec le jus*

Technique: Boulettes de viande,

1 Mettre le beurre dans le plat. Ajouter l'ail et les oignons.

4 Dans un bol à mélanger, mettre l'oeuf, la chapelure et les oignons cuits.

5 Ajouter le persil, l'origan et le boeuf; bien incorporer.

45 ml	(3 c. à soupe) de pâte de tomate
1	oeuf
30 ml	(2 c. à soupe) de chapelure
45 m	l(3 c. à soupe) d'oignons hachés cuits)
2 ml	(½ c. à thé) d'origan
15 ml	(1 c. à soupe) de persil frais haché
625 g	(1¼ livre) de boeuf maigre haché
30 ml	(2 c. à soupe) d'huile quelques gouttes de sauce Tabasco sel et poivre

Mettre le beurre dans le plat. Ajouter l'ail et les oignons crus. Couvrir et faire cuire 3 minutes.

Ajouter les tomates, la pâte de tomate et la sauce Tabasco. Saler, poivrer; bien mélanger. Faire cuire 12 à 14 minutes sans couvrir.

Dans un grand bol à mélanger, mettre l'oeuf, la chapelure, les oignons cuits, le persil, l'origan et le boeuf. Bien incorporer le tout et former des petites boulettes. Assaisonner généreusement.

Faire chauffer l'huile dans une poêle à frire sur l'élément de la cuisinière. Ajouter les boulettes de viande et les saisir sur tous les côtés.

Transférer les boulettes dans le plat micro-ondes. Faire cuire 4 à 5 minutes sans couvrir. Servir.

sauce à l'ail

2 Ajouter les tomates.

3 Ajouter la pâte de tomate et la sauce Tabasco. Saler, poivrer; faire cuire.

6 Former des boulettes et les saisir sur l'élément d'une cuisinière.

7 Transférer les boulettes de viande dans le plat micro-ondes; faire cuire.

Technique: Poitrine de poulet au rhum

1 Placer le poulet dans le plat contenant le beurre chaud. Arroser de jus de limette et de rhum.

2 Couvrir avec une pellicule de plastique.

4 Ajouter les ananas et les tomates.

Poitrine de poulet au rhum

(pour 4 personnes)

Réglage: FORT et MOYEN
Temps de cuisson: de 15 à 16 minutes
Contenant: plat micro-ondes rectangulaire
de 30 × 20 cm (11¾ × 7½ po)

30 ml	**(2 c. à soupe) de beurre**
2	**poitrines de poulet, désossées, sans peau, lavées et coupées en deux**
30 ml	**(2 c. à soupe) de jus de limette**
30 ml	**(2 c. à soupe) de rhum**
250 ml	**(1 tasse) d'ananas broyés**
125 ml	**(½ tasse) de tomates hachées**

3 Retourner le poulet; continuer la cuisson.

5 Ajouter les raisins.

15 ml   **(1 c. à soupe) de raisins de**
            Corinthe
            sel et poivre

Mettre le beurre dans le plat et faire cuire
2 minutes à FORT.

Ajouter les poitrines de poulet, saler et poivrer. Arroser de jus de limette et de rhum.

Couvrir avec une pellicule de plastique; faire
cuire 3 minutes à MOYEN.

Retourner le poulet; continuer la cuisson
pendant 4 minutes.

Ajouter les ananas, les tomates et les raisins;
bien mélanger et assaisonner au goût. Couvrir et faire cuire 6 à 7 minutes à MOYEN.

Poulet sauté

(pour 4 personnes)

Réglage: FORT

Temps de cuisson: 25 minutes

Contenant: plat micro-ondes rectangulaire
de 30 × 20 cm (11³/₄ × 7¹/₂ po)

30 ml	(2 c. à soupe) de beurre fondu
1	poulet de 1,4 kg (3 livres), coupé en 8 morceaux, lavé et sans peau
1	oignon pelé et haché
1	gousse d'ail, écrasée et hachée
50 ml	(¹/₄ tasse) de bouillon de poulet chaud*
1	boîte de tomates en conserve, de 796 ml (28 oz), égouttées et hachées
1	boîte de pâte de tomate en conserve de 156 ml (5¹/₂ oz)
2 ml	(¹/₂ c. à thé) d'origan
	une pincée de paprika
	ciboulette hachée
	sel et poivre

Mettre le beurre et les morceaux de poulet dans le plat. Saler, poivrer et saupoudrer de paprika. Couvrir avec une pellicule de plastique et faire cuire 10 minutes.

Retourner les morceaux de poulet 1 fois pendant la durée de cuisson.

Incorporer le reste des ingrédients et bien mélanger. Rectifier l'assaisonnement; couvrir et faire cuire 10 minutes.

Retirer les poitrines de poulet du plat et les mettre de côté sur un plat chaud. Continuer la cuisson du reste des ingrédients, au micro-ondes, pendant 5 minutes.

Remettre les poitrines de poulet dans le plat micro-ondes et mélanger.

Servir avec des pommes de terre sautées.

* Bouillon de poulet, voir p. 33-34.

Technique: Poulet sauté

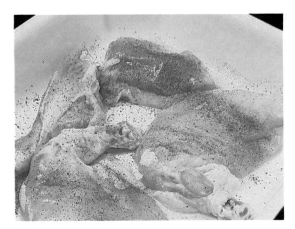

1 Mettre le beurre et les morceaux de poulet dans le plat micro-ondes.

2 Retourner les morceaux de poulet; continuer la cuisson.

3 Ajouter les oignons, l'ail, le bouillon de poulet et la ciboulette.

4 Ajouter les tomates.

5 Ajouter la pâte de tomate et bien mélanger.

Casserole tourelle

(pour 4 personnes)

Réglage: FORT et MOYEN
Temps de cuisson: 24 minutes
Contenant: plat micro-ondes de 3 l

30 ml	*(2 c. à soupe) de beurre*
30 ml	*(2 c. à soupe) d'oignons finement hachées*
½	*aubergine, pelée et finement hachée*
4	*grosses tomates, hachées*
1	*boîte de pâte de tomate en conserve, de 156 ml (5½ oz)*
125 ml	*(½ tasse) de bouillon de boeuf chaud**
2 ml	*(½ c. à thé) d'origan*
2 ml	*(½ c. à thé) de basilic*
625 ml	*(2½ tasses) de nouilles «tourelles» cuites*
125 ml	*(½ tasse) de fromage gruyère râpé*
30 ml	*(2 c. à soupe) de yogourt nature*

1	*gousse d'ail, écrasée et hachée*
	sel et poivre

Mettre le beurre dans le plat; couvrir et faire cuire 3 minutes à FORT.

Ajouter les oignons, les aubergines et les tomates; saler, poivrer. Couvrir et faire cuire 10 minutes à FORT. Remuer une fois durant la cuisson.

Ajouter la pâte de tomate et le bouillon de boeuf; bien remuer. Ajouter l'ail, les épices et les nouilles; remuer de nouveau. Couvrir et faire cuire 6 minutes à MOYEN.

Ajouter le reste des ingrédients; remuer, couvrir et faire cuire 5 minutes à MOYEN. Servir.

* Bouillon de boeuf, voir p. 34.

Technique: Casserole tourelle

1 Mettre les oignons, les aubergines et les tomates dans le beurre chaud.

2 Voici le mélange après 10 minutes de cuisson.

3 Ajouter la pâte de tomate. Incorporer le bouillon de poulet, l'ail et les épices.

4 Ajouter les nouilles.

5 Ajouter le fromage et le yogourt.

Technique: Casserole de boeuf et de veau

Casserole de boeuf et de veau

(pour 4 personnes)

Réglage: FORT
Temps de cuisson: 14 minutes
Contenant: plat micro-ondes de 3 l

375 g	*(³⁄₄ livre) de boeuf maigre haché*
375 g	*(³⁄₄ livre) de veau maigre haché*
30 ml	*(2 c. à soupe) d'oignons hachés*
1	*gousse d'ail, écrasée et hachée*
45 ml	*(3 c. à soupe) de pâte de tomate*
1	*piment vert, coupé en petits dés*

1 Mettre la viande, les oignons, l'ail et le thym dans le plat. Faire cuire 8 minutes.

2 Ajouter la pâte de tomate.

3 Ajouter les piments.

4 Ajouter le macaroni cuit.

5 Ajouter le yogourt.

½	**piment rouge, coupé en petits dés**
500 ml	**(2 tasses) de macaroni cuit**
125 ml	**(½ tasse) de yogourt nature**
15 ml	**(1 c. à soupe) de persil frais haché**
	une pincée de thym
	sel et poivre

Mettre la viande, les oignons, l'ail et le thym dans le plat. Saler, poivrer; couvrir et faire cuire 8 minutes.

Bien mélanger. Ajouter le reste des ingrédients. Saler, poivrer et faire cuire 6 minutes.

Servir avec une sauce tomate.

Boeuf braisé à la bière

(pour 4 personnes)

Réglage: FORT
Temps de cuisson: 80 minutes
Contenant: plat micro-ondes de 3 l

30 ml	**(2 c. à soupe) d'huile**
750 g	**(1½ livre) paleron de boeuf, coupé en cubes**
2	**oignons, pelés et émincés**
2	**gousses d'ail, écrasées et hachées**
1	**feuille de laurier**
375 ml	**(1½ tasse) de bière**
375 ml	**(1½ tasse) de sauce brune chaude***
500 g	**(1 livre) de champignons frais, nettoyés, émincés et sautés au beurre**
	une pincée de thym
	quelques gouttes de sauce Tabasco
	sel et poivre

Faire chauffer l'huile dans une poêle à frire sur l'élément d'une cuisinière. Ajouter le boeuf, les oignons et l'ail. Saler, poivrer et faire cuire 7 minutes à feu vif.

Dès que la viande est saisie, transférer le tout dans le plat micro-ondes. Ajouter le thym, la feuille de laurier, la bière et la sauce brune. Arroser de sauce Tabasco.

Couvrir et faire cuire 80 minutes au micro-ondes. Tourner le plat 2 fois pendant la cuisson. Remuer le mélange de 2 à 3 fois.

8 minutes avant la fin de la cuisson, ajouter les champignons.

Servir sur des nouilles.

* Sauce brune, voir p. 42-43.

Casserole de boeuf et de porc aux champignons

(pour 4 personnes)

Réglage: FORT
Temps de cuisson: 14 minutes
Contenant: plat micro-ondes de 2 l

250 g	**(½ livre) de boeuf maigre haché**
250 g	**(½ livre) de porc maigre haché**
30 ml	**(2 c. à soupe) d'oignons hachés**
½	**aubergine finement hachée**
250 g	**(½ livre) de champignons frais, nettoyés, émincés et sautés au beurre**
45 ml	**(3 c. à soupe) de pâte de tomate**
375 ml	**(1½ tasse) de macaroni cuit**
125 ml	**(½ tasse) de crème sure quelques gouttes de sauce Worcestershire sel et poivre**

Mettre le boeuf, le porc et les oignons dans le plat. Saler, poivrer; couvrir et faire cuire 4 minutes.

Ajouter les aubergines et les champignons; bien mélanger. Faire cuire 6 minutes.

Ajouter le reste des ingrédients et rectifier l'assaisonnement. Faire cuire 4 minutes. Servir.

Casserole de macaroni et de fromage

(pour 4 personnes)

Réglage: FORT et MOYEN
Temps de cuisson: 21 minutes
Contenant: plat micro-ondes de 3 l

15 ml	**(1 c. à soupe) de beurre**
15 ml	**(1 c. à soupe) d'oignons hachés**
½	**branche de céleri, coupée en petits dés**
250 g	**(½ livre) de champignons frais, nettoyés et coupés en petits dés**
2	**gousses d'ail, écrasées et hachées**
2	**boîtes de pâte de tomate en conserve, de 156 ml (5½ oz)**
500 ml	**(2 tasses) de bouillon de poulet léger chaud***
2 ml	**(½ c. à thé) d'origan**

2 ml	(½ c. à thé) de basilic
625 ml	(2½ tasses) de macaroni cuit
125 ml	(½ tasse) de fromage parmesan râpé
50 ml	(¼ tasse) de fromage ricotta sel et poivre

Mettre le beurre dans le plat; couvrir et faire cuire 2 minutes à FORT.

Ajouter les oignons, le céleri, les champignons et l'ail. Saler, poivrer; couvrir et faire cuire 5 minutes à FORT.

Ajouter la pâte de tomate et le bouillon de poulet; bien remuer.

Ajouter les épices; couvrir et faire cuire 4 minutes à FORT.

Ajouter le reste des ingrédients et bien les incorporer. Faire cuire 10 minutes à MOYEN. Tourner le plat 2 fois durant la cuisson. Servir.

* Bouillon de poulet, voir p. 33-34.

Escalopes de veau aux aubergines

(pour 4 personnes)

Réglage: FORT
Temps de cuisson: 25 minutes
Contenant: plat micro-ondes de 2 l

4	grandes escalopes de veau, aplaties avec un maillet
50 ml	(¼ tasse) de farine
15 ml	(1 c. à soupe) d'huile
30 ml	(2 c. à soupe) de beurre
½	oignon, pelé et finement haché
½	aubergine, pelée et finement hachée
1	gousse d'ail, écrasée et hachée
1 ml	(¼ c. à thé) d'origan
2	tomates, pelées et hachées jus de citron sel et poivre

Enfariner les escalopes de veau. Saler, poivrer. Rouler chaque escalope et la ficeler. Faire chauffer l'huile et 15 ml (1 c. à soupe) de beurre dans une poêle à frire sur l'élément d'une cuisinière. Ajouter le veau et le faire saisir sur tous les côtés, de 6 à 7 minutes. Retirer et mettre de côté.

Mettre le reste du beurre dans le plat micro-ondes; couvrir et faire cuire 2 minutes.

Ajouter les oignons, les aubergines et l'ail. Saler, poivrer et ajouter l'oignon. Couvrir et faire cuire 15 minutes.

Incorporer les tomates et rectifier l'assaisonnement. Couvrir et faire cuire 6 minutes. Ajouter le veau; couvrir et faire cuire 2 minutes.

Arroser de jus de citron. Servir.

Courge farcie

(pour 4 personnes)

Réglage: FORT
Temps de cuisson: de 24 à 27 minutes
Contenants: plat micro-ondes rectangulaire de 30 × 20 cm (11¾ × 7½ po) plat micro-ondes de 2 l

2	courges vertes
30 ml	(2 c. à soupe) de beurre
30 ml	(2 c. à soupe) d'oignons hachés
125 g	(¼ livre) de champignons frais, nettoyés et hachés
1	pomme évidée, pelée et hachée
50 ml	(¼ tasse) de sauce blanche au fromage chaude une pincée de muscade sel et poivre

Placer les 2 courges entières dans le micro-ondes. Faire cuire 3 minutes.

Retirer et couper les courges en deux, dans la longueur. Retirer les pépins et la fibre. Placer les moitiés de courges dans le plat micro-ondes rectangulaire; couvrir avec une pellicule de plastique. Faire cuire 12 à 15 minutes. Tourner le plat une fois durant la cuisson.

Mettre le beurre dans le plat de 2 litres. Ajouter les oignons, les champignons et les pommes; saler, poivrer.

Saupoudrer de muscade; couvrir et faire cuire 5 minutes.

Incorporer la sauce blanche, bien remuer et faire cuire 2 minutes sans couvrir.

Farcir les demi-courges avec le mélange; faire cuire 2 minutes sans couvrir. Servir.

Demi-tomates au gratin

(pour 4 personnes)

Réglage: FORT
Temps de cuisson: 6 minutes
Contenant: plat micro-ondes de 2 l

| 4 | grosses tomates mûres, coupées en deux |

30 ml	(2 c. à soupe) de beurre fondu
1 ml	(¼ c. à thé) d'origan
15 ml	(1 c. à soupe) de persil frais haché
30 ml	(2 c. à soupe) d'ail haché
50 ml	(¼ tasse) de chapelure
125 ml	(½ tasse) de fromage cheddar râpé
	sel et poivre

Placer les demi-tomates dans le plat micro-ondes et bien les assaisonner.

Dans un petit bol, mélanger le beurre, l'origan, le persil, l'ail et la chapelure.

Étendre le mélange sur les tomates; couvrir et faire cuire 4 minutes.

Parsemer de fromage; couvrir et faire cuire 2 minutes.

Servir.

Technique: Tomates au fromage

1 Étendre une couche de tomates dans le plat.

2 Ajouter une couche d'oeufs hachés.

3 Parsemer de fromage.

4 Parsemer de chapelure.

5 Arroser de beurre clarifié.

Tomates au fromage

(pour 4 personnes)

Réglage: FORT
Temps de cuisson: 17 minutes
Contenant: plat micro-ondes de 2 l

30 ml	*(2 c. à soupe) de beurre*
4	*grosses tomates, coupées en rondelles de 1,2 cm (¹/₂ po) d'épaisseur*
4	*oeufs durs hachés*
250 ml	*(1 tasse) de fromage cheddar râpé*
125 ml	*(¹/₂ tasse) de chapelure*
50 ml	*(¹/₄ tasse) de beurre clarifié, fondu*
	sel et poivre

Mettre le beurre dans le plat et faire cuire 2 minutes.

Étendre une couche de tomate dans le fond du plat, parsemer d'oeufs hachés et de fromage.

Répéter l'opération pour utiliser tous les ingrédients.

Saler, poivrer. Parsemer de chapelure et arroser de beurre clarifié. Couvrir et faire cuire 15 minutes. Servir.

Poireaux au gratin

(pour 4 personnes)

Réglage: FORT

Temps de cuisson: de 13 à 14 minutes

Contenants: plat micro-ondes de 2 l
plat à gratin pour le
micro-ondes

4	**gros poireaux, le blanc seulement, lavés soigneusement à l'eau froide**
125 ml	**(½ tasse) d'eau**
500 ml	**(2 tasses) de sauce blanche chaude***
1 ml	**(¼ c. à thé) de muscade**
125 ml	**(½ tasse) de fromage**
	gruyère râpé
2	**rondelles d'oeufs durs**
	jus de ¼ de citron
	sel et poivre

Mettre les poireaux dans le plat de 2 l. Saler, poivrer et arroser de jus de citron. Ajouter l'eau; couvrir et faire cuire 4 minutes.

Tourner le plat de ¼ de tour; continuer la cuisson de 5 à 6 minutes.

Égoutter les poireaux et les transférer dans le plat à gratin.

Dans un bol, incorporer la sauce blanche, la muscade et le fromage. Verser le mélange sur les poireaux; faire cuire 4 minutes sans couvrir. Garnir de rondelles d'oeufs durs avant de servir.

* Sauce blanche, voir p. 40.

Courge spaghetti farcie au gratin

(pour 2 personnes)

Réglage: FORT
Temps de cuisson: 22 minutes
Contenants: 2 plats micro-ondes de 2 l

1	**courge spaghetti, coupée en deux, sur la longueur**
75 ml	*(¹/₃ tasse) d'eau*
30 ml	*(2 c. à soupe) de beurre*
125 g	*(¹/₄ livre) de champignons frais, nettoyés et émincés*
2	*tranches de jambon cuit, coupées en julienne*
50 m	*(¹/₄ tasse) de crème à 35 %*
50 ml	*(¹/₄ tasse) de fromage mozzarella, coupé en cubes une pincée de muscade sel et poivre*

Placer les demi-courges dans le plat et ajouter l'eau. Saler, poivrer; couvrir et faire cuire 12 minutes.

À l'aide d'une fourchette, retirer la chair et bien l'égoutter. Mettre la chair et les courges évidées de côté.

Mettre le beurre dans l'autre plat micro-ondes; couvrir et faire cuire 2 minutes.

Ajouter les champignons; saler, poivrer. Couvrir et faire cuire 5 minutes.

Ajouter le jambon et la chair de courge. Rectifier l'assaisonnement. Incorporer la crème et la muscade.

Farcir les demi-courges évidées avec le mélange. Parsemer de fromage. Faire cuire 3 minutes sans couvrir.

Servir.

Poireaux vinaigrette

(pour 4 personnes)

Réglage: FORT
Temps de cuisson: 14 à 15 minutes
Contenant: plat micro-ondes de 3 l

125 ml	*(¹/₂ tasse) d'eau*
4 à 6	*poireaux, le blanc seulement, lavés soigneusement à l'eau froide*
125 ml	*(¹/₂ tasse) de vinaigrette*
15 ml	*(1 c. à soupe) de persil frais haché*
2	*oeufs durs, hachés jus de 1 citron sel et poivre*

Technique: Pommes de terre au four farcies

1 Pour varier, parsemer les pommes de terre d'amandes effilées et garnir d'une tranche de beurre. Servir.

2 Pour varier, parsemer les pommes de terre de fromage cheddar ou mozzarella; garnir de bacon. Faire griller dans un four conventionnel jusqu'à ce que le fromage fonde. Servir.

Verser l'eau dans le plat et y mettre les poireaux. Saler, poivrer et arroser de jus de citron. Couvrir et faire cuire 5 minutes.

Tourner le plat de ¹/₄ de tour; continuer la cuisson de 9 à 10 minutes.

Égoutter les poireaux et les transférer dans un plat de service.

Arroser le tout de vinaigrette; mélanger délicatement. Parsemer de persil et d'oeufs durs. Servir.

Pommes de terre au four farcies

(pour 4 personnes)

Réglage: FORT
Temps de cuisson: de 15 à 18 minutes
Contenant: plat micro-ondes de 3 l

4	**pommes de terre Idaho**
3	**tranches de bacon cuit croustillant, finement hachées**
8	**crevettes cuites, hachées**
15 ml	**(1 c. à soupe) de beurre**
50 ml	**(¼ tasse) de lait chaud une pincée de muscade sel et poivre**

Percer les pommes de terre et les placer sur une feuille de papier essuie-tout. Faire cuire au micro-ondes de 13 à 16 minutes selon leur grosseur.

Dès que les pommes de terre sont cuites, arrêter le micro-ondes et laisser reposer les pommes de terre pendant 6 minutes.

À l'aide d'un petit couteau d'office, retirer le dessus de chaque pomme de terre, en la coupant sur la longueur. Délicatement, retirer la pulpe, sans briser la peau.

Mettre la chair de pommes de terre dans un bol; saler, poivrer. Ajouter la moitié du bacon, la moitié des crevettes, le beurre, le lait et la muscade. Bien mélanger pour incorporer les ingrédients. Rectifier l'assaisonnement.

Farcir les pommes de terre évidées avec le mélange. Placer le tout dans le plat micro-ondes. Parsemer du reste de bacon et de crevettes; couvrir et faire cuire 2 minutes. Servir.

Légumes mélangés au gruyère

(pour 4 personnes)

Réglage: FORT

Temps de cuisson: 11 minutes

Contenant: plat micro-ondes de 3 l

30 ml	*(2 c. à soupe) de beurre fondu*
2	*carottes, pelées et coupées en petits dés*
50 ml	*(¼ tasse) de bouillon de poulet léger, chaud**
½	*chou-fleur, défait en fleurettes*
375 ml	*(1½ tasse) de brocoli en fleurettes*
125 ml	*(½ tasse) de fromage gruyère râpé sel et poivre*

Mettre le beurre, les carottes et le bouillon de poulet dans le plat. Saler, poivrer; couvrir et faire cuire 3 minutes.

Ajouter le chou-fleur et le brocoli; bien mélanger. Couvrir et faire cuire 6 minutes.

Ajouter le fromage; continuer la cuisson, sans couvrir, pendant 2 minutes. Servir.

* Bouillon de poulet, voir p. 33-34.

Technique: Légumes mélangés au gruyère

1 Mettre le beurre, les carottes et le bouillon de poulet dans le plat.

2 Ajouter le chou-fleur et le brocoli; bien mélanger.

3 Ajouter le fromage; continuer la cuisson, sans couvrir, pendant 2 minutes.

Pommes de terre au gratin

(pour 4 personnes)

Réglage: FORT
Temps de cuisson: 12 minutes
Contenants: plat micro-ondes rectangulaire de 30 × 20 cm (11¾ × 7½ po) bol en verre pour le micro-ondes

45 ml	*(3 c. à soupe) de beurre*
4	*grosses pommes de terre avec la peau, brossées, lavées et coupées en 4*
1	*gousse d'ail, écrasée et hachée*
15 ml	*(1 c. à soupe) de persil frais haché*
15 ml	*(1 c. à soupe) de ciboulette hachée*
125 ml	*(½ tasse) de fromage gruyère râpé*
30 ml	*(2 c. à soupe) d'amandes effilées, grillées sel et poivre*

Mettre le beurre dans le bol et faire cuire 2 minutes sans couvrir.

Mettre les pommes de terre dans le plat rectangulaire; saler, poivrer.

Mélanger l'ail, le persil et la ciboulette dans un bol. Parsemer le mélange sur les pommes de terre. Ajouter le fromage, les amandes et le beurre. Couvrir avec une pellicule de plastique et faire cuire 5 minutes.

Tourner le plat et continuer la cuisson pendant 5 minutes. Servir.

Panais au beurre et au miel

(pour 4 personnes)

Réglage: FORT
Temps de cuisson: 11 minutes
Contenant: plat micro-ondes de 2 l

900 g	*(2 livres) de panais, pelés et coupés en tranches de 0,65 cm (¼ po) d'épaisseur*
50 ml	*(¼ tasse) de bouillon de poulet léger, chaud**
30 ml	*(2 c. à soupe) de beurre*
15 ml	*(1 c. à soupe) de miel sel et poivre*

Mettre les tranches de panais dans le plat et ajouter le bouillon de poulet.

Ajouter le beurre, saler et poivrer; couvrir et faire cuire 5 minutes.

Incorporer le miel; continuer la cuisson pendant 6 minutes. Servir.

* *Bouillon de poulet, voir p. 33-34.*

Brocoli à la sauce fromagée

(pour 4 personnes)

Réglage: FORT
Temps de cuisson: 16 minutes
Contenants: plat micro-ondes de 3 l
plat micro-ondes de 2 l

50 ml	**(¹/₄ tasse) de bouillon de poulet léger, chaud***
1	**tête de brocoli, en fleurettes, et le pied coupé en morceaux**
30 ml	**(2 c. à soupe) de beurre**
1	**échalote sèche hachée**
30 ml	**(2 c. à soupe) de piments rouges hachés**
30 ml	**(2 c. à soupe) de farine**
300 ml	**(1¹/₄ tasse) de crème légère chaude**
125 ml	**(¹/₂ tasse) de fromage cheddar râpé**

une pincée de muscade
sel et poivre

Verser le bouillon de poulet dans le plat de 3 l; couvrir et faire cuire 3 minutes.

Ajouter le brocoli; saler, poivrer. Couvrir et faire cuire 6 minutes. Remuer 1 fois pendant la cuisson.

Égoutter le brocoli et le placer dans un plat de service chaud. Garder chaud.

Mettre le beurre dans le plat de 2 l; couvrir et faire cuire 2 minutes.

Ajouter les échalotes et les piments; couvrir et faire cuire 1 minute.

Ajouter la farine et bien mélanger; faire cuire 1 minute.

Incorporer la crème et mélanger avec un fouet. Saler, poivrer et saupoudrer de muscade. Faire cuire 1¹/₂ minute.

Incorporer le fromage avec le fouet. Verser la sauce sur le brocoli. Servir.

* Bouillon de poulet, voir p. 33-34.

Technique: Brocoli à la sauce fromagée

1 Mettre le brocoli dans le bouillon de poulet.

2 Mettre les échalotes et les piments dans le beurre chaud.

3 Ajouter la farine; bien mélanger et continuer la cuisson.

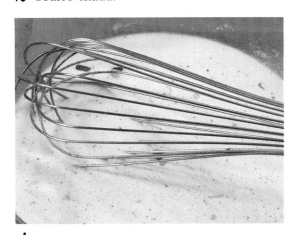

4 Incorporer la crème avec un fouet.

5 Ajouter le fromage.

Casserole de légumes

(pour 5 personnes)
Réglage: FORT
Temps de cuisson: 14 minutes
Contenant: plat micro-ondes de 3 l

500 ml	*(2 tasses) de chou-fleur, défait en fleurettes*
125 ml	*(½ tasse) de bouillon de poulet léger, chaud**
250 g	*(½ livre) de champignons nettoyés et coupés en deux*
375 ml	*(1½ tasse) de pois congelés*
45 ml	*(3 c. à soupe) de beurre*
15 ml	*(1 c. à soupe) de persil frais haché*
15 ml	*(1 c. à soupe) de fécule de maïs*

30 ml	*(2 c. à soupe) d'eau froide*
	sel et poivre
	quelques gouttes de jus de citron

Mettre le chou-fleur et le bouillon de poulet dans le plat; saler, poivrer. Couvrir et faire cuire 6 minutes.

Ajouter les champignons, les pois, le beurre et le persil. Saler, poivrer et arroser de jus de citron.

Couvrir et faire cuire 6 minutes.

Délayer la fécule de maïs dans l'eau froide. Incorporer le mélange aux légumes. Faire cuire 2 minutes sans couvrir.

Servir.

* Bouillon de poulet, voir p. 33-34.

Cosses de pois au soya et aux amandes

(pour 4 personnes)

Réglage: FORT
Temps de cuisson: de 8 à 9 minutes
Contenant: plat micro-ondes de 2 l

750 g	*(1½ livre) de cosses de pois, parées*
50 ml	*(¼ tasse) de bouillon de poulet léger, chaud**
30 ml	*(2 c. à soupe) de sauce soya*
45 ml	*(3 c. à soupe) d'amandes effilées*
	jus de citron au goût
	sel et poivre

Mettre les cosses de pois et le bouillon de poulet dans le plat.

Ajouter la sauce soya et saler, poivrer; couvrir et faire cuire 4 minutes.

Parsemer d'amandes; continuer la cuisson de 4 à 5 minutes.

Arroser de jus de citron. Servir.

* Bouillon de poulet, voir p. 33-34.

Pommes de terre à la sauce tomatée

(pour 4 personnes)

Réglage: FORT
Temps de cuisson: 15 minutes
Contenant: plat micro-ondes de 2 l

15 ml	*(1 c. à soupe) de beurre*
1	*petit oignon, pelé et haché*
1	*gousse d'ail, écrasée et hachée*
900 g	*(2 livres) de pommes de terre, brossées et tranchées avec la peau*
1	*piment vert, émincé*
375 ml	*(1½ tasse) de sauce tomate*
50 ml	*(¼ tasse) de fromage parmesan râpé*
5 ml	*(1 c. à thé) de ciboulette*
	sel et poivre

Mettre le beurre dans le plat; couvrir et faire cuire 2 minutes.

Ajouter les oignons, l'ail et les pommes de terre. Couvrir et faire cuire 7 minutes. Mélanger 2 fois pendant la cuisson.

Ajouter les piments verts; mélanger, couvrir et faire cuire 3 minutes.

Ajouter la sauce tomate, remuer et incorporer le fromage. Couvrir et faire cuire 3 minutes.

Parsemer de ciboulette. Servir.

Casserole de pois et d'oignons

(pour 4 personnes)

Réglage: FORT
Temps de cuisson: de 17 à 19 minutes
Contenant: plat micro-ondes de 2 l

8	*petits oignons pelés*
30 ml	*(2 c. à soupe) de beurre*
50 ml	*(¼ tasse) de bouillon de poulet léger, chaud*
284 g	*(10 oz) de pois congelés*
1 ml	*(¼ c. à thé) d'estragon*
2 ml	*(½ c. à thé) de sucre*
	sel et poivre

Mettre les oignons, le beurre et le bouillon de poulet dans le plat. Saler, poivrer; couvrir et faire cuire 4 minutes.

Tourner le plat; continuer la cuisson pendant 5 minutes.

Ajouter les pois, l'estragon et le sucre; couvrir et faire cuire 8 à 10 minutes.

Tourner le plat de ¼ de tour durant la cuisson.

Servir.

* Bouillon de poulet, voir p. 33-34.

Gâteau aux carottes

(pour 6 à 8 personnes)

Réglage: FORT
Temps de cuisson: de 16 à 18 minutes
Contenant: moule à gâteau en couronne pour micro-ondes de 23 × 8 cm (9½ × 3¼ po)

300 ml	*(1¼ tasse) de sucre (moitié granulé, moitié brun)*
175 ml	*(¾ tasse) d'huile végétale*
5 ml	*(1 c. à thé) de vanille*
300 ml	*(1¼ tasse) de farine tout usage*
1 ml	*(¼ c. à thé) de muscade*
2 ml	*(½ c. à thé) de cannelle*
1 ml	*(¼ c. à thé) de poudre à pâte*
3	*gros oeufs*
500 ml	*(2 tasses) de carottes râpées*
125 ml	*(½ tasse) de pommes coupées en cubes*

125 ml	(*½ tasse*) *de raisins*
50 ml	(*¼ tasse*) *de noix hachées*
	une pincée de sel

Dans un bol, mélanger le sucre et l'huile avec un batteur électrique. Ajouter la vanille et continuer de mélanger pendant 30 secondes; mettre de côté.

Dans un autre bol, tamiser la farine, la muscade, la cannelle, la poudre à pâte et le sel. Bien incorporer les ingrédients.

Dans le mélange d'huile, ajouter 1 oeuf; bien mélanger. Ajouter la moitié des ingrédients tamisés et continuer de mélanger.

Ajouter le reste des oeufs et bien incorporer. Ajouter le reste de la farine; mélanger de nouveau.

Incorporer les carottes et le reste des ingrédients.

Verser le mélange dans le moule; faire cuire de 16 à 18 minutes. Tourner le moule de ¼ de tour durant la cuisson.

Dès que le gâteau est cuit, le retirer et le laisser refroidir.

Décorer d'un glaçage à la vanille et au citron.

Sauce aux fruits

Réglage: MOYEN-FORT
Temps de cuisson: 7 minutes
Contenant: bol micro-ondes

50 ml	(*¼ tasse*) *de lait*
150 ml	(*⅔ tasse*) *de crème légère*
30 ml	(*2 c. à soupe*) *de rhum*
5 ml	(*1 c. à thé*) *de vanille*
3	*jaunes d'oeufs*
30 ml	(*2 c. à soupe*) *de sirop d'érable frais*

Verser le lait et la crème dans le bol; faire cuire 3 minutes sans couvrir.

Ajouter le rhum et la vanille; bien remuer.

Dans un bol à mélanger, mélanger les jaunes d'oeufs et le sirop d'érable. Incorporer ¼ du mélange de lait et bien remuer.

Verser le mélange d'oeufs dans le bol contenant le reste du mélange de lait; bien remuer. Faire cuire 2 minutes.

Remuer et continuer la cuisson au micro-ondes pendant 2 minutes.

Laisser refroidir la sauce et servir sur des fruits frais.

Technique: Gâteau aux carottes

1 Voici le moule en couronne pour le micro-ondes.

4 Ajouter la moitié des ingrédients tamisés. Bien incorporer.

7 Incorporer le reste des ingrédients.

2 Mélanger le sucre et l'huile avec un batteur électrique.

3 Ajouter 1 oeuf; continuer de mélanger.

5 Ajouter le reste des oeufs; bien mélanger. Incorporer le reste des ingrédients tamisés.

6 Incorporer les carottes.

8 Verser le mélange dans le moule.

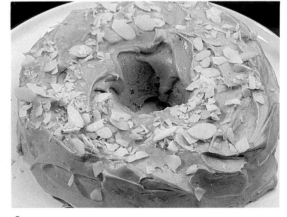

9 Décorer d'un glaçage à la vanille et au citron. Garnir d'amandes effilées.

Technique: Gâteau au cacao

1 Mettre le beurre dans le bol; faire chauffer au micro-ondes.

2 Ajouter le sucre; mélanger le tout avec un batteur électrique.

3 Ajouter les oeufs et la vanille; bien battre.

4 Le mélange doit ressembler à une crème onctueuse.

5 Tamiser les ingrédients secs dans un autre bol. Incorporer le tout au mélange d'oeufs.

6 Verser le mélange dans le plat beurré.

7 Parsemer d'amandes et faire cuire.

Gâteau au cacao

(pour 6 à 8 personnes)

Réglage: FORT et MOYEN
Temps de cuisson: 12 minutes
Contenants: plat micro-ondes rectangulaire
de 30 × 20 cm (11³/₄ × 7¹/₂ po)
bol micro-ondes

175 ml	*(³/₄ tasse) de beurre*
300 ml	*(1¹/₄ tasse) de sucre*
4	*oeufs*
5 ml	*(1 c. à thé) de vanille*
300 ml	*(1¹/₄ tasse) de farine tout usage*
15 ml	*(1 c. à soupe) de poudre à pâte*
75 ml	*(¹/₃ tasse) de cacao pur*

125 ml (*¹/₂ tasse) d'amandes effilées
une pincée de sel*

Beurrer généreusement le plat micro-ondes;
mettre de côté.

Mettre le beurre dans le bol et faire cuire
2 minutes à FORT.

Ajouter le sucre; battre 1 minute avec un
batteur électrique.

Ajouter les oeufs et la vanille; continuer de
battre jusqu'à ce que le mélange devienne
crémeux.

Tamiser les ingrédients secs dans un autre
bol. Puis, incorporer le tout au mélange
d'oeufs.

Verser le mélange dans le moule carré. Parsemer d'amandes et faire cuire 4 minutes à
FORT.

Tourner le plat de ¹/₄ de tour; continuer la
cuisson 3 minutes à MOYEN.

Tourner le plat de nouveau; continuer la
cuisson 3 minutes.

Retirer le plat du micro-ondes et laisser reposer 15 minutes.

Démouler et servir.

Technique: Casserole de pêches

1 Saupoudrer les pêches de cassonade.

2 Mélanger le gruau, le beurre et la
cassonade dans un bol.

3 Le mélange doit être bien incorporé.

4 Parsemer le mélange au-dessus des
pêches; continuer la cuisson.

Casserole de pêches

(pour 6 à 8 personnes)

Réglage: FORT
Temps de cuisson: 7 minutes
Contenant: plat micro-ondes de 2 l

60 ml	***(4 c. à soupe) de beurre***
1	***boîte de pêches en conserve de 796 ml (28 oz), égouttées et tranchées***
2 ml	***(¹/₂ c. à thé) de vanille***
40 ml	***(2¹/₂ c. à soupe) de cassonade***

250 ml	***(1 tasse) gruau***
50 ml	***(¹/₄ tasse) de beurre***
30 ml	***(2 c. à soupe) de cassonade***

Mettre 60 ml (2 c. à soupe) de beurre dans le plat; faire cuire 2 minutes.

Ajouter les pêches et la vanille; parsemer de 40 ml (2¹/₂ c. à soupe) de cassonade. Couvrir et faire cuire 1 minute.

Mélanger le gruau, le beurre et la cassonade dans un bol. Parsemer le tout au dessus des pêches et faire cuire 4 minutes sans couvrir. Servir avec du yogourt.

Pudding aux abricots

(pour 6 à 8 personnes)

Réglage: MOYEN
Temps de cuisson: 13 minutes
Contenant: plat micro-ondes rectangulaire
de 30 × 20 cm (11¾ × 7½ po)

15 ml	*(1 c. à soupe) de beurre*
500 ml	*(2 tasses) de pain en cubes*
340 ml	*(12 oz) d'abricots en*
	conserve, égouttés
300 ml	*(1¼ tasse) de lait chaud*
4	*oeufs*
125 ml	*(½ tasse) de cassonade*
5 ml	*(1 c. à thé) de vanille*

125 ml *(½ tasse) d'amandes effilées*
une pincée de sel

Beurrer le plat micro-ondes et y étendre le pain. Recouvrir le tout d'abricots.

Mélanger le lait et les oeufs avec un batteur électrique jusqu'à mousseux. Ajouter la cassonade, la vanille et le sel. Bien incorporer.

Incorporer le mélange de lait aux abricots.

Faire cuire 4 minutes.

Tourner le plat; continuer la cuisson 6 minutes.

Tourner le plat de nouveau; continuer la cuisson pendant 3 minutes.

Parsemer d'amandes et laisser refroidir.

Servir avec de la crème fouettée.

Technique: Pudding aux abricots

1 Étendre le pain dans le plat beurré.

2 Recouvrir d'abricots.

3 Mélanger le lait et les oeufs avec un batteur électrique jusqu'à mousseux.

4 Ajouter la cassonade, la vanille et le sel. Bien incorporer.

5 Verser le mélange de lait dans le plat. Faire cuire.

407

Pudding au pain

(pour 6 à 8 personnes)

Réglage: MOYEN

Temps de cuisson: 11 minutes

Contenant: plat micro-ondes rectangulaire
de 30 × 20 cm (11³/₄ × 7¹/₂ po)

15 ml	**(1 c. à soupe) de beurre**
750 ml	**(3 tasses) de pain en cubes, grillé**
425 ml	**(1³/₄ tasse) de lait chaud**
3	**oeufs**
5 ml	**(1 c. à thé) de vanille**
1 ml	**(¹/₄ c. à thé) de muscade**
15 ml	**(1 c. à soupe) de cannelle**
125 ml	**(¹/₂ tasse) de cassonade**
50 ml	**(¹/₄ tasse) de raisins**
45 ml	**(3 c. à soupe) de confiture d'abricots**
	une pincée de sel

Beurrer le plat micro-ondes et y mettre le pain; mettre de côté.

Dans un bol, mélanger les oeufs et le lait avec un batteur électrique. Ajouter la vanille, le sel, la muscade et la cannelle; mélanger jusqu'à ce que le mélange devienne mousseux.

Verser le mélange sur les cubes de pain; parsemer de cassonade et de raisins. Faire cuire 4 minutes. Tourner le plat; continuer la cuisson pendant 4 minutes.

Étendre la confiture sur le pudding; faire cuire 3 minutes. Laisser refroidir et servir avec de la crème fouettée.

Technique: Pudding au pain

1 Étendre le pain dans le fond du plat beurré.

2 Mélanger le lait et les oeufs avec un batteur électrique.

3 Ajouter la vanille, le sel, la muscade et la cannelle. Mélanger jusqu'à mousseux. Verser sur le pain.

4 Ajouter la cassonade et les raisins; faire cuire.

5 Étendre la confiture; faire cuire.

6 Produit fini.

Index

Index

Index

Index

414

Index